学前教育专业
人才培养的理论与实践

李晓艳 著

中国书籍出版社
China Book Press

光明日报出版社

图书在版编目（CIP）数据

学前教育专业人才培养的理论与实践/李晓艳著
. —北京：中国书籍出版社：光明日报出版社，
2020.8

ISBN 978 - 7 - 5068 - 7966 - 8

Ⅰ.①学… Ⅱ.①李… Ⅲ.①学前教育—人才培养—
研究 Ⅳ.①G61

中国版本图书馆 CIP 数据核字（2020）第 169880 号

学前教育专业人才培养的理论与实践

李晓艳 著

责任编辑	李 新
责任印制	孙马飞 马 芝
封面设计	中联华文
出版发行	中国书籍出版社 光明日报出版社
地 址	北京市丰台区三路居路 97 号（邮编：100073）
电 话	（010）52257143（总编室） （010）52257140（发行部）
电子邮箱	eo@ chinabp. com. cn
经 销	全国新华书店
印 刷	三河市华东印刷有限公司
开 本	710 毫米 ×1000 毫米 1/16
字 数	232 千字
印 张	18.5
版 次	2020 年 8 月第 1 版 2020 年 8 月第 1 次印刷
书 号	ISBN 978 - 7 - 5068 - 7966 - 8
定 价	72.00 元

前 言

《国家中长期教育改革和发展规划纲要（2010—2020）》将基本普及学前教育作为战略目标，要求"到2020年，普及学前一年教育，基本普及学前两年教育，有条件的地区普及学前三年教育"。甚为遗憾的是，迄今为止学前教育资源严重不足，尤其是作为学前教育第一资源的学前教育师资，更是明显欠缺。

百年大计，教育为本；教育大计，教师为本。教育质量的好坏在很大程度上取决于教师水平的高低。学前教育是一个人接受教育的起点，是教育的奠基工程。学前教育的质量，将直接影响到个体一生的发展和国家未来的发展。随着社会发展，提高学前教育师资的质量已成为值得关注的问题。《国家中长期教育改革和发展规划纲要（2010—2020）》明确指出，"严格执行幼儿教师资格标准，切实加强幼儿教师培养培训，提高幼儿教师队伍整体素质"。

当今时代，随着学前教育事业的不断发展以及学前教育改革的不断深入，人们发现，仅仅具有传统意义上的幼儿保育技能及幼儿教育技能的幼儿教师越来越难以适应现代学前教育事业的发展。从国外学前教育事业发展的现实看，具有本科学历的幼儿教师在学前教育方面的优势日益凸显；从我国学前教育事业发展的现实看，具有本科学历的幼儿教师越来越受到广大幼儿教育机构（尤其是幼儿园）的欢迎。

为此，越来越多的高校开始着手开设学前教育本科专业，就连昔日一些兴办专科层次学前教育专业的高校也想方设法与本科高校联合开办学前教育本科专业，而乐于开设学前教育专业专科层次的高校则越来越少。然而，总览我国高校学前教育本科专业人才培养活动的现实，我们不难发现，不少高校虽然争相兴办学前教育本科专业，但因至今尚无成熟的学前教育本科专业人才培养模式指导其人才培养实践而倍感迷惘。显然，借鉴国内外培养学前教育专业人才的相关经验，探索适合我国国情的学前教育本科专业人才培养模式委实重要与必要。

学前教育专业人才培养的理论与实践

目录

第一章

学前教育概述

第一节 学前教育的价值

价值就是满足人们需要的关系属性。学前教育不仅有利于开发婴幼儿的学习潜能、提高学习兴趣、增强学习能力、促进学前儿童较好地适应以后的学习生活，为其终身的发展打造一个良好的开端，而且是缩小社会贫富差距、提高国民素质、提高国家经济实力的具有前瞻性的战略决策，也是政府投资少、回报率高的教育事业。

一、学前教育价值的生理基础——关于脑科学的研究

脑的发展是个体心理发展的自然物质基础。学前期是人一生中脑的形态、结构和机能发展最为迅速的时期，这主要体现在脑重的增长、大脑皮质发展、大脑单侧化等方面，这些直接决定着大脑机能的发展。借助FMRI、LMN扫描等基于计算机的成像技术，人们比以往任何时候都更详尽地了解大脑的结构。人们可以看到大脑在不同发展阶段的形状与功能，以及出生前数月的大脑发育情况。

（一）脑重的增长

出生之际，婴儿的大脑处于极度未发展状态。人脑有140多亿个细胞，这是个体终生思考、交流、学习和发展的基础。有研究表明，出生后3个月内脑细胞第一次迅速增殖，70%—80%的脑细胞是在3岁前形成的，脑的发育速度在7岁前是最快的。新生儿脑重约400g，只相当于成人脑重的30%，9个月时脑重达660g，接近于成人脑重的50%，这一时期脑重平均每天增长1g；3岁左右儿童的脑重达950g，相当于成人脑重的

70%；6岁时脑重达1280g，相当于成人脑重的90%。这些脑形态的发展变化在一定程度上反映了大脑内部结构发育和成熟的情况。

（二）大脑皮质发展

儿童出生后5个月是脑电活动发展的重要阶段，脑电逐渐皮质化，伴随产生皮质下的抑制；1—3岁期间，儿童脑电活动逐渐成熟，主要表现为安静觉醒状态下脑电图上主要节律的频率有较大提高，脑电图也复杂化。在4—20岁这个年龄段中，脑功能发展存在两个明显的加速期，第一次在5—6岁（第二次是在13—14岁），使个体脑的机能在一定程度上呈现出一个"飞跃"。随着新经验的到来，婴儿的大脑通过在神经元之间形成和强化数以兆计的神经结或神经键来做出反应。

（三）大脑单侧化

大脑单侧化，即在大脑某个半球建立特定功能的过程，是大脑机能发展的另一重要方面。新生儿就具有大脑单侧化的倾向，但这种倾向只表明了大脑两半球在功能上存在着量的差异。随着幼儿期大脑逐步发育成熟，单侧化倾向逐渐发展，两半球在功能上出现质的差异。脑的结构和机能在学前期的发展并非处于一种纯粹自然的状态，而是在很大程度上受到环境和教育的影响与制约。作用于儿童身体或神经系统上的早期经验影响其大脑相应区域细胞的生长。丰富多彩的适宜环境因素的刺激是促进儿童脑细胞迅速生长的重要条件，而适宜的早期教育是促进脑发育充分和完善的最有效的环境刺激因素。

儿童大脑的"工作细胞"已经形成，大脑的主要机能已趋完善，具备了接受外界大量刺激的可能性。如果抓紧时机进行充分的、最适合、最有效的刺激，可以使儿童在大脑中留下极为深刻的印象，有助于儿童大脑及早建立复杂交错的神经网络，为儿童今后大脑健康发展奠定良好的基础，使其日臻完善和成熟。

可见，脑是个体心理发展必需的"硬件"，其质量直接影响人的发

展，而学前期是脑的形态、结构和机能发展最为迅速的时期，同时这一时期的发展又在很大程度上受制于早期环境和教育质量，这就直接为学前教育对人的全面发展和国民素质的提高产生长远、深刻的影响提供了生理基础和依据。

二、学前教育价值的心理基础——关于关键期的研究

关键期是发展神经生物学领域中的重要概念，起源于奥地利生态学家、诺贝尔奖获得者洛伦兹对印刻现象的研究。之后研究者开始把主要精力集中于人类行为上，并且这些研究成果为教育领域研究早期儿童发展所借鉴，尤其是对儿童的各种早期发展行为（包括心理、技能、知识的掌握等行为）的研究中，提出了儿童心理发展关键期理论，并且对儿童早期教育和儿童学习产生了巨大的影响。当前研究进展主要包括关键期内某些功能的补偿性、关键期与突触发生及修剪的关联性，以及人脑有发育顺序和成熟的关键期等方面。

研究发现，关键期内的某些能力以及学习能力与突触发生有密切关联，即学习的机制在于神经细胞突触能力的改变。一个人从出生起就不断地学习和记忆各种东西，在脑系统中也相继形成一个个有序状态，相应地也引起突触的生长。从婴儿出生开始一直持续到儿童期，这是大脑神经突触显著增长的时期。人脑中突触的密度是随着不同的脑区而变化的，在幼儿成长过程中，存在着一系列的关键发展期或敏感阶段，不同发展方面的关键期也不尽相同。

人类突触生长的时间周期与儿童的发展和教育密切相关，表现为神经发展方面的改变与幼儿行为和认知能力变化的联系。环境刺激维持和强化经常加工信息的突触，经常使用的突触得到经验的强化和保持。错过了学习关键期，相关的学习就会变得非常困难，呈现递减状态，甚至不可

能进行相关的学习。因此，科学家称之为一个可开可关的"机会之窗"。

所有这些研究都在坚定一个信念：幼儿早期是大脑对新经验最开放的时期。脑的发展在最早期是独特的，经验在一定的时间段里能起非常重要的作用，它们将要深深地影响往后的发展。学前期是幼儿人生的关键阶段，人的学习能力、对事物的敏感程度、行为习惯以及智力等都是在这一时期发展而来的。这段时期对幼儿具有重要的作用，所以应该抓住机会对幼儿开展适宜性的教育，提升幼儿早期发育所处环境和所接触信息的质量。

国内外对学前教育在幼儿智力发展中的作用进行了诸多研究，如美国著名心理学家布鲁姆对将近千名儿童从出生一直到成年进行了追踪研究，他提出了个体智力发展的科学假设：5岁以前幼儿的智力与17岁普通人智力水平相比较，在4岁时获得了50%的智力，其余30%的智力是在4—8岁形成的，最后的20%是在8—17岁时形成的，成人的智力在17岁时就已确定，并且婴幼儿阶段决定了一个人大部分的智力，学前阶段是智力形成的关键期。

以脑生理、心理研究为主要内容的儿童早期心理和教育研究的深入，正使人们对于学前教育重要性和价值的认识不断地提高和深化。加强早期儿童教育，为每一个儿童创造高质量的学前教育的机会，正成为世界各国教育改革与发展的一项重要内容。

三、学前教育对于人的发展的价值

学前教育阶段是人生最重要的训练和装备心灵的阶段，为人的一生做重要的奠基，直接影响生命大厦的高度、广度和坚实度。它涉及各种潜能的发掘、各种意志品质的培养、各种必要生活经验的习得、各种良好习惯的养成。学前教育对于人的发展的价值是学前教育诸多价值中最

核心、最根本的，它对于教育事业、家庭和社会发展的价值都是以其对于人的发展的价值为中介来实现的。

（一）为幼儿的身体发展奠定良好的基础

在学前期，幼儿处于生长发育的重要时期与特殊阶段。身体的生长发育速度快，身体各部分器官与系统尚未发育成熟，身体形态结构没有定型，幼儿的动作不够协调，独立生活能力差。学前教育遵循幼儿身体生长发育规律，通过科学安排幼儿生活、预防疾病、平衡膳食、加强体育锻炼等措施，能够促进幼儿身体的正常发育，加强机体的机能及对外界的适应能力，增强体质，并为幼儿未来的发展奠定良好的基础。

（二）持续影响幼儿社会性品质的发展

学前期是个体社会化的起始阶段，6岁前是人的行为习惯、情感、态度、性格雏形等基本形成的时期，是儿童养成良好社会性行为和人格品质的重要时期。这一时期儿童的发展状况影响并决定着儿童今后社会性的发展方向、性质和水平。高质量的学前教育能够有利地促进儿童社会交往能力、爱心、责任感、自控力、自信心和合作精神的发展，帮助儿童积极地适应环境，顺利地适应社会生活，对儿童的各方面发展产生持续性影响，从而有助于他们健康成长。

（三）对塑造幼儿个性有非常重要的作用

在幼儿时期，孩子的个性品质开始萌芽并逐渐形成。幼儿有自己独特的视角，有自己独有的想法，自我意识逐渐萌芽，他们具有很强的可塑性，是最易发展、最易受挫的时期。学前教育在关注幼儿全面发展的同时，注重幼儿的个性彰显，为幼儿营造一个宽松和谐、平等激励的环境，以正确的思维模式对幼儿加以引导，有效地塑造幼儿初步的个性态度和思想观念，树立幼儿的自信心与上进心，培养幼儿的创新意识与探究精神，鼓励幼儿自由思考。学前教育能够从新的角度探索、思考和讨论新的问题，使幼儿的个性品质得到最专业、最科学的塑造。

（四）加强幼儿对事物的认知，培养求知欲

学前期是人的认知发展最为迅速、最重要的时期，在人一生认识能力的发展中具有十分重要的奠基性作用。婴幼儿具有巨大的学习潜力，学前期幼儿主动学习知识，是学口语、交际成熟化、掌握知识概念最快速的阶段，同时，幼儿的想象力、创造力十分丰富，动手实践能力很强，是逐渐挖掘潜力、开发智力的有利时机。

学前教育为儿童提供丰富的感性经验并给以积极的引导，促成学前教育与儿童协调发展与连接，形成相互促进的联动关系。学前教育的质量还直接关系到儿童能否形成正确的学习态度、良好的学习习惯和强烈的学习动机，从而对个体的认知发展和终身学习产生重大的影响。适宜的、遵循儿童身心发展规律的学前教育能够积极地促进儿童各种智力和非智力因素，特别是语言能力、思维能力、创造性、学习动机、求知欲、自我效能感等的发展，有效地激发儿童探究世界的学习欲望，良好的诱导儿童认知结构的发展，给幼儿潜力充分发挥的空间。

四、学前教育对教育事业、家庭和社会的价值

学前教育不仅对个体的身心发展十分重要，而且对教育事业的发展、家庭的幸福和社会的稳定与进步也具有重要的作用。

（一）学前教育对教育事业发展的价值

学前教育作为我国学制的第一阶段、基础教育的有机组成部分，必然对我国教育事业的整体发展具有重要的作用与影响。学前教育通过帮助幼儿做好上小学的准备，包括学习适应方面的准备（如培养学习所需要的抽象思维能力、观察能力、对言语指示的理解能力和读写算所需要的基本技能等）以及社会适应方面的准备（如培养幼儿任务意识与完

成任务的能力、规则意识与遵守规则的能力、独立意识与独立完成任务的能力以及主动性、人际交往能力等），能够使儿童入学后在身体、情感、社会性适应和学习适应等方面都有良好的发展，从而顺利地实现由学前向小学的过渡，进而实现向更高级别的学校过渡。由此可见，学前教育质量对于基础教育乃至教育事业的整体发展具有巨大的影响。

（二）学前教育对家庭和社会的价值

事实表明，儿童能否健康地成长和发展已成为决定家庭生活是否和谐幸福、家庭生活质量是否提升的关键性因素。家庭是社会的组成细胞，每一个幼儿能否健康成长都是家长关注的焦点，决定了家庭生活的和谐幸福，进而牵动着整个社会。学前教育可以纠正、弥补家庭学前教育的诸多不足。专业教育机构提供的物质环境、人文环境是家庭教育所无法比拟的，而通过学前教师的专业教育活动，可以让幼儿在身心方面获得更大的发展，所有由专业教育机构开展的正规学前教育对于儿童的发展具有很强的针对性。学前教育质量直接关系着家长能否放心地工作、安心地生活。这很好地反映出学前教育及其质量对家庭生活、国民经济的发展和社会秩序的稳定等所具有的重要作用。

在不同的历史时期，不同的社会背景下，学前教育的价值和意义是不同的。学前教育不仅为儿童的全面发展打下坚实的基础，更关系到社会的进步和国家的富强。学前教育是一切教育活动的起点，虽然教育事业没有尽头，但在学前教育阶段打好基础，能让之后的教育活动更加高效。在终身教育观的指导下，必须重视学前教育的价值，放眼未来，从理论和实践上促进学前教育的发展，提升学前教育品质，真正做到为培养身心健康发展的儿童而奋斗，为切实追求儿童幸福而努力。

第二节 学前教育目标

　　学前教育目标代表了社会经济的发展对人才规格的需求，也代表了心理学、教育学等社会科学的研究进展，同时体现出家庭对儿童的期望。《幼儿园工作规程》对我国学前教育目标有了新的诠释，表达了现代社会和未来社会对新一代人才规格的需求。

一、学前教育目标概述

（一）学前教育目标的内涵

　　学前教育目标是教育目的在学前教育阶段的具体化，是国家对学前教育提出的培养人才的规格和要求，是全国各类型学前教育机构统一的指导思想。

　　我国学前教育的目标是"对幼儿实施体、智、德、美等方面全面发展的教育，促进其身心和谐发展"。"全面"指体、智、德、美发展的整体性，缺一不可；"和谐"指体、智、德、美的有机性，不可分割。"全面和谐发展"是学前教育目标的核心要求，既是教育活动的出发点，也是教育活动的归宿。学前教育只有全面实施素质教育，才能满足幼儿终身学习和未来发展的需要。这一目标体现了国家对新一代要求的总方向，是确定幼儿园教育任务、评估幼儿园教育质量的根本依据，国家通过这一目标对全国幼儿园教育进行领导和调控。

（二）学前教育目标的意义

　　1. 学前教育目标对学前教师的思想和观念具有导向、激励作用

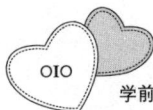

学前教师是学前教育活动的组织者，是学前教育活动方向的把握者。用学前教育目标影响教师，使之具有明确和正确的目标意识，并以这种意识去选择教育内容、教育方法、教育手段，设计教育环境。可以说，对教育活动真正起指向作用的是扎根于教师意识中的教育目标。有了明确的教育目标，才能使教育活动有统一的目标和步调，有统一的衡量教育结果的标准和指标。

2. 学前教育目标对教育过程具有指导、控制作用

学前教育目标是教育过程的调控器，它使整个教育过程都围绕并指向教育目标。由于学前教育目标提供了学前教育的发展方向和质量要求，教育者在按照一定的教育目标对幼儿进行教育时，就能更好地控制教育对象的发展，改变人的自然的、盲目状态的发展过程，或摆脱各种不符合教育目标行为的外来干预，按照教育目标的要求来培养儿童，为其成为一定社会合格的成员打好基础。

3. 学前教育目标对幼儿发展具有规范、评价作用

学前教育目标指明了幼儿发展的领域和基本范围，描绘了幼儿发展的蓝图。学前教育实践工作中，评价教育行为是否有效、教师工作成绩的高低以及在教育活动中幼儿成长状况如何，都是通过学前教育目标来检验的。教育目标也是衡量教育成效的尺度，是衡量幼儿发展的尺度。因此，学前教育目标也是学前教育评价体系的基础。

二、我国学前教育目标的结构体系

在国家学前教育总目标的宏观指导下，通过"综合—分析—综合"的思维过程而形成纵横交叉、有机结合的目标系统。

（一）纵向结构

学前教育目标从纵向的逻辑关系来分解，可依次划分为四个层次。

通过层层具体化，转化为对幼儿的可操作性的发展要求。学前教育目标的层次不同，其可操作性就有区别。越是具体的、下位的目标越具有可操作性。上位目标一定要分解为下位目标，才能得以实施。

1. 学前教育总目标

学前教育总目标是由国家制定并通过法规或其他行政性文件颁布的，是在全国范围内具有指导价值的目标。这一层次的目标概括性强，较为宏观，可操作性低，是一种较为原则性的目标。

2. 学段目标

学段目标是素质发展目标的具体化，由一系列相互联系的、逐步递进的单元目标构成。由于教育活动和幼儿发展既有连续性，又有阶段性，是一个循序渐进、螺旋上升的运转过程，也是幼儿素质不断由"现有发展区"向"最近发展区"持续递进的过程。因此，要制定不同的学段目标。学段目标包括各年龄班的学年目标和学期目标，即综合性地规定每个学段的教学内容、教学要求、主要教育活动与幼儿发展的预期目的等。

3. 单元教育目标

单元教育目标即把学段规定的教育领域内容，按照以科学知识为主导、以事物的发展规律和幼儿的思维逻辑为序，确定一个个主题的排列组合，形成循序渐进、有机结合的系列性单元教育活动，并相应地一一制订单元教育目标。每个单元教育可包括若干个具体教育活动，可以是综合性的，也可以是侧重于某个学科领域的内容。学前教育生活中，让幼儿获得的认知、经验、技能以及个性、社会性品质等要求，都体现在单元教育目标中。

4. 教育活动目标

教育活动目标又称教育行为目标。它是指某一个具体的教育活动所要达到的结果，或所引起的幼儿行为的变化。它是单元教育目标的具体

化，是一种最具有可操作性的目标。学前教育任务和培养目标都要通过一个个的具体教育活动而实现。不管如何组合，具体活动目标都要落实学段目标和贯彻单元教育目标，并密切针对幼儿身心发展的实际水平和新需求。学前教育目标只有细化成教育活动目标，才能贯彻到具体的教育过程中，才能落实到幼儿的发展上。

（二）横向结构

横向结构是指上述每一纵向层次的学前教育目标都可以从三个横向角度加以确定，分别形成内容目标结构、领域目标结构和发展目标结构。

1．内容目标结构

从学前教育内容来看，每一纵向层次的目标都包括体育、智育、德育和美育目标。这四个方面的目标相互联系、有机结合，形成内容目标结构。

2．领域目标结构

从学前教育活动来看，每一纵向层次的目标都可分为健康、语言、社会、科学、艺术等领域的目标，从而形成领域目标结构。

3．发展目标结构

从幼儿身心素质发展来看，每一纵向层次的目标都包括情感、认知与能力等方面的目标，从而形成发展目标结构。

上述目标有机地构成了教育目标结构体系。学前教育总目标主导其他目标，其他目标是在纵向或横向上层层落实，分别围绕总目标运转，充分发挥着"卫星"的作用。

三、现阶段我国的学前教育目标

国家教育部发布的《幼儿园工作规程》中，我国学前教育目标的具体表述如下：

促进幼儿身体正常发育和机能的协调发展，增强体质，促进心理健康，培养良好的生活习惯、卫生习惯和参加体育活动的兴趣。

发展幼儿智力，培养正确运用感官和运用语言交往的基本能力，增进对环境的认识，培养有益的兴趣和求知欲望，培养初步的动手探究能力。

萌发幼儿爱祖国、爱家乡、爱集体、爱劳动、爱科学的情感，培养诚实、自信、友爱、勇敢、勤劳、好问、爱护公物、克服困难、讲礼貌、守纪律等良好的品德行为和习惯，以及活泼开朗的性格。

培养幼儿初步感受美和表现美的情趣和能力。

学前教育目标的侧重点随着不同的历史时期而发生一定的变化。其中可以明显地看到知识观、教师观、儿童观、教育观的变化。从较多地强调知识教育发展到强调能力培养，从知识、能力并重发展到强调个性发展，强调情感发展。这也从一定程度上反映了广大学前教育工作者对幼儿发展认识的全面和深入。

学前教育专业人才培养的理论与实践

第三节 学前教育的基本原则

教育原则是反映教育规律的，在教育系统内部制约和指导教育的基本法则和标准。学前教育的基本原则包括两个部分：一部分是与其他教育阶段如中、小学教育共有的，如尊重儿童的人格尊严和合法权益的原则、发展适宜性原则、因材施教原则等；另一部分是它所独有的、与其他教育不同的特殊原则。

一、保教结合的原则

"保教结合"在幼儿园是一种教育思想，也是一条教育原则。这是由幼儿身心发展的统一性所决定的，也是学前教育工作规律所要求的。贯彻保教结合原则是我国教育方针在学前教育中的具体体现。贯彻这一原则，应当注意以下两点。

（一）保育和教育是幼儿园两大方面的工作

保育主要是为幼儿的生存、发展创设有利的环境和提供物质条件，给予幼儿精心的照顾和养育，帮助其身体和技能良好地发展，促进其身心健康地发展；教育则重在培养幼儿良好的行为习惯、态度，发展幼儿的认知、情感、能力，引导幼儿学习必要的知识技能等。这两方面构成了幼儿园教育的全部内容。

（二）保育和教育工作互相联系、互相渗透

幼儿园保育和教育不可分割的关系是由幼教工作的特殊性和幼儿身心发展的特点决定的。虽然保育和教育有各自的主要职能，但并不是截

然分离的。教育中包含了保育的成分，保育中也渗透着教育的内容。保育和教育不是分别孤立地进行的，而是在统一的教育目标指引下，在同一个教育过程中实现的。在实践中应做到"教"中有"保"，"保"中有"教"，二者并举、有机结合，渗透于幼儿的一日生活和全部教育活动之中，统一在幼儿的全面发展上。

教师应从幼儿身心发展的特点出发，在全面、有效地对幼儿进行教育的同时，重视对幼儿生活上的照顾和保护，保教合一，确保幼儿健康、全面地发展。

二、以游戏为基本活动的原则

基本活动是指在人生的某个阶段，其出现频率最高，对人的生存发展最有价值、最适合所在年龄阶段的活动。幼儿生理学、心理学的研究成果以及大量的实践经验表明，游戏最符合幼儿身心发展的特点，最能满足幼儿的需要，能有效地促进幼儿发展，具有其他活动所不能替代的教育价值。贯彻这一原则，应当注意以下两点。

（一）游戏是儿童最好的学习方式

"幼儿园以游戏为基本活动"符合现代学前教育的基本原理。对于学前幼儿来说，游戏也是一种学习，它是一种更重要、更适宜的学习。幼儿在游戏中感知和探索周围世界，模仿和演练社会行为规范。各种游戏活动为幼儿身体、智能、道德品质、情感、创造性发展提供了学习的平台，是他们成长的重要手段。幼儿园生活中，必须从时间、场地、玩具材料及教师指导等各方面保证幼儿各种游戏的正常开展。

（二）游戏是学前教育内容与形式的结合

游戏既是学前教育活动的内容，又是学前教育实施的途径。教学活动中可以通过游戏的形式巩固幼儿所学的知识、技能。通过游戏给幼

儿一定的自主性，以达到激发幼儿学习的兴趣，使之产生愉快的情绪体验，增强教育效果。为使学前教学活动更适合幼儿的需要，更能发挥教育的作用，必须寓教育于游戏之中，把游戏的因素渗透到各种活动中，将游戏形式贯穿于教育活动的全过程。

三、发挥一日生活整体教育功能的原则

幼儿园一日生活包括由教师组织的活动（如幼儿的生活活动、劳动活动、教学活动等）和幼儿的自主自由活动（如自由游戏、区域活动等）。一日生活中的各种活动是完成体、智、德、美全面发展教育的需要，具有保育和教育的双重意义。每种活动不是分离地、孤立地对幼儿发挥影响力的，幼儿一日生活中教育手段的多样性也有利于幼儿接受教育。合理安排幼儿的一日生活是幼儿学习与发展的基本保证。贯彻这一原则，应当注意以下两点。

（一）教育生活化

教育生活化是指将富有教育意义的生活内容纳入课程领域。例如，课程安排按照学前教育机构生活的自然秩序展开，课程内容可以依据节日顺序展开，或者依据时令、季节变化规律来组织课程等。加强教育同生活的联系，将学前儿童在各种情境中的经验加以整合，不论是日常生活中学习积累的，还是在非日常生活中应该了解和认识的，都纳入课程组织结构中加以统整。此外，活动的内容选择、活动的实施等都要注意生活化。

（二）生活教育化

生活教育化是指将学前儿童已经获得的原有经验在生活中进行适时引导，以促进学前儿童的发展。在学前教育机构中，在成人看来并不重要的小昆虫、小石子、树叶等各种各样的自然物，都是学前儿童眼中的宝贝。教师若能对学前儿童的世界加以观察，并将这些内容有效地组织起来，会使学前儿童在感知生活的过程中得到发展。故教育活动设计不仅仅是课堂教学活动的设计，还应该包括一日活动的各个环节，寓教育于一日活动中，及时抓住机会对儿童实施教育。通过帮助儿童组织已经获得的零散的生活经验，使经验系统化、完整化。

在幼儿园里，教师要全面负责幼儿的整个活动，不仅要照料幼儿的生活起居、饮食睡眠，要指导他们进行身体锻炼，关心他们的身心健康，还要指导他们开展游戏、劳动、散步等各项活动，促进他们在智力、情感、社会文化等方面的发展。要贯彻"一日生活皆教育"的理念，教师就要全面了解幼儿各年龄段和各领域的行为发展，重视学习环境的创设，使幼儿真正能在与环境材料的互动中学习，还要丰富活动资源，细化一日生活的具体要求，在过渡环节精心设计，寻求幼儿自主与教师安排的平衡点，努力使幼儿的学习与发展得到具体的落实。

上述各条原则是彼此密切联系、相互渗透、不可分割的整体，教师在学前生活实践中应当综合运用，并贯穿于学前教育的全过程。

第四节 现代社会学前教育的发展趋势

首届联合国教科文组织"世界幼儿早期保育和教育大会"在莫斯科召开。大会主题为"构筑国家财富"，充分反映出国际社会对发展学前教育所形成的共识。哈佛大学儿童发展研究中心主任、美国国家研究院脑科学与儿童发展研究委员会主席杰克·肖可夫在大会上强调："儿童的早期发展状况会影响到一个国家未来劳动者的素质和效率、国民的生活质量以及社会的公平、稳定与发展。投资早期教育就是投资国家的未来。"

一、政府主体作用越来越明显

自福禄培尔创办世界上第一所幼儿园以来，社会性的学前教育机构已有近200年的历史。正规的学前教育由最初少数工业发达国家富裕阶层儿童的专利，逐步成为当今世界绝大多数国家不同家庭背景孩子的启蒙教育。原先具有浓郁的慈善性兼福利性色彩的学前教育机构，正日益转变为国民教育体系的基础部分。学前教育的发展与机构的管理，也从各种非政府组织包括社会慈善机构、私人基金会、教会等的分散进行与运行，渐趋转为国家运用法制进行规范以及政府通过公共政策与权利的使用予以支持、资助。国家及政府成为推进学前教育发展的最重要角色，政府采取的相关政策与策略对各国学前教育的发展具有极其重要的作用。

（一）通过立法保障学前教育的发展

第二次世界大战后，各国对学前教育更加重视，不断地推出各种法律法规，以保证和促进学前教育的发展。美国政府通过的《儿童保育

法》提出"所有幼儿都能进入幼儿园"的国家教育目标，《儿童早期教育法》《美国教育法》中把"所有儿童都要接受高质量的、能培养发展潜力的学前教育"放在全美八大教育目标的首位，并以联邦立法的形式加以规定，这在美国教育立法中尚属首次。英国政府近年来通过制定和颁布许多相关的法律与政策报告，如《儿童法》《儿童保育法》《每个儿童都重要》，以及《儿童保育十年战略》等为其学前教育事业发展提供政策与法律保障。我国《国家中长期教育改革和发展规划纲要（2010—2020年）》提出"到2020年基本普及学前教育的战略目标"，《国务院关于当前发展学前教育的若干意见》制定了促进学前教育改革与发展的政策体系。

（二）政府财政投入不断加大

以政府财政投入为主发展学前教育在当今已形成广泛的国际共识，世界各国采取各种形式不断加大对学前教育的投资力度。欧盟委员会保育协作组织1996年建议欧洲各国至少把GDP的1%投入学前教育和保育事业，瑞典幼教投入占GDP的1.7%，丹麦达到2%。学前教育财政经费占教育经费总预算的比例不断增长，目前学前教育公共经费占教育总经费8%—10%的国家有丹麦、德国、奥地利、意大利、爱尔兰、英国和瑞典，超过10%的国家有匈牙利、法国和捷克。法国幼儿园在学儿童人均年花费5670欧元。美国国会通过《儿童保育与发展固定拨款法》，依照该法规定，每个财政年度联邦政府应对该法授权的儿童保育服务提供10亿美元的拨款，获得拨款的机构要将其中不少于4%的部分用于改进和提高儿童保育服务的质量。

（三）保障学前教育的公平与普惠

学前教育的基本属性和学前教育资源的特殊性，决定了不可能通过自由市场竞争实现资源配置的优化并服务于社会大众。建立学前教育的社会公共服务体系，政府必然是资源配置的主导者、资源的主要提供者

和普惠广大人民群众的基本保障者。

美国有若干个全国性的学前儿童保育与教育计划，其中，持续时间最长、影响最大的是开端计划。该计划旨在向贫困家庭的3—5岁儿童与残疾幼儿免费提供学前教育、营养与保健。我国政府在发展学前教育中所承担的保障公平责任，突出表现在公益普惠的基本取向和构建学前教育公共服务体系。具体如下：一是从整体上努力扩大普惠性学前教育资源，让广大适龄儿童公平享有接受基本的、有质量的学前教育的机会。二是让公共财政对学前教育的投入普遍惠及接受普惠性学前教育的儿童，让他们广泛分享公共投入的阳光雨露。三是大力发展农村学前教育，努力缩小城乡在接受学前教育机会和学前教育质量方面的差距。四是建立和完善资助制度，对家庭经济困难的儿童、孤儿和残疾儿童减免保教费、补助伙食费，使他们不会因为经济原因失去接受学前教育的机会。五是采取有效措施，着力解决好留守儿童、进城务工人员随迁子女接受学前教育的问题，努力满足他们的需要。

二、学前教育育人水平不断增强

自20世纪80年代以来，许多国家逐步把学前教育纳入义务教育和终身教育的体系，在学前教育的目标、制度、内容、方式和方法等方面，都出现新的变化。

（一）日益重视学前教育的全面发展功能

20世纪80年代以来，世界发达国家学前教育目标出现明显变化，即由加强早期智力开发向注重整体发展方向转变，倡导幼儿全面发展的论调成为主旋律，成为美、苏、日、德等国教育改革的重要内容之一。随着人文主义教育观的复归，人们意识到社会和情感问题应被看成智能发展的重要组成部分。美国幼儿教育界普遍重视通过社会教育促进幼儿智

力、社会交往能力、价值观和自我意识的发展。近来，各国学前教育目标、教育内容等区别逐渐缩小，出现了趋于融合的倾向，均包含促进儿童的社会交往、自我服务、自尊、思考、学习准备等方面的发展。

（二）学前教育科技含量不断增加

世界各国都进一步加强学前教育科研工作，开展学前教育及相关学科领域的专题研究。以信息技术、生命科学为标志的现代科技的发展大大提高了学前教育的科学化水平。脑科学研究成果不仅使人类认识到幼儿教育不可替代的重要价值，也使幼儿教育更能科学地开发幼儿的大脑潜力，发展智力。而信息技术的发展使幼教从教育观念到办园模式，从教育内容、形式到教育方法、手段等，都发生根本的变化。目前在幼教教学软件开发、多媒体教学技术应用、通过移动互联网科技引导学前教育未来发展等方面，发达国家都表现出强劲的发展势头。

（三）学前教育特色理论实践体系趋于完善

随着心理学、生理学和保健学等方面取得的科研成果，这些学科的知识与研究方法对学前教育理论发展起了巨大的推动作用。学前教育学不仅从这些科学中吸取相关的研究成果，而且逐渐利用社会学科常用的实证方法和自然学科所采用的实验方法，尝试新的改革。出现"多元智力理论"等幼教新理论，"铃木小提琴教学法""自然游戏教学法"等幼教新方法，并在实践过程中出现森林幼儿园模式、银行街课程等独具学前特色的新模式。在不同思想体系指导下，学前教育领域涌现出Montessori、Waldorf、High Scope、frabel、DAP等主流儿童教育理念，成为全球85%以上幼教机构的指导教学思想。

三、学前教育机构不断发展

各国学前教育事业虽然有较大发展，但正规的学前教育机构如幼儿

园和保育学校等仍难以满足社会上的各种不同需要。近年来，许多国家学前教育机构的办学形式日益多样化和灵活化。

（一）学前教育机构形式多样化

从形式看，有全日制或半日制的幼儿园、保育学校，也有计时制或咨询游戏性质的托儿站，还有一些以艺术训练为主的幼儿艺术学校。在瑞典，主要有日托中心、托管中心、学前教育中心、家庭日托、儿童护理中心、公园游戏场所、玩具图书馆等；在澳大利亚，主要有学前教育中心、儿童保育中心、游戏小组等；在南非，主要有保育中心、游戏小组、小学预备学校、母亲日托等。

（二）学前教育机构家庭化和社区化

瑞士和挪威等国出现被称作"日间妈妈"的家庭式微型幼儿园。这些家庭式微型幼儿园一般都设在开办人自己家里。除自己的孩子以外，她们也招收少量其他人家的孩子。国外社区学前教育设施大致有三种：一是专为儿童设立的，如儿童馆、儿童咨询所、儿童公园等；二是为儿童与家长共同参与服务的，如图书馆、博物馆、儿童文化中心和各种终生教育中心等；三是所谓"父母教育"，如母亲班、双亲班和家长小组会议等。

（三）学前教育机构发展呈一体化趋势

20世纪60年代以来，托幼机构的性质开始发生变化，逐渐由仅限于保育发展成为集保育和教育功能于一体的幼儿社会教育机构。针对0—5岁、6岁的婴幼儿的"保教一体化"成为世界多国开始着力的学前教育改革方向。一些国家相继建立和发展了"以社区为基础的整合性早期服务机构"，如英国有"早期儿童优质服务中心"，澳大利亚有"新型儿童服务中心""儿童保育和家庭支持轴心策略"和"家庭和社区振兴策略"，日本有"社区育儿支援中心""幼儿教育网"和"幼儿教育中心"。在我国，上海市宝山区开始"保教一体化管理模式"的探索。

多样化、多功能的学前教育机构，满足了社会不同层次的需要，也促进了学前教育的不断发展。

四、学前教育师资不断优化

在学前教育受到政府高度重视的背景下，学前教师培养已形成一个起点高、体制完备、操作性强的有机体系，注重职前培养、新教师入职培训与在职教师专业发展培训的一体化。许多国家都采取了一系列行之有效的措施。

(一)重视学前教育师资的职前培养

首先是提高学前教师准入标准。美国托幼机构的教师，要求中学毕业后进入教育学院接受专业培训3—4年，学完3年的课程并获教师合格证后才可以当教师，然后再学习第四年的课程才能获学士学位。法国学前教师培训中突出的是"多能性"，包括教育理论、实践培训、学科培训以及选修课。第一学年以校内课程学习为主，结束时参加由教育部组织的统一教师资格考试（即教师聘用会考），会考合格者才能成为实习教师。然后开始第二学年学习——以职业能力培养为核心的实习阶段，结束时提交论文，接受教学实践、学位论文、课程模块三个方面的评估，三方面评估都合格者才能获得合格教师资格。

(二)重视学前教师在职培训

在职培训成为推动各国学前教师专业化发展的重要途径，并且部分国家在职培训已形成完整体系或者固定项目。新加坡政府开展"早期儿童发展培训者培训"。法国规定每位学前教师有权在职业生涯中免费接受累计一年的继续教育培训。日本将在职教师的研修作为教师教育的重点，按照教师的需求，根据不同教龄阶段的特点，开展5年经验者研修、10年经验者研修、20年经验者研修等，以提高不同教龄教师的素质和能

力。教师的在职进修形式有院内培训及公开保育活动、国际研修交流、幼儿教育研究会举办的短期培训班等，并充分尊重和提倡教师自主性的研修。多渠道多形式的培训，使各国学前教师的合格率有所上升，师资队伍的质量得到提高。

（三）注意学前教师的性别构成

丹麦、瑞典、澳大利亚、马来西亚、日本等国都十分重视男性在学前教育中的作用，支持、鼓励男性从事学前教育工作。这使男性学前教师能占有一席之地以促进儿童人格的健全发展。

五、国际学前教育交流与合作日益频繁

随着世界全球化和一体化的趋势逐渐加强，世界各国都十分重视多元文化教育、全球教育或国际理解教育，积极推动学前教育领域的国际交流与合作，将其作为推动学前教育现代化的重要策略。

20世纪80年代以来，世界各国积极推动有关儿童发展诸多问题的跨国研究和合作交流，共商促进儿童发展的大计。联合国教科文组织在法国巴黎召开的世界学前教育大会，要求每个国家为保证儿童接受合理的保健和教育的问题献计献策。国际学前教育课程研究委员会成立，提出了多国合作研究学前教育的计划，有21个国家参与了影响儿童成长因素的协作研究。联合国大会也很重视儿童教育问题，大会指出，国家间的谅解、宽容和相互协调，有利于儿童的生存、保护和发展；国家间的经济合作，有助于儿童生活和教育条件的改善；国家间信息和资料的交流，有益于儿童社会性、精神、道德和身心的健康发展。同年召开的"面向21世纪的教育"国际研讨会，提出要从全人类、全球的视野出发，把儿童培养成面向世界的国际人。在美国纽约召开的世界儿童问题首脑会议，反映了国际社会对儿童问题的进一步重视，为儿童营造了有

利于生存和发展的更大空间。1993年联合国儿童基金会在广东召开"幼儿的教育与发展"国际研讨会，来自各国的专家学者介绍了学前教育的实验研究和促进儿童发展的举措，并就儿童发展的某些领域开展进一步的合作研究。

中国拥有世界最大规模的学前教育，学前教育工作者既需要对自身的历史和现实有清晰的认识，同时也要具备对今后教育发展的前瞻性洞察力。他们要充分发挥我国当前社会的有利条件，站在国际和未来的角度，进一步开展学前教育理论和实践的研究，进一步推进我国学前教育改革，进一步健全和发展具有中国特色的学前教育体系。

第二章

学前教育专业人才培养的
理论基础

第一节 幼儿教师专业发展理论

　　幼儿教师是幼儿保教（保育与教育）活动的直接组织者与实施者，是幼儿保教活动的关键主体，是决定保教活动实施成效的核心因素，要想提高幼儿保教质量，必须先提升幼儿教师素质。目前，提升幼儿教师素质已成为世界各国幼儿教育事业优先发展的任务。

　　从职业的角度讲，幼儿教师素质的高低在于其专业化程度的水平，专业化水平是衡量幼儿教师素质高低的重要指标。为此，幼儿教师专业化已成为国内外的共识，幼儿教师专业发展已成为世界各国的共同追求，幼儿教师专业发展理论随之已成为学界广为探讨的热点。培养学前教育本科专业人才的主要目的，即是为培养合格的幼儿教师做准备。显然，在培养学前教育本科专业人才的过程中，理应遵循幼儿教师专业发展理论的指导。为此，本节将着重对幼儿教师专业发展理论展开阐述。

一、幼儿教师

　　根据《教育词典》的解释，幼儿教师又称为教养员，是在幼儿园中负责全面教育儿童的人员，是实现幼儿教育任务的具体工作者，是幼儿德、智、体、美全面发展的培育者。本书认为，这一定义显得有点抽象，仍有必要对幼儿教师的概念进行重新界定。由于幼儿教师是整个教师群体中的一个特殊群体，因而，要想厘清其含义，必须先明晰教师的含义。

　　从我国习惯用语看，教师一词具有广义、中义与狭义三层含义。广义上，"教师是指有目的地增进他人的知识和技能，影响他人的思想品德及身体、心理的形成和发展的人"。显然，广义上的教师既可以是专业人员，也可以是非专业人员。中义上，"教师是履行教育教学职责的专业人员，承担教书育人、培养社会主义事业建设者和接班人、提高民族素质的使命"。由此可见，中义上的教师包括三类工作人员：各级各类学校（公办学校、民办学校及培训学校或教育培训机构）中教育一线岗位上的专职教育工作者（文中简称专职教师）、管理岗位上的教育管理者（文中简称教管教师）及科研岗位上的教育研究者（文中简称教研教师）。狭义上，教师专指各级各类学校中就职于教育一线岗位的专职教育工作者。可见，狭义上的教师特指专职教师。一般来说，国内所指称的教师往往是中义上的教师，它包括专职教师、教管教师和教研教师三类。不过，从当下我国幼儿教师群体的实际来看，总体而言，尚未有专门从事科研的幼儿教师，且专门从事管理工作的幼儿教师极少，故通常所指称的幼儿教师相当于狭义的教师，即就职于幼儿教育工作一线的专职幼儿教师，这样的专职幼儿教师包括幼儿园中的专职保育教师和专职教育教师。本书所指的幼儿教师即是这种专职幼儿教师，同时，这种专职幼儿教师亦是本书探讨的学前教育师资。

二、专业发展

专业发展这一概念由专业和发展两个词构成，要想明晰其含义，必先明确专业和发展这两个词的含义。根据《现代汉语词典》，发展的含义比较单一，它是指"事物由小到大、由简单到复杂、由低级到高级的变化"；而专业的含义有三种：一是指高等学校或中等专业学校里，根据科学分工或生产部门的分工把学业分成的门类，二是指产业部门中根据产品生产的不同过程而分成的各业务部分，三是指专门从事工作或专

门职业。由于专业一词的含义并非单一，因而必须结合具体的语境加以理解。由于本节内容主要阐述的是教师专业发展理论，因而本节所阐述的专业特指专门职业。那么，专门职业是什么呢？

美国著名社会学家利伯曼给专门职业确定了如下八条标准：

1．范围明确，以"垄断"的形式从事于社会不可缺少的工作；

2．运用高度的理智性技术；

3．需要长期的专业教育；

4．从事者无论个人、集体均具有广泛的自律性；

5．在专业的自律性范围内，直接负有做出判断、采取行动的责任；

6．不以赢利为目的，而以服务为动机；

7．形成了综合性的自治组织；

8．拥有应用方式具体化的伦理纲领。

我国学者王建磐认为，成熟的专业工作，应该具备以下六个特征或标准：

1．专业知识，即构成专业的首要标准是需要一套完善的专门知识和技能体系作为专业人员从业的依据；

2．专业道德，即某一职业群体为更好地履行职业责任、满足社会需要、维护职业声誉而制定的自我约束的行为规范或伦理标准；

3．专业训练，需要经过长期的培养与训练；

4．专业发展，即需要不断地学习进修；

5．专业自主，享有有效的专业自治；

6．专业组织，即形成坚强的专业团体。

本书综合以上两位学者对专门职业所持的观点并结合发展的含义后认为：所谓专业发展，是指一个普通的职业群体在某种专业（或专门职业）标准的指引下，通过不断提升其自身素质直至其自身素质逐渐符合相应的专业标准的过程。

三、幼儿教师专业发展

教师专业化发展是教师专业化和教师发展的有机整合，作为教师群体的一部分，幼儿教师的专业发展也不例外。下面将从教师专业化和教师专业发展两个方面简要阐述幼儿教师专业发展理论。

（一）幼儿教师专业化

美国教育界就已明确提出教师专业化的概念，当下，教师专业化已为世界许多国家所接纳，且日益上升为一种教育理论。

教师专业化是教师在整个专业生涯中，通过终身进行专业学习与专业训练，获取教师职业的专业知识与技能，形成专业道德与品格、养成专业自律与自主，以之逐步提升自身的职业素质水平，从而不断向专家型教师迈进的过程。显然，幼儿教师专业化即是幼儿教师通过终身的专业学习与专业训练，不断获取一系列从事幼儿教师职业不可或缺的幼儿保教知识与技能，形成幼儿教师必备的道德与品格，养成专业自主自立，从而使其自身专业素质不断提升至接近或达到专家型幼儿教师应备素质的过程。教师专业化一般具有两层含义：一是指一个普通职业群体逐渐符合专业标准、成为专门职业并获得相应的专业地位的过程；二是指教师这一职业群体的专业性质和状态处于什么样的情况和水平。不言而喻，幼儿教师专业化也具有这样的两层含义。如同中小学教师专业化或高校教师专业化一样，幼儿教师专业化也包括幼儿教师职业专业化和幼儿教师主体专业化。其中，幼儿教师职业专业化是指幼儿教师职业群体向符合幼儿教师职业标准的方向变化与发展的过程；幼儿教师主体专业化是指幼儿教师通过接受培养与培训以及自身修炼等方式提升自身的专业情感、专业信念、专业品格、专业知识以及专业能力等专业素质，使之达到成熟状态的过程。幼儿教师专业化以幼儿教师职业的专业化为基础，以幼儿教师主体的专业化为目标。

（二）幼儿教师专业发展

1.幼儿教师专业发展的含义

何谓幼儿教师专业发展？不妨先审视一下教师专业发展的含义。从字面意思上看，教师专业发展是教师专业素质结构不断变化、演进和丰富的过程；从逻辑意义上说，教师专业发展是指教师的专业成长过程，即教师作为专门的职业人员，其专业素养从不成熟到相对成熟的发展历程。具体而言，教师专业发展既指教师专业素质构成的演变，又指教师专业生涯阶段的演进。从专业素质看，教师专业发展是指教师的专业素质从专业知识和专业技能向专业知识、专业技能、专业信念、专业动机、专业态度、专业情感、专业期望和专业发展意识等发展的历程；从专业生涯看，教师专业发展是指教师从新手型教师乃至职前教师向熟手型教师直至专家型教师发展的历程。由此不难推断，幼儿教师专业发展既指幼儿教师专业素质的发展过程，又指幼儿教师专业生涯的发展过程。其中，幼儿教师专业素质发展是指，幼儿教师的专业素质不断提升至接近或达到专家型幼儿教师应备素质的过程；幼儿教师专业生涯发展是指，幼儿教师从新手型幼儿教师乃至职前幼儿教师不断向熟手型幼儿教师直至专家型幼儿教师发展的过程。

值得指出的是，幼儿教师专业发展的过程，不仅是幼儿教师自我完善的过程，更是幼儿教师通过完善自身而更好地促进幼儿完善的过程。

2.教师专业发展的内容

（1）身心系统

幼儿教师的职业活动内容是教书育人（保育是幼儿教师育人活动的一部分），其中，教书是手段，育人是目的。由于人是具有主观能动性和个体差异性的智慧动物，因而教书育人活动是一项复杂的脑力劳动和特殊的体力劳动，它要求从业者必须具有充沛的精力、健全的人格、良好的心境，否则从业者将难以胜任这项活动。可见，拥有健康的身体和健康的心理是一名教师顺利从事教师职业的保障，健康的身心系统理应是幼儿教师专业发展的内容之一。

（2）观念系统

观念是行为的先导。教师的教育观念必然影响教师自身的教育行为，进而影响教育成效。与滞后的教育观念相比，先进的教育观念通常能够带来较高的教育成效。因而，先进的幼儿教育观念是幼儿教师专业发展的"催化剂"，形成先进的幼儿教育观念必然是幼儿教师专业发展的应有内容。

（3）品格系统

这里的品格是指教师的品德和性格。就品德而言，由于教师是学生成长过程中的"重要他人"，因而学生很难不会具有"向师性"。无疑，教师的师表形象是学生学习的榜样和模仿的对象，显然，具备优秀的品德是幼儿教师作为幼儿表率的前提。拿性格来说，每一种职业都要求从业者具有与之匹配的性格，即是说："性格影响着一个人对职业的适应性，一定的性格适合于从事一定的职业，同时，不同的职业对人有不同的性格要求。"显而易见，培养良好的性格，也是幼儿教师专业发展的主要内容之一。可见，品格系统是幼儿教师专业发展的关键内容。

（4）知识系统

教师之所以配称为教师，最起码的原因是因为教师在知识方面具有相对的权威性。作为一名教师，不仅需要具备学科专业知识、教育教学知识和通识文化知识，还需要具备个人的实践性知识。由此可见，知识系统是幼儿教师专业发展的基础，必然是幼儿教师专业发展的主要内容。

（5）能力系统

由于具备一定的教育教学能力与教科研能力是教师顺利从事教师职业活动的条件，因而，与从事幼儿教师职业相关的能力系统理当是幼儿教师专业发展的基本内容。教育教学能力主要包括语言表达能力、教学

组织能力、学科教学能力、课程开发能力、班级管理能力等；教科研能力主要包括教育教学改革创新能力、教育教学反思能力、教育教学行动研究能力等。

3.幼儿教师专业发展的阶段

从一名幼儿职前教师成长为一名专家型幼儿教师，是一个不断发展的过程，存在不同的发展阶段。在不同的发展阶段，幼儿教师会遇到不同的发展问题，同时幼儿教师也在不断解决所遇到的问题，这些问题的不断解决，推动幼儿教师的专业水平不断提高。由于幼儿教师的专业发展与中小学教师或高校教师的专业发展十分相似，因而国内外已有相关研究大多从一般教师的视角出发，较为笼统地阐述教师专业发展的阶段，相应便出现了不同的教师专业发展阶段论。

傅乐的教师关注阶段论。傅乐根据教师在不同发展阶段所关注的焦点问题，把教师的发展分为关注生存、关注情境和关注学生三个阶段。处于关注生存阶段的教师一般是新教师（刚入职的教师），他们非常关注自己的生存适应性，他们经常关心诸如"学生喜欢我吗？""同事们怎样看我"等问题。在此阶段，有些新教师可能会把大量的时间花在如何与学生相处上，而不是花在如何教好学生上；有些新教师则可能千方百计控制学生，而不是让学生自由发展。处于关注情境阶段的教师，一般关心的问题是如何教好每一堂课，他们通常关心诸如班级大小、时间压力和备课材料是否充分等与教学情境相关的问题。处于关注学生阶段的教师，一般考虑学生的个别差异并进行因材施教。通过对教师关注阶段的研究，傅乐认为，个人成为教师的这一历程是经由关注自身、关注教学任务，最后才关注到学生的学习以及自身对学生的影响这样的发展阶段而逐渐递进的。

卡茨的教师发展时期论。卡茨根据自己与学前教师一起工作的经验，运用访问和调查问卷法，特别针对学前教师的训练需求与专业发展

目标，将教师发展分为四个时期。一是存活期。在此阶段，教师对教学的设想与实际有差距，关心自己在陌生的环境中能否生存。二是巩固期。在此阶段，教师有了处理教学时间的基本知识，并开始巩固所掌握的教学经验和关注个别学生以及思考如何来帮助学生。三是更新期。在此阶段，教师对重复、机械的工作感到厌倦，试图寻找新的方法和技巧。四是成熟期。这一阶段的教师已习惯于教师角色，能够深入地探讨一些教育问题。尤值一提的是，卡茨所提出的教师发展论虽以学前教师为主，但其内容对中小学教师在训练需求、协助教师专业成长等方面也有参考与实用价值。

伯顿的教师发展阶段论。伯顿从与小学教师访谈的记录数据与资料中，整理归纳了教师们所提出的观点，提出了教师发展的三个阶段论。一是求生存阶段。在此阶段，教师因刚踏入一个新环境，再加上没有实际教学经验，因此，对于教学活动及环境只有非常有限的认识。此时教师所关心的是班级经营、学科教学、改进教学技巧、教具的使用，以及尽快地了解所教的内容，做好课程与单元计划及组织好教学材料，进而做好教学工作。此外，此阶段的教师已开始注意了解学生并与之相处。二是调整阶段。在此阶段，教师的知识已较丰富，心情也较轻松。教师们有精力开始了解学生的复杂性，此时会寻求新的教学技巧与解决问题的新方法，以满足学生的各种不同的需求。三是成熟阶段。在此阶段，教师的经验更加丰富，对教学活动驾轻就熟，并且对教学环境已有了充分的了解与熟悉。此阶段的教师能够不断地追求并尝试新的方法，且更能关心学生，更能满足学生的需求。此外，此阶段的教师发现自己已经逐渐具备专业见解，并能处理大多数可能发生的新情况。

费斯勒的教师生涯循环论。费斯勒将教师的发展分为八个阶段。一是职前教育阶段。这个阶段通常是在大学或师范学院进行的师资培育阶段。此外，这一阶段也包括在职教师从事新角色或新工作的再培训。

学前教育专业人才培养的理论与实践

二是引导阶段。在此阶段，新任教师通常会努力寻求学生、同事及督导人员的接纳，并设法在处理每日问题和事务时获得被肯定的信心。三是能力建立阶段。在此阶段，教师会努力增进与充实和教育相关的知识，提高教学技巧和能力，设法获得新的信息材料、方法和策略。四是热心成长阶段。在此阶段，教师会更积极地追求其专业形象的建立，发挥热爱教育的工作激情，不断寻找新的方法来丰富其教学活动。五是生涯挫折阶段。在此阶段，教师可能因教学上的挫折感或工作满足程度逐渐下降而开始怀疑自己选择教师这份工作是否正确。六是稳定和停滞阶段。在此阶段，教师通常不会主动追求教学专业上的卓越，只求无过，不求有功。七是生涯低落阶段。在此阶段，有些教师感到愉悦、自由，回想以前的桃李春风，而今终能功成身退；有些教师则会以一种苦涩的心情离开教育岗位，或因被迫终止工作而感不平，或因对教育工作的热爱而觉眷恋。八是生涯退出阶段。在此阶段，有些教师会寻找短期的临时工作，有些教师可能会颐养天年等。

伯林纳的教师教学专长论。伯林纳将教师的发展分为五个阶段。一是新手型阶段。此阶段是教师获取教学所需知识和技能的阶段。在此阶段，新手型教师除了要学习一些具体的概念外，还要学习一些具体教学情境下的应对规则。二是进步的新手阶段。在此阶段，教师将自己的实践经验与所学的知识逐步联系起来，并能找出不同情境中的一些相似性，而且有关情境知识也在增加。三是胜任型阶段。此阶段的教师能够按照个人想法自由处理事件，依据自己的计划，对所选择的信息做出反应。四是能手型阶段。此阶段的教师对教学的自觉或领会很重要。他们通常能够从积累的大量丰富经验中识别出情境的相似性，能从截然不同的事件中考虑到其相互联系。五是专家型阶段。此阶段的教师不仅对教学情境有自觉的把握，而且能够以非分析性、非随意性的方式，理智地做出合适的反应。他们的行为表现自然、流畅、灵活。

司德菲的教师生涯发展模式。司德菲将教师的发展分为五个阶段。一是预备生涯阶段。此阶段的教师具有以下几个特征：理想主义、有活力、富创意、接纳新观念、积极进取、努力向上。二是专家生涯阶段。此阶段的教师通常都能进行有效的班级经营和时间管理，对学生都抱有高度的期望，也能在自己的工作中激发自我潜能，达成实现自我的目的。三是退缩生涯阶段。此阶段包括三个分阶段。第一分阶段为初期的退缩。在此期间，教师的表现不是最好，也不是最坏。他们很少致力于教学改革，所用的教材内容年复一年，他们的学生表现平平。这一期间的教师多半沉默寡言、消极行事，而当他们得到教育行政人员的适时、适当的支持与鼓励时，又会恢复到专家生涯阶段。第二分阶段为持续的退缩。在此期间，教师会有倦怠感，经常批评学校、家长、学生、甚至教育行政部门，有时对一些表现好的教师也妄加指责。此外，这些教师会抗拒变革，对行政上的措施不做任何反应。第三分阶段为深度的退缩。在此期间，教师在教学上表现出无力感，甚至有时还会伤害到学生，但是，这些教师并不认为自己有这些缺点，且具有很强烈的防范心理。四是更新生涯阶段。在此阶段，教师又可看到预备生涯阶段朝气蓬勃的状态，即有活力、肯吸收新知识、进取向上。不同之处在于，预备生涯阶段的教师对教学工作感到新奇振奋，而在更新生涯阶段的教师则致力于追求专业成长，吸收新的教学知识。五是退出生涯阶段。在此阶段，教师将开始离开教育岗位，其中有些教师开始安度晚年，而有些教师则可能继续追求生涯的第二春天。

休伯曼的教师职业生命周期论。休伯曼把教师的职业生涯过程归纳为五个时期。一是入职期，即"求生和发现期"。在此期间，教师一方面表现出初为人师的积极热情，另一方面表现出面对新工作的无所适从，想尽快步入正轨而急切希望获得教学的知识和技能。二是稳定期。在此期间，教师逐渐适应了自己的工作，并且能够比较自如地驾驭课堂

教学，初步形成了自己的教学风格，已经能够比较轻松、自信地从事自己的工作，且对提升自己的教学技能等方面有了新目标。三是实验和歧变期。该阶段是教师职业生涯道路上的转变期，这种转变有两个方面：一方面是随着知识和阅历的增加，教师开始对教学及学校的相关工作进行大胆创新与改革，关注学校发展，对学校组织和管理中的漏洞进行批评和指正，不断挑战教师职业和自己本身；另一方面，单调乏味的教学轮回使教师产生了职业倦怠感，教师对是否要继续执教产生动摇，因而开始重新评估自己所从事的教师职业。四是平静和保守期。在此阶段，教师已经具有比较丰富的教育教学经验与教育教学技巧，不过他们通常没有了专业发展的热情和动力，在工作上表现得较为保守。五是退出教职期。在此阶段，教师的职业生涯步入了逐步终结的阶段。

此外，我国学者连榕提出了"新手—熟手—专家"三阶段理论，这些理论通过分析不同阶段教师的特点，运用对比分析的方法对专家型教师的教学专长发展做出了深入研究；李继峰等主张把在岗教师的专业成长简化为新手型教师、胜任型教师、骨干型教师、专家型教师四个主要阶段，并对各个阶段所表现出来的特征进行了分析；刘晓明认为将专家型教师的发展过程分为职前阶段、新手阶段、熟手阶段和专家阶段较合适，同时也对各个阶段所表现出来的特征进行了阐释。

审视以上不同研究取向的教师发展阶段理论发现，尽管它们立足不同的视角、依据不同的理论对教师的发展阶段进行了不同划分，但仍表现出了一些相同的地方：其一，将教师职前培养、入职教育及职后培训联系起来，将教师发展视为一个一体化的、持续的专业发展过程；其二，认为教师的专业发展是一个终身的过程；其三，认为教师的专业发展具有阶段性，且各阶段的教师具有不同的特征或特性；其四，认为教师专业发展的动力来自其在环境压力下所产生的需求；其五，关注教师在各个发展阶段的特征；其六，教师专业发展的基本阶段依次为新手

型、胜任型、能手型、专家型四个发展阶段；其七，认为教师教育应为教师专业发展提供支持，且应根据教师在专业发展不同阶段所面临的问题和不同需要来实施。不言而喻，以上七点共识，同样适合幼儿教师，同样也是幼儿教师专业发展阶段理论的一部分，同样也是指导幼儿教师教育的基本理论。

第二节 幼儿教师的教育实践性理论

幼儿教师职业是一份实践性非常强的职业，作为一名合格的幼儿教师，必须深谙幼儿的保育和教育工作，显然，在培养学前教育本科专业人才（准学前教育师资或职前幼儿教师）的过程中，理应注重培养职前幼儿教师的实践能力。为此，本节将着重阐述与学前教育本科专业人才培养十分相关的三大教育实践性理论，即教育与生产劳动相结合理论、教育情境构建主义学习理论、教育实践性教学理论。

一、幼儿教师教育与生产劳动相结合理论

教育与生产劳动相结合理论是马克思主义教育的基本思想，也是我国长期教育方针的重要组成部分，马克思、恩格斯、列宁、斯大林、毛泽东、邓小平等都非常重视教育与生产劳动相结合。马克思、恩格斯立足于人的全面发展和全面教育的视角，从三个方面阐述了教育与生产劳动相结合的理论：第一，教育与生产劳动相结合是改造现代社会最有力的手段之一；第二，教育与生产劳动相结合是提高社会生产力的一种重要方法；第三，教育与生产实践结合是培养全面发展的人的唯一方法。当前，"教育与生产劳动相结合"这一主张已经普遍为"教育要注重理论联系实践"这一原则所代替。其实，这两者的基本含义是一致的，它们都倡导人才的培养不仅要注重理论的指导，而且要注重实践的锻炼，通过理论学习与实践训练全面提升人才的知识素质和能力素质。对于致力于培养幼儿教师的学前教育专业而言，理当在重视学前教育专业学生

知识积累的同时，不忘重视他们未来职业能力的训练。只有通过教育与生产劳动相结合的形式，即高等师范院校的理论学习与幼儿教育一线（尤其是幼儿园）的实践体验，才能更大限度地全面提升学前教育专业学生的职业素质。

二、幼儿教师教育情境建构主义学习理论

建构主义学习理论是20世纪80年代末参照人脑的机制而构建的学习理论。建构主义学习理论认为，学习不是由教师把知识简单地传递给学生，而是由学生自己建构知识的过程。学生不是简单被动地接受知识，而是主动地建构知识，这种建构是无法由他人来代替的。学习不是学生被动接收信息刺激，而是学生主动地建构意义，是学生根据自己的经验背景，对外部信息进行主动地选择、加工和处理，从而获得自己的意义。为此，在教育过程中，教师不能无视学生已有的知识经验，简单、强硬地从外部对学生实施知识的"填灌"。在教育过程中，教师应是学生建构知识的引导者或合作者，学生才是知识的主动建构者。20世纪90年代后，随着建构主义理论研究的不断深入，学术界对学习本质的认识不断加深，情境建构主义学习理论逐渐形成。情境建构主义学习理论认为，学习活动应尽可能在真实的职业环境中进行，学生在真实职业环境中的体验非常重要，这种体验十分有利于学生构建知识，教学有必要在真实的职业情境中进行。同时，情景建构主义学习理论指出，如果学生的学习环境与其未来的工作环境是割裂的，则学生就难以养成在真实职业情境中建构知识的能力。情境建构主义职业教学模式主张以实践为先导，以任务为本位，激发学生的学习动机。目前，高等师范院校在学前教育师资职前培养时，课堂教学所占的比重仍然很大，这不仅难以使学生真正掌握专业理论，而且容易造成理论与实践的严重割裂。显然，对

于学前教育专业人才培养来说，通过建构一种有利于学生学习的情境，激发学生学习的主动性与积极性，必然能够促进学前教育专业人才培养质量的提升。

三、幼儿教师教育实践性教学理论

实践性教学理论认为，那种将学生在校的学习与未来的工作完全割裂开来，或者认为学生在学校里的学习是为其未来工作做准备，而未来的工作只是运用其在学校里获得的知识的观念在当代已经过时，只有把学生在学校里的学习和其未来的工作整合起来，才符合当代教育发展的趋势。为此，实践性教学理论认为，相对课堂学习来说，实践性学习更具有真实性。依据这种理论不难推断，对学前教育专业人才培养来说，由于幼儿教师职业具有明显的实践性，因而在人才培养过程中，理应注重将学校的课程学习与幼儿园的见习及实习整合起来，只有这样，才能更大程度地提高学前教育专业学生的职业能力。

第三节 幼儿教师教育一体化理论

随着幼儿教育的社会价值日益凸显，幼儿教师的职业地位得以明显提高。在此背景下，有关幼儿教师的素质及其培养问题成为学界普遍关注的焦点。通过怎样的教育途径来提升幼儿教师的素质呢？针对这一问题，诸多学者主张通过一体化的教育途径来培养教师，即倡导幼儿教师教育一体化。培养学前教育本科专业人才的主要目的，无疑是为培养学前教育师资或职前幼儿教师做准备，为了提高学前教育本科专业人才培养的质量，理应以一体化的教师教育理论来指导学前教育人才培养的实践活动。为此，本节将专门对幼儿教师教育一体化理论加以阐述。

一、幼儿师范教育

从词源上看，师范一词最早出自我国西汉扬雄的著作《法言》，其中说道："师者，人之模范也。"这是我国第一次将师和范联系起来。在西文里，师范一词源于法文ecloe normale。其中，ecloe的意思是学校、教舍、教育、培养，normale的意思是图样、模型、规范。ecloe normale的意思则是培养教师的机构。在现代社会里，师范一词通常被理解为学高为师、身正为范。《现代汉语词典》指出，师范，即学习的榜样。可见，从字面意思上讲，师范教育就是通过教育的途径与方式培养可以作为他人学习的榜样的人。怎样理解师范教育更为合适呢？秦娟娟、姜红贵认为，师范教育主要是指培养专门师资的专业教育，包括职前教师培养、初任教师考核试用和在职教师培训；江玲认为，"师范教

育是培养师资的专业教育"；蒋涛、胡小京则认为，师范教育是有计划、有目的培养师资的专门实践活动。本书认为，从国内现实看，师范教育有广义和狭义之分。其中，广义的师范教育与当下的教师教育一词是同一个概念，包括师资培养的整个过程，即不仅包括各级各类师资培养机构所实施的教育，而且包括教师的入职教育和职后培训；狭义的师范教育特指师资培训机构所实施的教育，即中等师范学校及高等师范院校和普通高等院校中开设的师范类专业所实施的教育。

长期以来，我国一直使用师范教育这一术语而不习惯使用教师教育这一术语，这是由于我国教师职前培养和职后培训长期互相分离，缺乏相互联系和相互沟通造成的，从而给人留下师范教育只是对教师进行职前培养的印象。我国过去的教师教育事业有这样一个真实写照：师范教育本来包括教师的职前培养和职后培训两部分，但由于教师的职前培养和职后培训长期相对分离、相互沟通不够，因而师范教育容易被人误认为仅是对教师的职前培养。事实上，由于"师范教育"长期以来一直重教师的职前培养而轻教师的职后培训，重理论教学而轻实践教学，因而过去较长时间内一直将师范教育等同于教师职前培养是可以理解的。不过，自从终身教育理念得以倡导以及教师专业化运动得以推动之后，师范教育这一概念的内涵渐显狭窄而最终被教师教育这一概念所取代。

二、幼儿教师教育

何谓教师教育？《国际教育百科辞典》对教师教育的定义是：教师教育或者说教师发展，可以从养成、新任研修、在职研修三方面进行认识；《中国大百科全书》指出，教师教育是指"培养师资的专业教育"；有学者认为，教师教育即是在终身教育思想指导下，按照教师专业发展的不同阶段，对教师的职前培养、入职培训和在职研修通盘考虑，整体设计。一般来说，教师教育是对教师职前培养、入职教育和职后培训的统称，是在终身教育理论的指导下，依据教师在专业发展不同阶段的特点，对教师有效实施职前培养、入职教育和职后培训的一体化教育过程。从内容上看，教师教育包括人文科学教育、学科教育、专业教育和教学实践；从顺序上来看，教师教育包括职前教育、入职教育和在职教育；从形式上看，教师教育包括正规的大学教育和非正规的校本教师教育；从层次上看，教师教育包括专科层次教师教育、本科层次教师教育和研究生层次教师教育。总的来说，教师教育就是各级各类培养和培训师资的教育，既包括普通教育，也包括成人教育和特殊教育；既包括学前教育、中小学教育，也包括高等教育等师资培养和培训。显然，从师范教育到教师教育并不是简单的概念替换或文字游戏，而是标志着教师培养进入一个新的历史阶段，是教育发展的内在要求。教师教育更适应当今世界科技知识的更新加速和教育普及程度的提高。教师教育是对师范教育与教师继续教育的统合，是促进这两者相互联系、相互促进的现代教育体制，是对教师职前培养、入职辅导、职后培训的统称，适应了教师职业终身化、专业化、综合化发展的要求。

由师范教育向教师教育的转变，反映了我国教师教育从封闭走向开放、从单一走向多元、从数量走向质量的变革，逐步实现从继承到创新、从垄断到竞争、从地域化到网络化、从标注化到个性化、从知识导向到能力导向、从终结教育到终身教育的转型。

目前，人们对教师教育的理解主要有三种：一是将教师教育作为一种现代教育体制，在教育制度的设计上要实现职前、入职和职后的连贯一致，为教师终身持续的专业发展提供外部条件和组织保障；二是将教师教育作为一种专门的教育体系，在教师培养、培训目标和内容设置上要坚持内在衔接，为教师终身持续的专业发展提供内部依托和设计框架；三是将教师教育作为一种教育活动过程，使教育组织、教育实施及

教育评价等活动贯通一体，为教师终身持续的专业发展提供活动载体和实现路径。

三、幼儿教师教育一体化

什么是教师教育一体化？有学者立足于演绎概念，认为教师教育一体化是指，"为了适应学习化社会的需要，以终身教育思想为指导，依据教师专业发展的理论，对教师职前、入职和在职教育进行全程的规划设计，建立起教师教育各个阶段相互衔接，既各有侧重，又有内在联系的教师教育体系"。有学者立足于归纳概念，认为教师教育一体化包含五个方面的内容：一是纵向意义上的一体化，即打破教师教育职前培养、入职辅导、职后培训的割裂局面，建立一个内部各阶段相互衔接、相互补充的教师教育体系；二是横向意义上的一体化，即充分利用各种教育资源，建立学历教育与非学历教育、正规学校学习与教师自我导向性学习、互助性学习等非正规学习相结合的教师教育体系；三是发展意义上的一体化，即将教师的知识、技术、能力等智力因素发展与态度、情感、意志等非智力因素发展有机地结合起来；四是研究意义上的一体化，即教育的理论研究和实践研究的一体化；五是整体意义上的一体化，即教师教育与学校发展的一体化。可见，教师教育一体化，其实就是为了适应学习化社会和教师专业化发展的需要，以终身教育思想为指导，对教师职前培养、入职教育、在职培训进行整体规划设计，明确不同阶段的目标、任务和要求，并科学设计与之相应的培养模式、课程结构、评价方法等，力求各个阶段相对独立、各有侧重，而又相互衔接、内在一体。首先，培养目标的一体化。实现教师专业化是教师教育的总体目标，实现这一目标要经历职前培养、入职教育、职后培训三个阶段。三个阶段的目标既有一致性，又有差异性，对此必须有清晰的认识和准确的定位。职前教育阶段以掌握知识、技能为主，重在形成教师的基本素质；入职教育重在适应工作环境，积累实践经验，提高运用知识于实际的能力；职后培训旨在知识更新、教学研究和提高业务能力，引导教师通过不断完善自我、超越自我而逐渐向专家型教师发展。其次，课程结构的一体化。课程结构一体化的重点是实现职前培养、入职教育与职后培训的课程内容相互衔接、相互融通，前期内容要为后续内容奠基，后续内容成为前期内容的延续和提高，不是简单化地重复，而是既呈现阶段性又体现整体性。第三，培养过程的一体化。教师的成长是一个持续不断的发展过程，需要经历教师教育专业大学生（师范类专业大学生）、新手型教师、胜任型教师、能手型教师、专家型教师等几个专业发展阶段。强调培养过程一体化，就是要以终身教育理念整体审视、规划教师培养过程，研究教师从前一个阶段发展到后一个阶段的影响因素、内在规律、动力机制以及各阶段教师专业发展的特殊需求，并据此设计教育内容和方法，将培养过程与教师的成长过程密切结合起来，使前者成为后者的"催化剂"和"得力助手"，促使更多的教师成长为专家型教师。最后，师资配置的一体化。建立一支通力合作、各有侧重的、高水平的教师队伍，把最合适的教师用在最合适的地方，从而为教师的专业化发展提供强有力的指导和帮助。

教师教育一体化是"师范教育"向"教师教育"转型的内在诉求，同时又是推动教师教育发展的组织机制保障和主要实现路径，与教师专业化的时代要求密不可分。教师教育一体化是指为了适应学习化社会的需要，以终身教育思想为指导，根据教师专业发展理论，对教师职前培养和职后培训进行全程的规划设计，建立起教师教育各个阶段相互衔接的，既各有侧重又有内在联系的教师教育体系。教师教育一体化又称为一体化的教师教育，其含义有三层：一是职前培养、入职教育和职后提高的一体化；二是中小学、幼儿教师教育一体化；三是教学研究与教学

学前教育专业人才培养的理论与实践

实践的一体化，即师范大学与中小学及幼儿园的伙伴关系。

总的来说，教师教育一体化既是一种教师教育的核心理念，更是一个教师教育的实践方案与行动指南。第一，教师教育一体化要求打破了教育理论与教学实践脱节、说与做不统一的问题，通过一体化搭建起连接教育理论与教育实践的桥梁。第二，要打破条块分割的师范教育管理体制，建立统一、协调的领导体制，形成上下结合、内外融通的教师教育网络。第三，突破教师职前培养、入职教育及在职培训相互割裂、不同教育机构相互隔膜的局面，建立职前培养、入职教育及在职培训之间相互融通的教师培养与培训机构。第四，统一规划和设计教师教育的目标和内容，即把职前教师培养、新教师入职教育和在职教师培训这几个阶段的教师教育作为一个系统工程，从培养目标、课程结构、教育内容等方面统筹考虑。第五，重新调整、优化配置教师教育的师资队伍，建立一支职前、入职及职后既有侧重、又有合作的教师教育师资队伍。第六，重新构建各级各类教师教育机构和广大中小学及幼儿园的关系，建立教育理论与教育实践的对话平台。

第四节 幼儿教师的实践性知识观

教师职业是一项实践性相对较强的职业，需要教师具备相应的实践性知识。教师的实践性知识是教师在实践活动的基础上，经历多次成功和失败后得出的经验总结。由于"教师的实践性知识是教师专业发展的主要知识基础，在教师工作中发挥着不可替代的作用"，因而，教师要想提升自己的专业发展水平，必须不断地积累自己的实践性知识。作为教师群体的一部分，幼儿教师自然不会例外。显然，在学前教育师资或幼儿教师的职前培养阶段——学前教育专业人才培养过程中，理论注重以实践知识观为指导，以便促进准幼儿教师实践性知识的积累。为此，本节将专门阐述幼儿教师的实践知识观。

一、实践与实践性

实践性是指某一事物具有实践的性质或实践的特性，它是相对理论性而言的。何谓实践？关于这一概念，无论是理论界还是实践界，无论是正式场合还是非正式场合，都得以广泛运用，但从已有文献看，很少有专门阐述这一概念的话题或文章。我国权威词典指出，实践是"人们改造自然和改造社会的有意识的活动"。马克思认为，实践不仅是与认识相对应的范畴，而且还是人的存在方式。郭水兰指出，实践一词有广义和狭义之分，广义的实践是指人们特有的对象性活动，或人们凭借一定的手段有目的地、能动地改造世界的对象化活动；狭义的实践是与理论或认识相对应的范畴，是理论认识的运用，是区别人们以精神或观

念的方式把握客体的活动。本书认为，一般来说，实践是相对理论而言的，是人们以一定的方式或手段改造客观世界的能动性活动，这种活动既可以是内隐的心理活动，也可以是外显的行为活动。

二、知识与知识观

如果说知识是个体、群体和人类的认识及其结果，那么知识规则是对认识及其成果的再认识，它不是某一具体的知识，而是对知识的一般观念、观点与看法。由于知识观是人们对知识的总的看法和观点，且其中关于知识是什么的问题是知识观的核心内容，因而，下面将重点对此问题加以阐述。

知识是什么呢？对于这个问题，学界大多习惯从哲学视角进行界说。比如，古希腊哲学家柏拉图最早在《美诺篇》和《泰阿泰德篇》中提出：知识就是有理由的真信念，这是西方哲学家们的传统看法。又如，美国哈佛大学社会学家贝尔在《知识的规范》一书中将知识定义为：一组对事实或概念的条理化的阐述，它表示一个推理出来的判断或者一种经验结构，它可以通过某种信息工具以某种系统的方式传播给其他人。从已有文献及应用实践看，知识的概念与众多概念密切相关，丰富而多义，在不同的语境中有着不同的含义，在不同的场合其用法也不尽相同。比如，在日常语境中，人们常常未做任何区分使用知识概念，它经常与经验、文化、信念、信息等概念等同使用，因此显得较为模糊、含混，缺乏清晰而准确的定义。教师教育是一项关于知识传承和人才培养的事业，知识的选择、传递、理解、创造、评价是教师教育的基本工作，显然，对知识这一概念的理解与使用是教师教育的起点。那么，在教师教育语境中如何定义知识这一概念更为合适呢？下面先探讨一下界定知识的方法论原则。

第一，适当界定知识的外延。外延是一个概念的基本构成部分，它规定某一概念的指涉范围。由于知识的内涵十分丰富且运用广泛，因而需当心其外延过宽，出现将知识等同于文化、意识、精神的问题。不过，其外延过窄也不可取，如若将知识等同于科学、真理，就限制了知识的原有范围，无视了多种类型知识的存在。为了恰当定义知识，必须涵盖各种知识类型。目前，有关知识的分类很多，但一般将知识分为自然科学知识、社会科学知识、人文科学知识、数学知识、哲学知识等类型。

第二，重视知识的形成过程。传统上，知识代表着人类理智活动的成就，是人类认识世界的结果，体现为一些较为稳定、可靠的结论性认识。知识虽然是人类认识的成果，但它还是人类创造活动的结晶。对知识创造过程的关注，凸显了当代知识总体上的丰富性、生动性和动态性。在教师教育领域关注知识的形成过程，有助于将探究、能力、智慧引入知识概念，使静态的知识动态化、活化，复现知识多方面的育人价值。

第三，不能忽视缄默知识。所谓缄默知识，也称为默会知识或意会知识，即只能意会、体验而不能言传的知识，这类知识尽管不是知识的主体，但由于是人类知识的一种形态与样式，因而不可忽视。缄默知识虽然不易表述，但仍然能够或多或少地被部分表述，否则这种知识将因不可捉摸而不会引起人们的关注。为此，在定义知识的概念时，既要充分重视具有言说性质的知识（简称言说知识），还要充分重视缄默知识。

第四，外在与内在的统一。从其内容来看，一方面，知识具有外在性。尽管知识是人类创造性活动的结果，但它不是人类内在的纯主观活动的产物，而是有其外在的客观基础。此外，知识的外在性还体现在它可以凭借语言和文字以声音、符号、图画等形式表达出来，以信息的形式储存在磁带、光盘、书本、报刊之中。另一方面，知识具有内在性，所谓内在性是指，知识内在于人的主观能动创造，是人类创造自然界、创造社会、创造思维的结果。显然，外在性和内在性同为知识的基本属性。

由此出发，我们可以对知识下这样的定义：所谓知识，是人们在改造自然界与人类社会及发展思维的实践中产生或形成的，能够运用某种程度或某种方式表述的，有关人们自身内部、外部世界的认识、体验、活动操作等种族与个体的经验。

三、实践性知识观

实践性知识观是关于实践性知识的观点或理论。实践性知识观指出，知识分为理论性知识和实践性知识两种，理论性知识通过理论学习而获取，实践性知识必须通过个体亲身实践体悟才能获得，且实践性知识具有个体性、经验性、情境性、缄默性及非结构性等特征。

第一，实践性知识具有个体性。知识是人类在实践活动中形成的，不同的个体，由于其经历的具体实践不同，因而所获得的实践性知识也有差异。正如美国教育家埃贝尔所说："一个人经验（直接的或间接的）和记忆的一切内容，都可以成为他知识的一部分。如果经验和记忆的内容被整合进他自己的知识结构中去的话，记忆内容就成为知识的一部分。但这只能由学习者自己来做，别人无法越俎代庖。"实践性知识具有个体差异性，不同的个体，其拥有的实践性知识是不同的。

第二，实践性知识具有经验性。实践性知识是个体在经历某种实践活动的过程中或完成某种实践活动之后形成的，是个体对某种实践活动的真实体验与体悟，明显具有经验性。一个人的实践性知识必须依靠他本人亲自体验与体悟之后才能形成，其他人不能代替或包办，否则就不是他本人的实践性知识而是他人的实践性知识。实践性知识不是某种客观的和独立于个体之外而被习得或传递的东西，而是个体经验的全部。

第三，实践性知识具有情境性。一方面，个体的实践活动离不开具体的情境，即是说，个体的实践性活动必然发生在某种具体的情境之

中，若缺乏某种具体情境条件做支撑，相应的实践活动将难以产生或根本不可能产生。为个体提供相应的情境条件，是个体形成相应实践性知识的前提。另一方面，与理论知识相比而言，实践性知识是一种不确定性的情境性知识，与特定情境问题的解决有关。

第四，实践性知识具有缄默性。实践性知识是个体对自身实践活动的体验与体悟，其中的诸多体验与体悟是难以用言语表达的，只能通过意会的方式表达。如果某种实践性知识的全部内容均能用言语的方式表达出来，则这种实践性知识就上升成为一种理论性知识。

第五，实践性知识具有非结构性。个体的实践性知识是一种实践智慧，具有较大的灵活性，在不同的具体实践活动中必须灵活地运用。

四、幼儿教师的实践性知识观

教师的实践性知识观是关于教师实践性知识的看法和观点。最早提出教师具有"实践性知识"这一观点的是埃尔巴兹，他指出："教师拥有一种特别的知识，它通过实践行为以及对这些行为的反思来表达。这种知识难以编码，是经验性、内隐的，它源于对实践情景的洞见。实践性知识观强调教师的专业知识是通过教师在体验与反思的基础上主动构建的，具有个体差异性。"值得指出的是，在国内外已有的相关文献中，学者们对"教师实践性知识"的称谓不尽一致，如教师实践知识、教师实践性知识、教师缄默知识、教师缄默性知识、教师实践智慧、教师个人知识、教师个人教育知识、教师个人理论、教师个人实践理论等，本书采用教师实践性知识这一提法。

（一）教师实践性知识的基本特征

1. 实践性

柯兰迪宁认为，教师实践性知识是从经验中出现且在教师个人行动

中表现出来的有意识或无意识的信念体。教师实践性知识直接与教师的"三教"实践相联系并服务于教师的"三教"实践。这意味着，教师实践性知识是在实践中建构、关于实践且指向实践的知识。即是说，"三教"实践是教师建构与展示实践性知识的基本平台，若离开这个平台，则教师实践性知识不仅难以构建而且难以找到"用武之地"。

2．个体性

教师实践性知识是教师自己的，来自教师自己的教育教学经验，饱含着教师个体的主观经验、热情、情感、信念与价值观等，具有鲜明的个性化色彩。对于每一位教师而言，因教龄不同、阅历不同、工作经历不同、个人能力不同、思维方式不同及行为特征不同等，都会导致不同的教师个体对同样的实践性知识具有不同的表达方式。

3．情境性

教师实践性知识通常形成于特定的教育情境之中，打着特定的教育情境的印记。生命的存在与意义是以生命与境遇的内在融合性和整合性为前提的，社会问题最初产生于并将最终落实于具体的境遇中，必须由个人的见解、判断和选择来解决。教师在特定的校园里、在特定的教室中，以特定的教材、特定的学生为对象进行工作时，相应就会形成其"三教"实践活动所具有的特定教育情境。由于这些特定的教育情境是丰富、鲜活、多样的，因而赋予了教师实践性知识形成的情境性。

4．默会性

从知识的存在方式和可传递性角度而言，教师实践性知识的大部分是具有个人品格的、隐性的和不易传递的默会知识。对教师来说，他们有时候并不能清晰地表达出他们的"三教"实践经验与生活经验，以及在此基础上形成的对"三教"实践活动的直觉与体悟，因而，这些实践性知识变成了一种默会知识。

5．整体性

教师的"三教"实践总是在整体地发生着。在丰富、鲜活、生动的"三教"实践现场中，教师面对的不仅是学生个体的多样性、教育教学情境的不确定性，还有诸多复杂的相关因素，为此，教师必须整合自身的多种知识、多种能力、多种品格，才能完成"三教"实践活动。正是在这种整体性参与的"三教"实践中，教师才逐渐建构起实践性知识。可见，教师实践性知识其实是一个具有整体性的、复杂的知识群。

6．创造性

由于教师实践性知识具有个体性，因而，不同的教师个体拥有不同的实践性知识。教师实践性知识可以被教师个体之间相互借鉴和模仿，但不可以被复制和重现。比如，即使是教师个人，也不可能机械地沿袭或套用自己过去的教学方式，这是因为：一方面，教师面对的工作对象——学生具有明显的动态性和差异性；另一方面，"三教"实践所面临的问题总是不可重复、变化多端的。这就决定了教师的"三教"实践活动必然是一种创造性活动。

7．发展性

教师实践性知识真实与否、有用与否，还有赖于教师在下一次"三教"实践活动中进行检验和完善，可见，不像理论性知识证实的过程只是回头验证一个已经存在的、脱离现实情境的观念或思想，教师实践性知识是一个动态生成、不断丰富的过程。此外，教师实践性知识不像理论性知识那么固化、静态、确定、精准。当教育问题需要立刻解决时，教师的行动具有紧迫性，其实践性知识也具有行动的逻辑。而理论性知识具有纯思辨的逻辑，不必过多考虑行动的步骤、程序和紧迫性。

（二）教师实践性知识的增进途径

要想提升教师的专业实践能力，必须增进教师的实践性知识。加强教师的实践反思、创建教师共同体、强化教师培养的实践环节等途径，

是增进教师实践性知识的基本途径。

1. 加强教师的实践反思

一般来说，只要具有一定"三教"实践经历的教师，都或多或少具有一定的实践性知识。起初，这些实践性知识大多是零散的、感性的，但经过教师自己反思总结后就可能比较系统、比较理性，进而就会对教师今后的"三教"实践具有指导价值。为此，通过一定的方式，激励教师积极主动地反思自己的"三教"实践，以之增进教师实践性知识，十分必要。

2. 创建教师共同体

由于教师实践性知识具有明显的个体性与情境性特征，因而一旦遇到复杂的"三教"问题情境时，单个教师往往会出现无助感。然而，在平等、合作的原则下构建教师共同体，将可以促使教师们通过研讨、协商、支持等方式共同探索与解决"三教"问题。不言而喻，在教师们共同探索与解决"三教"问题的过程中，他们各自的实践性知识都将会得到明显的增进。

3. 强化教师培养的实践环节

教师实践性知识是教师在大量实践体验中产生的，为增进教师实践性知识，有必要强化教师职前培养、入职教育及职后培训等各阶段的实践环节。比如，在入职教育及职后培训阶段，通过调整教师培养的课程结构，增加教学技能和微格教学培训的课时量；在职前培养阶段，延长教育实践的时间长度，保证教育见习与教育实习的有效性，等等。

第三章

学前教育专业人才培养
模式的构建方略

第一节 学前教育专业人才培养的目标

当下，我国各所高校学前教育本科专业的培养目标大多显得比较抽象，比如，其定位通常是，培养幼儿教育机构从事保教、管理和研究工作的教师，以及幼儿师资培训部门、学前教育行政管理部门、各种儿童教育与康复机构和广播、电视、图书出版部门等从事儿童教育、科研、康复、宣传、培训工作的高级复合型人才。显然，这样的培养目标，因其缺乏对学前教育本科专业毕业生的预期素质应达标准或应达规格的明确表述，而难以指导具体的人才培养活动。为此，从标准层面或规格层面探讨学前教育本科专业的人才培养目标十分重要。本节将立足教师专业发展的视角，从合格型学前专业本科毕业生及能够胜任未来幼儿教师岗位工作两个层次分别阐述学前教育本科专业的培养目标，即学前教育本科专业毕业生的合格型培养目标和学前教育本科专业毕业生的胜任型培养目标。

一、学前教育本科专业毕业生的合格型培养目标

合格型培养目标是指符合人才培养方案中预定的培养标准或培养规格，学前教育本科专业毕业生的合格型培养目标即是指，学前教育本科专业学生通过接受本科阶段的系统培养，在其毕业时从知识、技能、身体等素质层面达到人才培养方案中预期的培养标准或培养规格。当前，由于我国学前教育本科专业开设的时间不长，因而，设有学前教育本科专业的高校对社会到底需要什么规格或标准的学前教育本科毕业生尚不

清晰。为了从标准层面或规格层面明确学前教育本科专业毕业生的合格型培养目标，我们首先梳理相关文献，草拟了学前教育专业合格本科毕业生的应备素质，这一素质即是预期的培养标准或培养规格；尔后在三轮专家征询的基础上确定学前教育专业合格本科毕业生的培养标准，这一标准即是学前教育本科专业毕业生的合格型培养目标。

（一）草拟学前教育专业合格本科毕业生的应备素质

查阅相关文献发现，有关学前教育专业合格毕业生应备素质的理论探讨甚为缺乏，但关于幼儿教师应备素质的研究成果相对较多。从教师专业发展的视角看，学前教育专业合格本科毕业生的应备素质理应与幼儿教师的应备素质相似，为此，草拟学前教育专业合格本科毕业生的应备素质可以借鉴幼儿教师的应备素质。

审视发现，尽管学者们的表述不尽一致，但大都认为幼儿教师应备素质包括身体心理、思想道德、专业理念、专业知识、专业技能五个维度。在进一步研读相关文献之后，我们结合自己的体悟，草拟了学前教育专业合格本科毕业生的应备素质框架。

1. 身体心理素质维度的相关阐释

本节的身体心理素质特指身体素质和心理健康素质。其中，身体素质也称体质，是指"人体的健康水平和对外界的适应能力"；心理健康素质即狭义的心理素质，它"着重于人的心理生活层面，指人们在特定的社会文化环境中，通过与社会环境的相互作用而形成的符合社会要求的主体自知、自控能力以及协调和平衡能力"。幼儿教师既应有健康的身体，又应有健康的心理。这是因为，一方面，身体是行为活动的载体，健康的身体是确保个体顺利进行相应活动的最基本条件。我国有关法律法规在教师资格认定方面对身体素质有着相应的要求，规定有先天性心脏病者（经手术治愈者除外）、癫痫病史、精神病史等先天性生理缺陷者不能从事教师职业。另关于心理健康素质的含义，下文将有详细

的阐释，总的来说，心理健康素质是一种狭义的心理素质，同时人们习惯所说的心理素质大多数情况下特指心理健康素质。其实，已有教师素质结构观点中的许多心理素质就是指心理健康素质。

一方面，人的心理健康状况能够通过影响人的心理机能而不同程度地影响人的活动效率。比如，有研究表明，人的心理状态既能提高人的各种心理机能，也能降低各种心理机能，活动效率对心理状态的依赖程度高达70%。对教师职业来说，教师是以心灵塑造心灵的职业，教师的心理健康状况能够不同程度地影响其学生的心理健康状况。有研究表明，教师的心理健康状况"可以影响学生的学习效果，影响学生人生观和价值观的形成，影响学生乐观情绪的建立，影响学生健全人格的养成"。显然，对未来准备从事幼儿教师职业的学前教育专业本科毕业生（下文简称准幼儿教师）来说，幼儿教师的心理健康状况对幼儿的影响更为深远。我们认为，从幼儿教师专业发展的视角出发，学前教育专业本科毕业生在身体素质方面应该表现为仪表端庄、精力充沛、生理适应性良好，在心理健康素质方面应该表现为智力正常、人格健全、心境良好、性格良好。

2. 思想道德素质维度的相关阐释

教师职业是一种集"言传"与"身教"于一体的职业，其最本质的特征就是"教书育人"。所谓"教书育人"，本质上就是通过有目的、有计划、有组织的活动，使学生在获取知识、技能及发展智力的同时形成正确的人生观、价值观和道德观。孔子说："其身正，不令而行。其身不正，虽令不从。"孟子认为"教者必以正"，自己"身不行道"，就不能教育别人。库姆斯提出："一个好的教师首先是一个人，是一个有独特的人格的人，是一个知道运用自我作为有效的工具进行教学的人。"俗话说："桃李不言，下自成蹊。"……所有这些，都集中表达了同一层含义，即教师自身的思想道德品质是一种巨大的教育力量，在

教育过程中起着直接或间接的重大作用。思想是一种理性观念，道德是"调整人们之间以及个人和社会之间关系的行为规范的总和"。此处的思想特指教师育人的思想，此处的道德专指职业道德。教师的职业道德是教师在从事教师职业活动时，其思想和行为应该遵循的道德规范和准则。教师能够将外部的职业道德规范内化为个人内在的心理需要，尔后从相应的职业活动中表现出来。通过这种职业道德规范的内化过程，教师不仅能够改变自身的道德品质，而且能够通过其师德师风而潜移默化地对学生的道德品质起到一定的影响作用。正因如此，《基础教育课程改革纲要（试行）》中明确指出，新时期的教师应该加强职业道德修养，以之更好地加强学生道德、行为、人生观、世界观、价值观及思想政治素质的培养。教师的天职是教书育人。为此，对准幼儿教师来说，为了既教好书又育好人，他们必须具备一定的思想道德素质。我们立足幼儿教师职业认为，作为一名合格的学前教育专业本科毕业生，应该具备正确的世界观、人生观与价值观，应该热爱幼儿教育事业、热衷幼儿教师职业、崇尚教师伦理，应该具备优秀的政治思想以及高尚的道德情操。

3. 专业理念素质维度的相关阐释

理念是行为的先导。专业理念是完成专业行为的基础。此处的专业理念特指从事幼儿教师职业而需要的理念，简称幼儿教育理念。幼儿教育理念是对幼儿教育现象及幼儿教育问题所持有的看法和态度。幼儿教师的教育理念"对他们的教育态度和教育行为有显著的影响"。幼儿教师是幼儿教育活动的设计者、组织者、实施者和管理者，其教育理念不同，则伴随的教育态度与教育行为就有所不同，从而引发的教育效果就会不同。我们认为，在新的历史时期下，一名准幼儿教师应该具备现代的教育目的观、先进的终身学习观、正确的游戏观、科学的课程观、爱的教育理念、积极的创新意识、多元的教育评价观及正确的教育质量观。

学前教育专业人才培养的理论与实践

4．专业知识素质维度的相关阐释

知识是个体从事一切社会角色时都必须具备的先决条件。事实上，任何一个从事某一社会角色的人，都必然被他的社会圈子认为具有或者他自信具有正常扮演相应角色所必不可少的知识。尤其是，从教师在教育教学过程中所扮演的角色来看，尽管教师扮演着多重角色，但其最传统、最基本的角色是知识的传授者。教者必先知，在教育教学过程中，教师无疑需要运用多种多样的知识。亚里士多德曾经说过，唯有知者才能教，唯有知者才能胜任某一学科的教学。这句话其实就是表达了这样一个简单的道理，毕竟"巧妇难为无米之炊"。在国际性教师专业发展运动不断推进的背景下，教师职业已经被视为一种专业，而一种职业被称为专业的首要规定就是，"专业的职业实践必须有专业的理论知识做依据"。显然，专业知识是个体从事教师职业活动所必须具备的资格或条件。不言而喻，专业知识是学前教育本科专业毕业生必备的素质。那么，这些必备的专业知识主要有哪些呢？我们认为，作为一名合格的学前教育本科专业毕业生，应当具备现代的学前教育理论性知识、合理的相关学科知识、先进的学前教育实践性知识、足够的条件性知识以及广博的普通文化知识。

5．专业技能素质维度的相关阐释

技能是指"掌握和运用专门技术的能力"，技能是"以人的一定的生理和心理素质为基础，在认识和实践活动中形成、发展的完成某种任务的能动力量"，是人能够顺利完成某种或某项活动所必备的条件。幼儿教师的专业技能反映在幼儿教师职业活动之中，具体地说，反映在"教育""教学""教研"及"保育"活动之中。幼儿教师的"教育"技能不仅可以直接影响幼儿的品格和智力的发展，而且还可以间接影响幼儿的学习动机和学习成效，幼儿教师的"教学"技能是教学活动得以顺利进行和成功实现的根本保证，"具备教的能力是一名合格教师的最

低线"；幼儿教师的"教研"技能是幼儿教师从拥有"一桶水"变成拥有"一条奔流不息的源头活水"的必要前提，是教师自我发展、不断走向专业成熟的先决条件；幼儿教师的"保育"技能是维护与促进幼儿的生理正常发育与身体健康发展的前提保障。"科教兴国"政策的提出、新课程改革的实施、教师专业化的推进、《国家中长期教育改革和发展规划纲要（2010—2020年）》的出台等，无一不对幼儿教师的专业技能提出了相应的要求。显然，作为一名学前教育专业本科毕业生，无疑必备一定的专业技能。从当前现实看，对准幼儿教师来说，起码应该具备较强的条件性技能、较强的教学基本技能、较强的人际沟通技能、初步的班级管理技能、初步的课堂教学技能、初步的保育技能、初步的课程开发技能、较强的自我发展技能、初步的环境创设技能、初步的游戏设计技能。

（二）确定学前教育专业合格本科毕业生的应备素质

为了确定学前教育专业合格本科毕业生的应备素质，以之明确学前教育专业合格本科毕业生的培养标准，即学前教育专业合格本科毕业生的培养目标，我们运用德尔菲法展开三轮专家征询。以下是三轮专家征询的基本过程及其结果。

1. 身体心理素质维度主要内容的相关阐释

经过三轮专家征询后，我们最后确定，身体心理素质维度主要应该包括仪表端庄、精力充沛、生理适应性良好、智力正常、人格健全、心境良好及意志坚韧等几个方面的素质。

（1）仪表端庄

所谓仪表端庄，主要是指外表清爽、举止端庄。有学者的研究指出，"一位仪表端庄、精神饱满、举止庄重的教师，在学生心目中留下的是良好的印象，使学生产生敬佩感，学生会自然而然地以教师的行为为榜样来调整自己的行为，并逐步养成良好的行为习惯。"此外，公关

心理学的研究表明，"美"在人际关系中起着十分重要的作用，个人的仪表因素在很大程度上决定了他对他人的吸引力，其中，美的仪表能够增进对他人的吸引力，丑的仪表则会降低对他人的吸引力。对准幼儿教师来说，为了提升自己的人际关系，尤其是师幼关系，理应在"美的仪表"上下功夫。美的仪表包括美丽的仪容、清爽的外表、端庄的举止、匀称的身材、光洁的皮肤等方面，尽管美丽的仪容和光洁的皮肤是后天难以铸就的，但清爽的外表、端庄的举止以及匀称的身材却是后天可以塑造的，因而也是准幼儿教师应该做到的。

(2) 精力充沛

在学前教育的重要价值日益得到社会各界人士广为认同的背景下，各级政府在改善幼儿教师的工作环境方面做了诸多努力，希望以此来减轻教师的劳动负担。然而，对幼儿教师职业来说，政府的这些努力仍显疲乏。这是因为，幼儿教师的职业特点决定了幼儿教师的责任重大、工作忙累，因而必须长期承载超负荷的劳动。尤其是，这种劳动不是一种简单的、可以重复进行的劳动，而是需要不断挖掘潜力、冥思苦想、绞尽脑汁、甚至呕心沥血的创造性劳动，如果幼儿教师的精力不够充沛，根本无法胜任这种劳动。不言而喻，正常情况下，一名准幼儿教师理应精力充沛。

(3) 生理适应性良好

所谓生理适应性，是指"教师能够适应自我生理上的变化，能有效调节因生理变化导致的心理与行为问题"的能力。准幼儿教师理应生理适应性良好。这是因为，长时间超负荷的创造性劳动不仅会直接损伤幼儿教师的身体，而且更会通过引发幼儿教师生理功能紊乱的形式间接损伤幼儿教师的身体。如果幼儿教师没有一定的生理适应能力，将难以长期承受幼儿教师这一特殊的职业。

（4）智力正常

"智力是个体社会适应的心理基础"，缺乏正常智力这一心理基础，个体的心理显然会不健康。已有研究表明，"智力较低的人，社会适应性较差"。社会适应性差的人，不仅适应社会环境的能力差，而且适应人际环境的能力也差。对幼儿教师来说，一旦适应人际环境的能力差，则很难建立和谐的师幼关系、同事关系及"师长关系"（幼儿教师与幼儿家长之间的关系）等人际关系。现代教育研究表明，师生关系的好坏与教育教学质量的水平之间具有明显的正相关关系，良好的师生关系是教师取得高水平教育教学质量的基础，师生关系一旦紧张，就会同时引起教师和学生的焦虑与不满，从而导致教育教学成效大大降低；此外，幼儿教师的智力能够直接影响其从事保教活动的能力及自我提高的能力，从而直接影响其保教活动的成效。由此不难断定，准幼儿教师必须具有正常的智力，否则不仅难以保证正常的人际关系，而且难以保证保教活动的成效。

（5）人格健全

"人格是一个人态度和行为方式的独特而稳定的表现，健全的人格是衡量一个人心理是否健康的最主要标准之一。"人格健全的幼儿教师，能够正确地认识自我、体验自我和悦纳自我，能够充分发挥自己的优势与潜能，在保教活动过程中扬长避短，从而不仅可以使其心理免受挫折，保持良好的工作状态，而且可以使其直接收到良好的保教活动成效。

（6）心境良好

心境是指个体的情绪处于一种平静、微弱、持久的状态。心理学研究表明，心境具有弥散性，良好的心境可以充分调动个体的积极情绪，有利于个体有效地调适工作上的压力、生活中的挫折、内心里的冲突，使得个体有效避免紧张、克服焦虑、保持乐观、避免自卑等，从而使个体的心理机能处于最佳状态，进而最大限度地带来工作成效。当然，由

于教师职业是以心灵塑造心灵的职业，教师的良好心境可以感染学生，从而使得整个"教"与"学"都处于一个愉悦的状态，进而带来高成效的"教"与"学"的效果。不言而喻，一名准幼儿教师要想获得理想的保教成效，必须保持良好的心境状态。

(7) 意志坚韧

准幼儿教师要想胜任幼儿教育事业，必须具备坚忍的意志品质。这是因为，第一，幼儿的保教过程不仅艰巨复杂、周期性长，而且常遇阻力与挫折，理当需要幼儿教师具备坚毅与自制的品质以及坚定不移与百折不挠的精神；第二，因幼儿保教情境具有复杂性、可变性与偶然性而使得保教过程充满着很多不确定性因素，作为幼儿保教活动的主导者，幼儿教师必须对保教过程中可能出现的各种新情况、新问题及新事件做出果断的决策与处理；第三，幼儿教师工作的对象是具有主观意识与主观能动性的、尚未成熟的幼儿，无论是在学习上还是在生活上，他们都有自己的理解、观点与主张，他们的未成熟性造成他们的理解、观点与主张在很多时候是偏狭的、甚至是完全错误的，这个时候就需要幼儿教师加以正确的引导。然而，通常情况下，幼儿教师要他们立马接受纠偏或纠误是很难的，有时甚至会遭到这些幼儿的公然"违抗"，面对此情此景，幼儿教师不得不强行克制自己的情绪与行为，否则将会造成不良的影响，甚至造成意想不到的恶果。

2. 思想道德素质维度主要内容的相关阐释

三轮专家征询后获得的结论是，学前教育专业本科毕业生在思想道德面应该具备正确的世界观与人生观，应该热爱幼儿教育事业、热衷幼儿教师职业、恪守教师伦理，应该具备先进的政治思想以及高尚的理想情操等素质。

(1) 正确的世界观、人生观与价值观

世界观是人们对世界各种现象和事物的总的看法，是人们对世界的

本质和各种关系以及世界上一切事物的根本观点，包括社会观、自然观以及伦理观、审美观等。每个人都有各自不同的世界观。一方面，由于人们社会实践水平、历史发展阶段、知识结构以及思维方式的不同，认识会有所不同，世界观因而也有差异；另一方面，人们因其根本利益、社会地位以及对社会发展、人生追求的看法和态度有所不同，而形成不同的世界观。人生观是一个人对人生目的和意义的根本看法和态度，人生观是世界观在人生领域的一种延伸、一种体现，是世界观的重要组成部分，是世界观在人生问题上的体现。一般说来，人生观主要回答人为什么活着，以及人生的意义、价值、目的、理想、信念、追求等问题。人生观的基本内容包括幸福观、苦乐观、荣辱观、生死观、友谊观、道德观、审美观、公私观、恋爱观等。比如，陶行知先生说，"捧着一颗心来，不带半根草去"，这就是一种高尚的人生观。价值观是人们对事物有无价值和价值大小的一种认识和评价标准，是人生观的集中体现。价值观回答值不值的问题，就是回答这件事这样做有没有价值、价值大小的问题。一个人的价值观在某种程度上反映了一个人的人生观，也反映了世界观，直接制约着人们的思想和行为。世界观、人生观、价值观是一个有机的整体，有什么样的世界观就有什么样的人生观和价值观，人生观、价值观是世界观的重要组成部分，又是世界观的具体体现。人生观与价值观紧紧相连，人生观决定价值取向，价值观引导人生走向，人生观和价值观又丰富和发展着世界观。显然，世界观、人生观、价值观决定着一个人的人生追求和人生道路，决定着一个人的思想境界、道德情操和行为准则，作为直接影响学生思想形成与发展的教师，理应牢固树立正确的世界观、人生观与价值观。准幼儿教师亦不例外。

(2) **热爱幼儿教育事业**

从幼儿教师职业特点看，幼儿教师职业是一个需要持续奉献、不断钻研、勤于思考、坚持创新的职业。学前教育专业本科毕业生从一名准

幼儿教师发展成为一名合格乃至优秀的幼儿教师，必然需要经历许多磨炼、挫折乃至失败，如果缺乏较高的职业成就动机和浓厚的职业兴趣，那么将很难避免职业倦怠的出现。一旦出现职业倦怠，将很难继续追求自己的专业发展。只有对幼儿教师事业由衷地热爱，才能不断抵御各种原因导致的职业倦怠，才能有信心、有勇气、有斗志去克服专业发展过程中的各种障碍、阻力与挫折，因而才能视幼儿教育事业为一项神圣的事业，从而为了幼儿教育事业的蓬勃发展而甘当"春蚕""人梯"和"蜡烛"。

(3) 热衷幼儿教师职业

职业心理学研究表明，如果一个人对自己正在从事的职业没有高度的认同感，就很难产生热爱自己的职业和忠于自己的职业敬业精神和精业信念，因而一旦遭遇困难、阻力与挫折时，将会产生灰心、痛苦、懊恼、浮躁等情绪，接着将会出现严重的职业倦怠。显然，只有热衷幼儿教师职业，才能对幼儿教师职业怀有较高的认同感，才能做到出于职业理想而选择幼儿教师职业，才能将从事幼儿教师职业作为一份优先选择的美差。如果学前教育专业本科毕业生不热衷幼儿教师职业，那么他们就会视幼儿教师职业是一份苦差，在这种心态下产生的不良结果可想而知，无须在此赘述。

(4) 恪守幼儿教师伦理

"伦理就是处理人们相互关系应遵循的道理和准则"，幼儿教师伦理就是幼儿教师在保教活动中与幼儿及幼儿家长等人相处时应该遵循的道理和准则。幼儿教师伦理是一种专业伦理，由于"教师的专业伦理也叫教师的职业道德"，因而，幼儿教师伦理其实就是指幼儿教师的职业道德。对一名幼儿教师来说，"最需要具备的职业道德主要有爱心、责任感和公正"。所谓爱心，就是教师对学生发自内心深处的一种关爱之心。无数事实已经证明，教师一旦对学生有这份爱心，学生就会反过

来爱戴教师。师生之间如果有这样的感情基础，则不仅教师愿意为学生的发展而甘于奉献于教育教学之中，而且学生也愿意努力配合教师的教育教学。所谓责任感，就是教师对教育事业发自内心深处的一种责任担当，表现为自觉地承担教书育人过程中的各种教育责任，积极主动地完成应尽的各种职责。具有这种责任感的教师，无疑会为促进教育事业的蓬勃发展而不断地提升自己的专业水平。所谓公正，就是指教师在教育教学过程中能够坚持教育公平和教育正义。坚持教育公平，就是在态度和行为上对所有学生一视同仁，充分保证每个学生平等享有各种教育资源的权力和机会。坚持教育正义，就是指在教育的大是大非面前能够挺身而出，不畏权贵，为捍卫教育的尊严而抗争。显然，崇尚和恪守幼儿教师伦理，是学前教育专业本科毕业生应有的素质。

(5) 先进的政治思想

德育是幼儿教育的重要组成部分，而政治思想教育是德育的重要内容之一。所谓政治思想，就是社会成员在政治思考中所形成的观点、想法和见解的总称，是人们对社会生活中各种政治活动、政治现象以及隐藏在其后的各种政治关系及其矛盾运动的自觉和系统的反映，是政治文化的一种表现形态。幼儿教师是幼儿政治思想的重要引领者，幼儿教师必须具有先进的政治思想。

(6) 高尚的理想情操

理想是人们在实践过程中形成的、有实现可能性的、对未来社会和自身发展的向往与追求，是人们的世界观、人生观和价值观在奋斗目标上的集中体现。对现状永不满足、对未来不懈追求，是理想形成的动力源泉。情操是情感和操守的结合，是一种由感情和思想综合起来的、不轻易改变的心理状态。比如，求知欲、爱国心等就是一种情操。毋庸争辩，作为保教活动的关键主体，幼儿教师理应具备高尚的理想情操。

3．专业理念素质维度主要内容的相关阐释

学前教育专业本科毕业生应该具有现代的幼儿教育目的观、坚定的终身学习观、正确的游戏观、科学的儿童观、先进的幼儿课程观、执着的教育爱、自觉的创新意识、多元的幼儿教育评价观以及现代的幼儿教育质量观等专业理念，这是三轮专家征询后所得的结果。

（1）现代的幼儿教育目的观

"目的"是指个体在从事某种实践活动之前，在大脑中存在的有关该实践活动的过程及其结果的观念或表象。"教育目的"即是指个体在从事教育活动之前，在大脑中存在的有关教育活动的过程及其结果的观念或表象。教育目的有广义和狭义之分。广义的教育目的是指，国家根据一定时期社会发展的客观需要，对教育所培养的人才最终应该达到的规格的预期设想或总规定，即"把受教育者培养成为一定社会需要的人的质量规格或标准"；狭义的教育目的泛指各级各类学校根据国家的教育方针、教育目的以及自身发展的客观实际而制定的各具特色的人才培养目标。本节所指称的教育目的主要是指广义的教育目的，兼有狭义的教育目的之义。迄今为止，有关教育目的的观点（简称教育目的观）主要有"个人本位论、社会本位论、文化本位论、生活本位论"四种，其中，最具影响力且一直成为学术界争论焦点的教育目的观是个人本位论和社会本位论两种。尤其是，从已有关于教育目的的界定来看，传统上，社会本位论的教育目的观一直占据上风，即主张教育的根本目的就是为社会（或国家）培养其发展所需要的人才。我们认为，所谓"教育"，其实就是"教书育人"的简称，其中"教书"是手段，"育人"是目的。大千世界，如同没有两片完全相同的树叶一样，不可能存在两个完全相同的人，"在时间和空间的纵横扩展中，每个人都以其独立的个性存在着"。即无论何时何地，每个人"都是作为无可替代的独立个性存在着"。从"教书育人"的根本目的来看，"教育的目的在于使人

成为他自己，变成他自己"。由此可见，教育的根本目的应该是促进学生的发展，而不是满足社会发展的客观需要。当然，从人与社会的关系来看，人的发展与社会的发展是对立统一的关系，即人的发展离不开社会的发展，没有社会的发展，个人的发展必然会受到限制，个人生活在现实社会之中，离开社会的个人发展是不现实的；相应地，社会的发展是建立在个人发展的基础之上的，没有个人发展的社会发展是毫无意义的。显然，确立现代幼儿教育目的，应立足于幼儿的身心发展，同时兼顾社会政治、经济及文化发展的客观需要，切不可本末倒置。由于幼儿教育目的既是幼儿教育活动的出发点，也是幼儿教育活动的归宿点，不仅影响着幼儿教育活动的整个过程，而且影响着幼儿教育活动的最后结果，因此，对准幼儿教师来说，确立现代教育目的观非常重要。

(2) 坚定的终身学习观

终身学习是指社会每个成员为适应社会发展和实现个体发展的需要，贯穿于人的一生的、持续的学习过程，即我们所常说的"活到老学到老"。在"知识爆炸"的当今时代，学习是不能一次性完成的，必须终身学习。作为准幼儿教师，理应成为终身学习的示范者。

(3) 正确的游戏观

游戏是一种以娱乐为主的活动，是幼儿园教学的主要形式。通过开展游戏活动，发展幼儿的智力与体力，塑造幼儿的个性品格。幼儿教师只有具备正确的游戏观，才能真正做到不将"游戏"简单视为"游戏"，继而才能自觉地、精心地组织幼儿游戏活动。

(4) 科学的儿童观

儿童观是指人们对儿童的看法和态度，即儿童是什么，怎么看待儿童，把儿童看成什么样的人，对儿童采取什么样的态度等。幼儿教师具有什么样的儿童观，就会采取什么样的教育方式与措施对待幼儿。显然，幼儿教师的儿童观决定着幼儿教育的方向和质量。科学的儿童观是

以儿童身心发展的基本规律为出发点，以社会发展的需要对社会未来一代的期望为引导，它反映了现代人自我意识的发展水平，反映了时代的发展需要。毋庸置疑，学前教育专业合格本科毕业生理应具有科学的儿童观。

（5）先进的幼儿课程观

课程观是对课程的各种认识和看法的总称，包括对课程的概念、课程的编制、课程的实施、课程的评价等各个方面的认识。先进的幼儿课程观强调幼儿教育内容要符合幼儿的认知规律，与幼儿生活密切相关，易使幼儿接受和产生兴趣。先进的幼儿课程观认为，幼儿学习的内容应该是与教育目标相符合的，有利于幼儿全面、健康、和谐地发展的内容；幼儿学习的内容应该是幼儿现在或将来学习、生活所必需的或者对幼儿基本素质的发展有较大价值的内容；幼儿学习的内容必须能转化成幼儿自身活动，并且要有适当的难度（体现幼儿的年龄特点）；幼儿学习的内容要与幼儿生活的经验相联系；幼儿所学内容之间必须有内在逻辑联系；幼儿学习的内容应该是幼儿感兴趣的。只有确立了"幼儿园课程本身不是目的，而是促进幼儿发展的手段"这一观念，幼儿教师才不会无视幼儿学习特点和学习规律，做出一些不益于促进幼儿情感、态度、能力、知识、技能等方面发展的行为。

（6）执着的教育爱

教育的灵魂是教育爱。所谓教育爱，是一种对教育事业的热爱，是一种对学生的关爱，是一种教育人道主义精神。教育的真谛是爱。这种爱是关心、帮助、给予、奉献，是理解、体谅、尊重，是义务、责任、原则，是博大的、理性的、公平的、高尚的爱。作为准幼儿教师，理当具备这种教育爱。

（7）自觉的创新意识

准幼儿教师必须具备自觉的创新意识，原因主要有以下两个方面。

一方面，当今时代，国与国之间的竞争表面上是科技的竞争，归根结底乃是人才的竞争，其中，创新型人才的数量与质量决定着国家的综合竞争力。"创新是一个民族进步的灵魂，是一个国家兴旺发达的不竭动力。"在新的历史时期，着力培养创新型人才理当是教育的神圣使命。教师是教育的主要承担者与实施者，培养创造型人才理当是教师义不容辞的责任。毋庸争辩，要培养创新型人才，教师必须至少具有创新的意识，否则，难以担当为国家培养创造型人才的重任。另一方面，在教师专业化的背景下，无论是哪种类型、哪种学段的教师，若要获得职业上的专业地位，必须具有创新的"雄心"与"野心"。曾听说这样一个故事，某一天，某人看到另外三个人正在一起盖房子，于是走上前问他们："你们在干什么？"其中，第一个人回答："我在挣钱"，第二个人回答："我在盖房子"，第三个人回答："我在建造一座人间最美的建筑"，时隔多年后，第三个人成为著名的建筑家。究其原因，无外乎是，与前两个人相比，第三个人具有强烈的创新意识。马克思曾经指出："能给人以尊严的只有这样的职业——在从事这些职业时，我们不是作为奴隶般的工具，而是在自己的领域内进行独立的创造。"这里的独立创造对教师来说，就是要具有创新的意识，就是要在创新意识的指引下从事科学研究，成为一名敢于研究、乐于研究、善于研究的研究者。此外，与其他学段的教师一样，幼儿教师从事的保教工作不是一件工作的简单重复，而是一件具有创造性的工作，在保教过程中，幼儿教师扮演的角色"不是传声筒，把书本的东西由口头传达出来，也不是照相机，把现实复呈出来，而是艺术家、创造者"。

(8) 多元的幼儿教育评价观

幼儿教育评价的类型很多，而且从不同的角度有不同的分类。幼儿教育评价主要是指对幼儿保教质量高低的评价。由于保教质量的高低主要体现在幼儿身上，因而，无论哪种类型的幼儿教育评价，最终都会

归结到幼儿评价上去，为此，本书特意集中探讨现代幼儿评价观。幼儿评价是以幼儿为评价对象的评价，是评价者依据一定的价值标准对幼儿的学业成就、个性发展、品德状况、体质体能等方面进行价值判断。从评价主体上看，传统上，幼儿评价的主体仅为幼儿教师。诚然，由幼儿教师来评价学生确实具有很强的合理性与很大的优越性。其主要原因在于，一方面，幼儿教师是保教活动的直接实施者与幼儿学习的直接指导者，幼儿教师能够将保教目标与评价目标结合起来、统一起来，从而将提高保教质量真正落到实处；另一方面，幼儿教师由于与幼儿经常直接接触，对幼儿的个性与特长、对幼儿在接受知识与发展能力等方面的差异也比较了解，因而可以使得幼儿评价的结果更为客观。但是，现代幼儿教育评价观认为，幼儿评价的主体除幼儿教师以外，还有两个非常重要的主体——家长和同伴。在幼儿评价过程中，应该尽量将幼儿教师的评价、家长的评价和同伴的评价有机结合起来；从评价形式上看，传统上，幼儿评价的形式主要是甚至仅仅是终结性评价，而现代幼儿评价观认为，幼儿评价的出发点是促进幼儿的发展而不是鉴定其发展的结果，因而除了必要的终结性评价外，尤其应该注重形成性评价；从评价方式上看，传统上，幼儿评价方式往往较为单一，而现代的幼儿评价观主张灵活、多样地采用考试考查、实验观察、实习作业、平时成绩、轶事记录及档案袋记录等多种评价方式；从评价方法上看，传统上，幼儿评价重视教师的正式评价与测量评价，而现代幼儿评价呈现出重非正式评价、重教师口头评价、重观察评价等特点；从评价内容上看，传统上局限于幼儿智力评价，而现代的幼儿评价则是将幼儿发展的各个方面（如健康、社会性、情绪情感等）均包含在内。

幼儿评价是幼儿教育的指挥棒，幼儿评价是幼儿发展的指挥棒。作为一名准幼儿教师，理当具有这种多元的现代幼儿评价观。

(9) 现代的幼儿教育质量观

传统上，幼儿教育质量主要甚至唯一体现在智育层面。显然，传统的幼儿教育质量观是建立在幼儿片面发展（智育）之上的。然而，从幼儿发展的视角看，幼儿教育的根本目的是促进幼儿的全面发展，而不是局限于提高幼儿的智育水平。不言而喻，"要实现全面发展，就要使智育、体育、德育、劳动教育和审美教育深入地相互渗透和相互交织，使这几方面教育呈现为一个统一的完整过程"。在应试教育现象依然凸显的当下，作为一名学前教育专业合格本科毕业生，理应牢固树立全面发展的幼儿教育质量观，始终坚持幼儿全面发展的原则，以幼儿的全面发展作为评价幼儿教育质量水平高低的根本标准。

4. 专业知识素质维度主要内容的相关阐释

学前教育专业本科毕业生应备的专业知识主要包括现代的学前教育理论性知识、合理的相关学科知识、先进的学前教育实践性知识、足够的条件性知识和广博的通识性知识等，这是三轮专家征询后的结论。

(1) 现代的学前教育理论性知识

理论是实践的指南。理论性知识是指概括性强、抽象度高、具有普遍意义的知识。学前教育理论性知识是指学前教育领域中概括性强、抽象度高、具有普遍意义的知识。对未来从事学前教育工作的毕业生来说，理应具备学前教育的理论性知识。研究表明，这些理论性知识主要包括学前教育学、幼儿心理学、学前教育心理学、学前教育研究方法、中国教育史、外国教育史、学前卫生学、学前游戏论、学前儿童健康教育、学前儿童语言教育、学前儿童科学教育、学前儿童社会教育、学前儿童艺术教育。

(2) 合理的相关学科知识

幼儿园课程目标旨在促进幼儿身心全面、和谐地发展，包括幼儿身体、认知、语言、情感的以及社会性等方面的发展。其相应的课程内容

包括日常生活、体能锻炼、语言、数学、科学、社会、音乐、美术等学习范围或者健康、语言、认知、社会、艺术等学习领域。对学前教育专业本科毕业生来说，要想胜任幼儿园的保教活动，仅仅掌握学前教育专业人才培养方案中开设的一些必修课是不行的，必须通过选修的方式，学习一些相关学科的课程，比如家政学、生理学、营养与保健、幼儿艺术作品欣赏、幼儿戏剧应用与开发、幼儿教玩具设计与制作等。

（3）初步的学前教育实践性知识

教育实践性知识是一种"缄默知识"，是教师在教育实践过程中不断反思与总结个人或他人的成功经验和失败经验后体悟出来的经验性知识。"对任何一位教师来说，个人实践知识有助于教师重构过去与未来以至把握现在。"教师的教育实践知识诞生于实际教育情境，彰显着教师的教育实践智慧与独特的教育风格。教育"实践性知识是教师专业发展的知识基础"，教师拥有的教育实践知识越丰富，标志着教师在教师专业方面的发展水平越成熟。研究表明，在实际教育教学中，"教师的实践性知识对教师从新手转变成为一名成熟的专业人员，以及教育教学质量的提高起着决定性作用"。不难推断，一名教师要想最大限度地提高自己的教育教学成效，必须尽可能地不断积累自己的教育实践性知识，逐步丰富自己的教育实践性知识，教师积累教育实践性知识的过程就是向专家型教师发展的过程，一旦某位教师的教育实践性知识累积到一定程度，他就具备了一位专家型教师应备的重要知识基础。对学前教育专业本科毕业生而言，由于缺乏实践经验，其教育实践性知识必然明显缺乏，但对一名合格的学前教育专业本科生来说，其完全可以利用教育见习与教育实习的时机，直接或间接的获取诸多教育实践性知识。

（4）足够的专业性知识

幼儿园的教学活动有一个明显不同于中小学的地方是，其教学主要是通过游戏的方式展开的。为了胜任幼儿园的游戏教学，教师至少应该具有体育、琴法、美术、音乐、舞蹈五类专业中的某一类专业知识。显然，合格的学前教育专业本科毕业生，理应具备足够的专业性知识，否则，根本胜任不了幼儿园的教学工作。

(5) 广博的通识性知识

普通文化知识即指通识文化知识，"包括当代的科学技术知识和人文社会科学知识以及工具性学科知识和熟练运用的技能"。幼儿教师之所以应当具备广博的普通文化知识，主要原因有以下两点。其一，"任何一个教师，他对学生所发生的影响绝不限于某一专业领域，各门课的教学虽各有具体要求，但它们的目标却是德智体全面发展的学生，教师对学生的影响必然是全面的"。尤其是，在幼儿园课程日趋多元与综合并存的今天，幼儿教师更要具备宽广的知识面，具有广博的普通文化知识。苏霍姆林斯基曾经指出，教师在课堂里讲授的知识，只是教师所需要掌握的知识中的很少一部分；此外，他还指出：教师读书不应是为了应付明天的授课，而应是出自内心对知识的渴求……应该说，在教师所教的那门科学领域里，学校教科书里包含的那点科学基础知识，对教师来说只不过是入门的常识，只是沧海之一粟。由此可见，为了胜任幼儿教师职业，幼儿教师应该注重普通文化知识的不断积累。其二，在信息发达的当下，幼儿每天都可以通过互联网、电视、广播等信息渠道涉猎多种多样的知识，因而随时都可能向教师提出多种多样的问题。作为一名幼儿教师，诚然不可能完满地回答幼儿所提出的全部问题，但是，如果一名幼儿教师具有广博的普通文化，就更可能引导幼儿对那些尚未能够圆满回答的问题进行有益的思考与有效的探索，同时培养幼儿对未知世界的发现欲望。

5．专业技能素质维度主要内容的相关阐释

三轮专家征询的结果表明，学前教育专业本科毕业生在专业技能方面应该具备扎实的条件性技能、出色的幼儿教学基本技能、较强的人际

沟通技能、初步的幼儿班级管理技能、初步的幼儿课堂教学技能、初步的保育技能、较强的幼儿课程开发技能、突出的自我发展技能、初步的幼儿园环境创设技能以及初步的游戏设计技能。

(1) 扎实的条件性技能

所谓条件性技能，也可称为教学潜质性技能，是指从事教师职业最起码应该具备的潜质性能力，是其他所有从教能力的基础。突出的条件性技能主要表现为敏锐的观察力、稳定的注意力、较强的记忆力、灵活的思维力和丰富的想象力。就观察力来说，一方面，幼儿教师工作的对象是一个个具有鲜明个性的幼儿，在"以生为本"的新课程理念下，本着"一切为了幼儿、为了一切幼儿、为了幼儿一切"的原则，在保教过程中，幼儿教师只有具备敏锐的观察品质，才能及时了解每个幼儿的个性与特长，及时发现每个幼儿的不同需要（包括某些不良的需要），从而切实做到"因材施教"，促进每个幼儿的全面发展与最大限度的发展；另一方面，新课程主张课程的生成性及课程资源的合理开发，如果幼儿教师缺乏敏锐的观察品质，就会难以在偶然的细微枝节中看出事物的本质特征及其变化规律，因而就会难以辨别哪些资源可以作为课程资源，结果导致很多宝贵的课程资源从身边白白流失。就注意力来说，当今时代，物欲横流，市场经济的意识已经渗透于社会的每一个角落，拜金主义的势力日益强大，在这种局面下，如果幼儿教师不专注于教育事业，则很容易随波逐流，甚至被席卷到经济的洪流之中，何谈专业发展？就记忆力来说，较强的记忆力（即准确、迅速、持久的记忆力）对教师取得高成效保教效果来说非常重要，其主要原因在于：其一，较强的记忆力不仅能使幼儿教师迅速熟记课程内容，而且能使幼儿教师记住很多与保教活动相关的内容，因而能够提高其备课的速度与质量；其二，较强的记忆力有利于幼儿教师迅速、准确地记住每一个幼儿的名字、个性特征以及幼儿家长的意见、建议、要求和问题，这样不仅能够

融洽师幼关系及"师长关系"（幼儿教师与幼儿家长之间的关系），而且能够及时、准确地处理幼儿及其家长提出的各种问题，对幼儿及其家长进行疑难解答。就思维力来说，第一，幼儿教师工作的对象是具有主观意识的幼儿，因而无论是对幼儿进行智育，还是对幼儿进行德育，一旦面临某些复杂问题或敏感问题时，都需要幼儿教师以灵活的思维品质展开合乎逻辑的思考与合乎情理的处理；第二，新课程主张幼儿教师用好教材但不局限于教材，即"用教材教"，为此，新课程背景下的幼儿教师必须根据幼儿的知识基础和个性特征，灵活地对教材进行加工处理。就想象力来说，想象力丰富的教师不仅能够设计出生动活泼、深入浅出的课堂与游戏，以之改变书本知识的枯燥性与抽象性，而且能够充分运用生动、形象的语言进行教学，以之激发学生的学习兴趣。不言而喻，作为一名合格的学前教育专业本科毕业生，理应具备扎实的条件性技能。

(2) 出色的幼儿教学基本技能

教学基本技能是指从事教师职业应备的基本技能或基础技能，"包括口语技能、书写技能、信息技能与沟通技能"。对准幼儿教师来说，理应具备教学基本技能。其中，扎实的口语技能主要表现为语言清晰流畅、通俗易懂、准确精练，且能做到抑扬顿挫，甚至具有幽默感，如此口语技能无疑能够增添幼儿获取信息（知识）的数量与提升幼儿获取信息（知识）的质量。书写技能主要体现于"三笔一画"之上，流畅、漂亮、清晰的粉笔字、钢笔字、毛笔字及简笔画不仅因为能够增加教育教学过程中的美感而平添幼儿学习的兴趣与积极性，而且还能够起到示范作用而成为幼儿效仿的具体目标。信息技能是当下教师必备的技能之一，这是因为一方面，幼儿教师需要掌握从多种渠道获取有效信息的技能；另一方面，幼儿教师需要掌握现代信息技术尤其是多媒体制作与应用技术。沟通技能是构建人际关系不可或缺的技能，扎实的沟通技能是

教师构建良好的师幼关系、同事关系以及"师长关系"（幼儿教师与幼儿家长之间的关系）等人际关系的关键，而良好的师生关系、同事关系以及"师长关系"是教师营造和谐的保教活动并取得高效的保教结果的有效保证。

（3）初步的幼儿班级管理技能

班级管理技能即管理班级的技能。毋庸争辩，幼儿教师是幼儿园保教活动的主导者，为使保教活动得以顺利进行，幼儿教师必须能够有效地组织保教活动，且能够合理地调控课堂并灵活多样、合情合理地化解课堂教学中的多种"突发事件"，而这些都有赖于幼儿教师的班级管理技能。对学前教育专业本科毕业生来说，至少应该通过教育见习与教育实习等环节习得初步的班级管理技能，否则，肯定不能合格毕业。

（4）初步的幼儿课堂教学技能

教学是学校教育工作的中心环节，课堂是实施教学的主要渠道，课堂教学是教学的基本形式。不难推断，课堂教学技能是幼儿教师应当具备的关键技能，幼儿教师的课堂教学技能不仅决定着课堂教学的成效，而且制约着幼儿园的保教质量。从幼儿的视角看，幼儿教师的课堂教学技能具体反映在教师如何引导幼儿掌握知识、积极思考、运用多种策略解决问题等之上；从教学活动的视角看，幼儿教师的课堂教学能力集中体现于教学监控能力。所谓教学监控能力，"是指教师为了保证教学的成功、达到预期的教学目标，而在教学的全过程中，将教学活动本身作为意识的对象，不断地对其进行积极、主动的计划、检查、评价、反馈、控制和调节的能力"。教学监控能力强的教师，不仅能够科学合理地对自己的教学活动事先进行计划和安排，而且能够恰如其分地对自己的实际教学活动进行有意识的监察、评价和反馈，甚至还能够"因境而异"地对自己的教学活动进行调节、校正和有意识的自我控制。由于教学是学校全部教育的重要组成部分，因而，"教学监控能力是教师从事

教育教学活动的核心要素，是当代新型教师应该具有的核心素质"。不言而喻，一位合格的学前教育专业本科毕业生理应具有初步的课堂教学能力。

(5) 初步的保育技能

幼儿教育同时兼有保育和教育两个方面。对幼儿教师来说，不仅需要具有一定的教育技能，而且还需要具有一定的保育技能，否则，难以胜任幼儿教师职业。对学前教育专业本科毕业生而言，尽管因实践经验积累不够而很难具有突出的保育技能，但至少应该通过教育见习与教育实习等环节掌握初步的保育技能，否则，是不能合格毕业的。

(6) 较强的幼儿课程开发技能

课程开发，"就是指借助学校教育计划、课程的实施与评价，以改进课程功能的活动的总称"。可见，课因境而异，即根据不同的教学情境而灵活多样地选择不同的教学内容、确定不同的教学要点、运用不同的教学方法，采取不同的教学形式等进行教学。此处的"境"，是指教学情境，既包括教学中的人文环境，也包括教学中的物理环境，课程开发涉及课程的诸多方面。不过，对教师来说，最关键、最直接、最可行、最必要的课程开发是课程资源的开发。所谓课程资源，"是指形成课程的要素来源以及实施课程的必要而直接的条件"，具体来说，是指课程设计、课程组织、课程实施、课程评价等整个过程中一切可以利用的人力、物力、财力及自然资源等的总和。在新课程背景下，课程资源早已超越了传统教材的范畴，教师与学生本身的经验、教室、实验室、校内外的各种活动、图书馆、科技馆、博物馆、乡土资源、家庭资源、网络媒体、广电媒体等都属于课程资源。作为新课程背景下的幼儿教师，理应具有开发这些课程资源的技能。

(7) 突出的自我发展技能

幼儿教师的自我发展技能主要包括幼儿教师的教学反思技能、终

身教育技能及自我心理疏导技能。就教学反思技能而言，教学反思是指教师为了解决自己在教学活动过程遇到的问题，以自己的教学活动过程为思考对象，对自己已有的教学行为及其结果进行理性审视的过程。反思，对于教师的专业成长来说非常重要。针对教师应该注重通过教学反思来促进自身专业成长的问题，波斯纳指出，"经验+反思=成长。没有反思的经验是狭隘的经验，至多只能形成肤浅的知识"。要想有效地进行教学反思，教师必须具有一定的教学反思技能。就终身教育技能而言，当今时代，随着科学技术的迅猛发展，知识不仅呈几何级数的趋势不断增加，而且"半衰期"不断缩短，无论是谁，都不可能通过一次性的学习而一劳永逸地占有知识。有一位教育家曾经说过："教师的定律，一言以蔽之，就是一旦你今日停止成长，明日你就将停止教学。"作为以知识为载体进行教书育人的幼儿教师，理当不断自我更新知识，不断进行自我教育。新课程理念与教师专业发展理念都直接或间接地主张教师应该终身教育。毫不夸张地说，在新课程改革及教师专业化的背景下，"进行终身自我教育，这对教师来说是一种义不容辞的神圣职责"。当然，要想能够实现终身自我教育，教师必须具备终身教育的技能。就自我心理疏导能力而言，目前，在社会转型、"知识爆炸""信息横流""应试教育""教师聘任制度与职称制度改革"等背景下，幼儿教师的职业压力与日俱增，幼儿教师的心理因而有了前所未有的负担。如果幼儿教师缺乏必要的自我心理疏导能力，将会导致多种心理问题甚至心理疾病，从而不仅危及幼儿教师自身的身心健康，而且危及幼儿教育事业的健康发展与可持续发展。

(8) 初步的幼儿园环境创设技能

幼儿园环境创设技能即创设幼儿园环境的技能。所谓幼儿园环境，是指幼儿园内幼儿身心发展所依赖的一切物质环境、文化环境和心理环境的总和。物质环境主要包括教学设施、生活设施及运动场所等有形

物质；文化环境主要包括校园氛围、园风等；心理环境主要包括师幼关系、教师的教风和教师的人格特征等。幼儿园环境创设技能，主要指幼儿教师立足于幼儿园的实情、幼儿教育规律和幼儿身心发展规律及幼儿的需要，充分挖掘和利用幼儿园环境中的有利于促进幼儿身心发展的因素，通过创设幼儿与环境积极作用的场景，以之促进幼儿身心发展的技能。环境创设技能是当下幼儿教师必备的技能之一，诚然应是准幼儿教师应备的技能。对学前教育专业本科毕业生而言，至少应该充分利用理论学习与实践教学两个环节，获得初步的幼儿园环境创设技能，否则，就不配称为合格毕业生。

(9) 初步的游戏设计技能

游戏教学是幼儿教学的主要形式。设计游戏是开展游戏教学的前提，因而，对一名幼儿教师来说，理应具备游戏设计技能。学前教育专业本科毕业生尽管因缺乏实践经验而缺乏游戏设计技能，但起码应该利用相关理论课程的学习及教育见习与教育实习的机会，掌握初步的游戏设计技能，否则，也不算合格毕业生。

二、学前教育本科专业毕业生的胜任型培养目标

幼儿教师胜任力特征的研究表明，幼儿教师的胜任力可归结为四个因子，即：人格魅力、育人导向、专业素养和职业承诺。这四个因子之间的内在逻辑关系可做如下解释：人格魅力是根本，专业素养是基础，育人导向和职业承诺是结果体现。它体现出一名绩效优秀的幼儿教师的胜任力结构，同时，此研究所得出的幼儿教师胜任力模型也体现出以下特点。

第一，强调教师师德风尚。历代教育家提出的"为人师表""以身作则""循循善诱""诲人不倦"等，既是师德的规范，也是教师人格

的特征体现。作为幼儿的首任教师，幼儿教师就是孩子的社会规范、道德化身和榜样楷模，因此，幼儿教师的人性之光和人格魅力关乎幼儿的成长、教育的发展甚至社会的前途。幼儿教师只有率先垂范，才能真正在幼儿成长的心灵中播下真、善、美的种子，才能以德育德，最终帮助学生铸造健康人格。正如俄国教育家乌申斯基所说："教师的人格对于年轻的心灵来说，是任何东西都不能代替的最有用的阳光；教育者的人格是教育事业的一切。只有人格才能影响人格的发展和形成。"

第二，关注幼儿成长发展。幼儿园教育以满足幼儿的成长发展为核心，幼儿教师所有的活动就是要促进幼儿的成长、支持他们的发展。当代幼儿教育具有快乐幸福、理解尊重、保教关爱、身心健康、生命成长、习惯养成、心智启蒙、适宜环境等重要特征，幼儿教师在保育、保教过程中需要扮演着创造一种轻松、愉快而富有有效刺激的适宜环境的角色，理解尊重幼儿的本能与天性、尊重幼儿身心发展特点与规律、尊重幼儿的需要与兴趣，促成孩子们的成长发展。

第三，强调幼师勤学广才。教育的内涵丰富、时代的变迁发展和家长的殷切期盼都对幼儿园教育提出了更高的要求，也寄厚望于教育起跑线之始的幼儿教师。当下幼儿教师尤其需要强化对幼儿发展需要的独特性的理解和敏感性，强化对幼儿行为的观察、解读及行为管理能力，提高自身满足幼儿需要的实践能力，因此，幼儿教师需重视和加强自身的才学修养，要在学习中进步、在实践中完善，用精湛的学识使保教幼儿的重要使命科学地完成。

第四，鼓励幼师长期从业。教师职业承诺是教师在心中签署的与职业有关的"心理合同"，它与教师的工作态度、工作表现和留业意愿关系密切。在教育管理实践中要多管齐下，培养幼儿教师积极的专业自我认同感、较高的职业满意度和强烈的责任感，大力提倡和营造"以幼教光荣职业、以幼教终身事业"的条件和氛围，让幼儿教师不仅在日常工

作上收获快乐，在职业生涯上也收获成功，因为高水平的职业承诺是幼儿教师积极投身学前教育工作的内在的强大动力。

第二节 学前教育专业人才培养的教学模式

从人才培养模式的构成看，教学模式是其要素之一，为此，要想构建学前教育本科专业人才培养模式，必须探讨相应的教学模式。本节将逐一阐述与学前教育本科专业人才培养模式相适应的理论教学模式和实践教学模式。

一、学前教育本科专业的理论教学模式

在理论教学内容很难改变的情况下，我们应探索多元化的教学模式。基于学前教育专业的特点，本书认为，适合学前教育本科专业的理论教学模式主要有以下六种。

（一）自学辅导式

这一模式是针对学前教育本科专业课程体系中适合学生自学的部分课程，任课教师事先让学生自学，然后在课堂上集中进行辅导。

（二）案例分析式

这一模式是针对学前教育本科专业课程体系中比较深奥，或比较复杂，或比较抽象的理论问题，任课教师通过列举一个经典案例并对该案例进行详细剖析，以使学生通过理解这一案例蕴含的理论而达到理解课程中相关理论问题的目的。

（三）专题讲座式

这一模式是针对学生普遍存在困惑，或存在或希望深入了解的某一问题，邀请有关专家、学者以专题讲座的方式展开，组织学生参与倾听

并与专家、学者积极对话，以之达到解决问题的目的。

（四）沙龙讨论式

这一模式是以沙龙的方式，针对有关学前教育教学问题或教科研问题，任课教师和学生一起进行自由而平等的交流与对话，通过相互交流心得体会及共同探讨与磋商，达到对相关问题的深层理解。

（五）微格教学式

这一模式是针对课堂教学技能中的课堂教学环节，首先让每一位学生在微格教室里模拟授课，之后任课教师和学生聚在一起，调出学生模拟授课的录音和录像，逐一观摩并评议每一位学生的模拟授课情况，以提高学生的课堂教学技能水平与课程组织管理能力。

（六）自我反思式

这一模式是针对学生接受某一课程或一段时间学习之后，让他们依据一定的标准对自己的学习过程及结果进行自我反思，以总结自己的学习收获（或体悟），发现自身存在的问题（或不足），并思考问题（或不足）的解决（或改进）策略。

二、学前教育本科专业的实践教学模式

《课程标准》和《专业标准》的颁布实施对规范和指导幼儿教师教育课程设置，引导幼儿教师的专业化发展，提升幼儿教师专业化发展水平起着不可估量的推进作用。《专业标准》强调"把学前教育理论与保教实践相结合，突出保教实践能力"，"坚持实践、反思、再实践、再反思，不断提高专业能力"。而《课程标准》更是明确提出"实践取向"的基本理念："教师是反思性实践者"，应"强化实践意识"，"发展实践能力"，"形成实践智慧"，并在课程目标设置中，专门提出"教育实践与体验"的目标领域，对教育实践的时间及内容也提出具

体规范和要求。为推进《课程标准》的实施，《意见》强调：教师教育课程要"强化实践环节，加强教育教学能力训练"，"学科理论与教育实践紧密结合"，"充分利用模拟课堂、现场教学、情境教学、案例分析等多样化的教学方式，着力提高师范生的实践能力"。下面就学前教育本科专业的实践教学模式加以简要阐述。

（一）教育调查

教育调查是指对教育现象及教育问题进行的调查研究。在学前教育专业实践教学诸环节中，教育调查为第一个环节，通常设置在学生入学后第一学年的第二学期结束之后紧连的暑假（大一暑假）进行。安排学生在大一暑假开展教育调查的主要目的是：让学生初步认识学前教育现象与学前教育问题；促发学生形成学前教育问题意识的习惯，养成思考学前教育问题的习惯；促进学生更加关心学前教育事业与幼儿教师职业；增强学生的学前教育责任感与投身学前教育事业的使命感；加强学生对幼儿教师职业的认同感，并增进其未来从事幼儿教师职业的决心；激发学生为了在未来能够胜任幼儿教师职业而积极主动学习有关幼儿教师教育课程的热情与动力。教育调查可分为学校调查、教育行政调查、家庭调查及社会调查等类型，学生在暑假期间可以根据自己的意向与兴趣任意开展某一种类型的教育调查。值得指出的是，学生在教育调查过程中，针对某一学前教育问题或学前教育现象，既可以展开全面调查，也可以展开非全面调查（包括重点调查、典型调查、个案调查、抽样调查等）。从大一学生已有的认知特点及当下社会现实看，适合学生开展教育调查的方法主要有观察法、问卷法、谈话法及分析书面材料法等。不过，无论运用哪种方法展开教育调查，其基本步骤都是一致的。它们是：第一步，确定调查课题，即明确将要调查的学前教育现象或学前教育问题；第二步，参阅有关资料，即在调查课题明确之后，应通过文献检索的手段查阅足够的相关资料，以便使即将展开的调查活动更有针对

性并能取得更大的成效；第三步，拟订调查计划，即为了保证整个调查活动的思路更加清晰，同时确保调查活动得以顺利进行，在着手展开教育调查之前，理应比较详细地拟订调查计划，包括调查对象、调查时间、调查地点、调查方法、调查内容、调查过程中可能出现的问题及相应的对策等；第四步，调查实施，即实施调查并现场收集有关资料；第五步，资料的整理与分析，即为了进一步明晰调查现象或调查问题，在结束调查之后，应及时对调查过程中获得的相关资料进行整理与分析，以便将调查过程中获得的感性认识上升到理性认识，从而加深对某一学前教育现象或学前教育问题的认识；第六步，撰写调查报告，因为调查报告既是实事求是地反映调查研究活动中所获得的有关信息与相应结论的书面报告，又是客观实在地反映学生的调查研究态度、调查研究过程及调查研究能力的依据，而且还是提升学生撰写调查报告能力的有效手段。

（二）教育观摩

教育观摩是指学生深入幼儿园教学第一线旁观一线教师的德育与班级管理活动，旁听一线教师的课堂教学与实践教学活动，并从中学习和吸取教育教学经验及教育教学技巧的教育实践活动。教育观摩是在学生正式接触幼儿教师教育基础课程之初而设置的教育实践类课程，通常安排在学生入学后第二学年的第一学期第三周进行，教育观摩的时间共计一周。安排学生进行教育观摩的主要目的有三：其一，通过学生亲临教育教学现场，增强学生对学前教育教学活动的感性认识，以之促进学生进一步明确在大学阶段应该学习哪些知识与技能；其二，为学生反思与感悟不同类型学前教育教学案例的成败与得失提供真材实料，以之促进学生进一步明确学好幼儿教师教育课程的重要性；其三，增进学生对不合格幼儿教师的教育教学行为、合格幼儿教师的教育教学行为及优秀幼儿教师的教育教学行为的认识，以之引发学生自觉根据自身实际针对性地进行学习学前教育本科专业课程的行为。教育观摩一般步骤是：首

先，拟订观摩计划，观摩计划通常包括观摩的目的、观摩的内容、观摩的方法、观摩的时间、观摩的对象等；第二，进入观摩现场，抵达观摩现场之前，应事先与观摩对象及观摩场所的负责人取得联系，以便对方做好相应准备；第三，实施观摩活动，学生在观摩过程中，应认真做好有关记录，包括观摩学校及观摩对象的相关信息、观摩的具体课程及其基本进程等；第四，撰写观摩体悟，观摩活动结束之后，学生应该及时针对观摩中的所见所闻阐述自己的所思所想；第五，交流观摩体悟，在教育观摩过程中，不同的学生因关注的视角不同，所获得的见闻必然有别、产生的感悟理当有异。为了进一步巩固与拓展教育观摩的成效，在学生各自撰写观摩体悟的基础上，组织学生分享各自的观摩感悟也是十分重要的。

（三）教育见习

教育见习是指，学生进入幼儿园以辅导教师或教师助手的角色参与班级管理、作业辅导及家校联系等非教学活动的实践教学环节。教育间隙通常设置在学生入学后第二学年的第二学期第三周进行。开展教育见习，一是能够为学生提供学习学前教育理论课程的有关感性认识基础，有利于学生将学前教育理论与学前教育实践联系起来进行学习，从而加强学习的效果；二是能够培养学生的学前教育问题意识，养成思考学前教育问题的习惯，继而进一步激发学生学习学前教育理论课程的积极性；三是为学生探讨学前教育问题提供一定的原始素材。此外，开展教育见习，还能够促使学生真切体验新课程改革的效果，进而促进学生主动对新课程改革做进一步思考。教育见习的内容包括参与班会、协助处理班级日常管理工作、协助教师联系学生家长、随教师一起进行家访、辅导学生的作业、参与学生的课外活动等，其步骤通常如下。第一步，拟订见习计划。为保证教育见习的成效，学生在开展教育见习之前应根据自己的实际及预定见习学校的实情拟订一份见习计划。见习计划的基

本要素包括见习目的、见习内容、见习时间、见习地点、见习过程中可能出现的问题及相应的对策等。第二步，进入见习学校。师范生进入见习学校之前，高校负责学生见习的指导老师应事先与预定的见习学校取得联系，以便见习学校为每一位见习学生安排相应的指导老师；学生到见习学校后，应及时主动联系见习学校为自己指定的指导老师，并及时向指导老师汇报自己的见习目的。第三步，实施见习内容。学生应该在见习学校指定的指导老师的指导下，尽可能尝试多种类型与形式的见习活动。第四步，撰写见习小结。为促使教育见习期间的感性认识上升到理性认识的高度，学生应及时对整个见习活动做必要的小结。在见习小结中，学生应着重阐述自己见习后的收获与体悟。第五步，交流见习体悟。为进一步巩固教育见习的成果，指导教师在学生撰写见习小结的基础上，组织学生进行相互交流，通过分享各自的见习体悟，学生必然能够获得更多新的体验与感悟。

（四）教育技能训练

教育技能是指个体从事教师职业并能胜任教书育人活动所需要的多种心智技能和肢体技能，涵盖基础性教育技能、教学性教育技能、教育性教育技能及教研性教育技能四种技能。基础性教育技能主要包括语言表达技能、"三笔一画"技能、"信技"应用技能、人际沟通技能等几种技能；教学性技能主要包括教学设计技能、教学实施技能、教学反馈技能、教学评价技能等几种技能；教育性技能主要包括思想教育技能、班级管理技能等技能；教研性技能则包括教学研究技能和"教育"研究技能（泛指非教学类的教育问题研究技能）。由于教育技能涵盖的内容十分丰富，所以相应的培养较为复杂，因而宜将培养学生的教育技能过程分为两个阶段。为表达方便，在现实中，通常将培养学生教育技能的两个阶段称为教育技能训练Ⅰ和教育技能训练Ⅱ。其中，教育技能训练Ⅰ设置在学生入学后第三学年的第一学期第一周；教育技能训练Ⅱ设置

在学生入学后第三学年的第二学期第一周。

（五）教育实习

教育实习是指高年级（通常为毕业班级）学生将所学到的理论知识和教育技能综合运用于幼儿园教育教学实践活动中，且其自身素质伴随学前教育教学实践活动得到全面锻炼与培养的一种实践教学环节。教育实习的目的体现在以下几点：一是引导学生树立献身教育事业的志向；二是引导学生将所学理论与技能综合运用于学前教育教学实践，以初步培养他们独立从事学前教育教学工作的能力；三是引导学生认真反思学前教育教学过程中的问题，并初步探索学前教育教学规律；四是检验学生的思想素质和专业水平，为高校学前教师教育机构和学生本人提供反馈。教育实习一般设置在学生入学后第四学年的第一学期进行。教育实习的内容主要包括教学工作实习和班主任工作实习两个方面。教育实习需要注意的事项主要有以下五个方面。第一，制订实习计划。实习计划主要包括实习的目、实习的要求、实习的内容、实习指导教师的配备、实习小组的划分、实习的组织与领导等。第二，配备双重指导老师。学生的教育实习应在高校学前教育机构指定的老师（下文简称高校指导老师）和实习幼儿园指定的老师（下文简称实习学校指导老师）的共同配合下进行。第三，协调三重管理。所谓三重管理，即实习学校的管理（主要指实习学校指导老师的管理）、高校指导老师的管理、高校教育实习巡视组的管理。在教育实习期间，实习学校（尤其是实习学校指导老师）具体负责学生实习活动的安排及日常管理，高校指导老师配合实习学校进行管理，高校教育实习巡视组对学生的实习情况进行巡视检查。第四，双方指导老师共同评定实习成绩。教育实习结束时，高校指导老师和实习学校指导老师应按照预先拟定的教育实习成绩评定标准及学生在实习期间的具体表现，共同商议学生的教育实习成绩，并按优秀、良好、中等、及格和不及格五个等级进行评定。第五，注重实习总

结。教育实习既是对学生综合能力的全面培养，又是对学生综合素质的全面检验，还是对高校学前教师教育质量的全面反馈，因而，无论对学生本人还是对培养学生的高校学前教师教育机构来说，全面总结教育实习活动尤为重要。

第三节 学前教育专业人才培养的制度建设

制度是"要求大家共同遵守的办事规程或行动准则",是一个组织的行为活动得以顺利进行并取得相应成效的保证。显然,培养制度必然是学前教育本科专业人才培养模式的构成要素之一。本节将对学前教育专业的招生制度、评价制度及管理制度加以阐述。

一、学前教育本科专业的招生制度

不少高校以艺术类招收学前教育本科专业学生,这些艺术生大多是艺术成绩相对较低而不能就读艺术专业,结果被调剂到学前教育本科专业中来的,在学习过程中,他们不仅专业思想极不牢固,而且因文化基础较差而厌倦文化课程的学习。由于来自普通高中,入学时缺乏面试环节,导致学生在毕业时虽然理论知识水平达到了一定的要求,但从事幼儿园实际工作的能力却比较低,尤其是口语表达能力及弹、唱、跳、画技能技巧较欠缺。显然,单一的招考制度导致了学前教育专业本科招生难、培养难、就业难。为此,改革招生制度,彻底改变仅招收艺术生或仅招收普通生的单一招生制度,让两条招生通道同时并存,十分必要。为了弥补两类生源各自的不足,对于艺术生,可在入学后重点进行文化课程的学习与训练;对于普通生,不仅在入学之前增加面试环节,而且入学后重点进行音乐、美术等方面技能的学习与训练。

二、学前教育本科专业的评价制度

作为学前教育专业本科人才培养模式的一部分，培养评价要想摆脱传统评价不全面、不灵活、不合理的缺陷，务必要引入学校评价和社会评价相结合、基础评价与差异评价相结合的方式进行人才培养质量评价，具体方式包括：校系评价和实习单位评价结合，专业教师评价和园长/一线教师评价结合，理论成绩与实践成绩结合。采用实习指导教师打分、园长评价学生会演、毕业生就业质量追踪等多种评价形式，同时，根据差异培养的人才培养要求，对学生的专业职业技能实施差异评价，根据个体差异，要求不一，标准有异，进而形成与学生入学时的职业能力倾向定位、培养过程中差异教学一以贯之的评价模式。

一方面，必须强化培养评价管理部门的引导和服务职能。一是加强科学规划评价指标。应该确立评价某一课程所要求达到的具体项目及其标准，组织制定各部分考核方式及其评价分值结构，并提前通知学生。二是严格执行过程评价。将出勤率、课堂表现、学习态度纳入评价指标体系，坚持专业知识单元测试、艺术技能周期检查、岗位训练定时总结报告环节。同时，学业考核增加学前教育专业本科生个人评价，校外实践在学业考核的基础上再增加幼儿园管理评价，有助于规范管理评价制度及成效显著。三是将职业鉴定结果纳入考评体系。鼓励学生获得幼儿教师职业资格证书或者相关学前教育的技能等级证书等，这样既使得学业评价具有职业导向性，更能够提高学生职业岗位竞争的实效性。另一方面，加大评价投入，夯实评价基础保障。一是建立多样化激励与淘汰措施。对成绩较高的设立奖学分、奖学金和实施评优评先政策，对成绩不合格的设立合理惩罚措施，如减学分、补考、跟读或者点批等。二是建立评价监督机制。归管学前教育本科专业部门要建立培养评价监测小组，并有学生代表参与，不定期地对学前教育专业本科学业考核与实践

评价的实施情况进行督查与评价，并将督查结果作为培养结果最后验收的重要环节，以此通过监督、检查与评价来保证课程评价的质量。三是建立成绩查询与申诉的制度。学院应该及时通知学生的课程评价考核成绩，一则可以及时了解自我学习的不足之处，以便及时做出调整与改正；二则让学生有权对其成绩提出质疑与申诉，并且在学校申诉制度保障中使得评价结果更加地公正和公平，提高评价结果的有效性。

三、学前教育本科专业的管理制度

学前教育本科专业的管理制度主要包括日常教学管理制度和实习管理制度。教学管理制度是协调与规范教学管理者与学生之间的关系的准则，是教学活动得以顺利进行的有效保障。日常教学管理制度是指为维护日常教学秩序，保障教学活动顺利开展的有关规章制度。与学前教育本科专业相适应的日常管理制度主要体现为：一是学生入学后的第1年以通识教育的形式进行"宽口径"培养；二是学生自入学后的第2—3年共两年进行"厚基础"培养。有学者认为，从当前高等教育的基本规律以及教师专业发展的需要来看，教师职前培养应该"实行学科专业教育与教师专业教育相对分离的培养模式，建立大学教育学院或教师教育学院作为教师专业教育的基地，完成教师专业教育的培养任务"。本书认为，高校学前教育教师机构应该与广大幼儿园及幼儿培训机构建立密切联系，将他们作为自己的教师专业发展学校，一方面便于学前教育专业学生进行教育观摩、教育见习与教育实习，另一方面便于双方学校教师专业素质的提升。

从国内外成功的实践案例看，本书认为，在学生毕业前的一学年里，为其配备双导师十分重要。所谓双导师，一是指高师院校专门指导师范生教育实践课的教师（简称高校指导教师），二是指学前教育专业

学生所在的幼儿园或幼儿培训机构的指导教师（简称实习学校指导教师）。其中，高校指导教师的责任是：对师范生的实习进行视察，对师范生的学习的评价和调节过程进行管理，对实习学校所提供的培训质量进行视察和评价；实习学校指导教师一般由经验丰富的教师担任，他们要与高校指导教师紧密合作，主要负责师范生的教学指导，其主要责任是：参加学前教育专业培养的相关会议或者专业发展活动，对学前教育专业学生在特定学科或者年级的教学进行指导，为学前教育专业学生进行教学示范，观察学前教育专业学生如何与幼儿园合作并提供建设性的反馈意见，包括特定场合下的书面反馈，对学前教育专业学生的实习情况进行评价，参与既定的监测和评价程序等。

第四章

学前教育专业人才培养的
课程设置

第一节 学前教师教育课程目标的确立

在现代课程理论中，课程目标是一个十分重要的概念。尽管理论界对课程目标概念的理解尚存有异议，但基本观点还是比较一致的，大家普遍认为课程目标是"在课程设计与开发过程中，课程本身要实现的具体要求，它期望一定阶段的学生在品德、智力、体质、素养等方面所应达到的发展程度"。课程目标对课程编制具有重要的指导和调控价值，是课程设置、课程实施以及课程评价的重要依据。本研究认为，当前我国高校学前教师教育课程目标的确立应具有如下价值追求。

一、以人为本，培养未来幼儿园教师完整的人格

教育以人为对象，这一本质属性决定了教育与人本主义具有胎生关系。发源于古希腊、兴盛于文艺复兴时期的人本主义教育主张对人实行一种"全面的"教育，强调根据学生的兴趣爱好开展教育教学活动，以实现个体才能的最大限度的发展。可以说，无论是古希腊的七艺、博雅教育还是近代英国的绅士教育，包括当代马克思主义的"全面发展"教育，其源流都是一脉相承的，都源自人本主义教育思想。人本主义教育认为，"教育的目的在于实现人的全面发展，使人变成他自己"，"把自己全面的本质据为己有"。简而言之，教育对人发展的促进功能不仅体现在生理上，也体现在心理上；不仅有认知、技能的发展，也有情感态度的涵养，而且各方面的发展相互联系、相互影响，共同构成儿童发展的整体。

今天，以人为本的教育理念已成为世界教育的主旋律。联合国教科文组织在《学会关心：21世纪的教育》一文中明确提出："归根到底，21世纪最成功的劳动者将是最全面发展的人，是对新思想和新机遇开放的人。"因此，在当今社会，我们必须给教育确定新的目标，必须改变人们对教育作用的传统看法。新的教育应该使每一个人都能发现、发挥和加强自己的创造潜力，也应有助于挖掘出隐藏在我们每个人身上的财富。"这意味着要充分地重视教育的作用，使人们学会生存，实现个人全面发展的作用，不再把教育单纯看作是一种手段，是达到某些目的的必经之路。"以人为本不仅是教育的重要内涵，是现代教育的终极价值取向，也是学校课程工作的核心理念。高校学前教师教育课程设置必须坚持人本化取向，重视未来幼儿园教师完整人格的培养，不仅关注未来幼儿园教师专业情感和态度的养成，也要重视其专业知识和专业能力的发展，"通过人本化的教育把他在体力、智力、情绪、伦理各方面的因素综合起来，使他日臻完善"，使他的人格丰富多彩，表达方式复杂多样，使他的内心更自由，真正成为他自己。

二、标准取向，关注未来幼儿园教师专业素养的全面养成

纵观教师教育课程发展史可以看出，不同研究者从不同的立场和研究视角出发，提出了不同的课程设置价值取向。有些研究者侧重从教师应掌握知识的角度来设置课程，确立了知识本位的教师教育课程；有些研究者将教师的教育教学活动视为一种技术工作，形成了能力本位的教师教育课程。伴随着教师专业化水平的提升，尤其是世界各国教师专业标准的相继颁布实施，在教师教育领域逐步形成了一种课程设置的新取向——标准本位。

标准本位的教师教育课程强调根据教师教育机构和相关专业组织研制

的教师专业标准来设计教学计划，确定课程体系。教师教育课程设置的标准取向来源于教师专业发展思想的提出，以及教师专业化水平的提升。

为贯彻落实教育规划纲要精神，建设高素质专业化的教师队伍，教育部颁布了《幼儿园教师专业标准（试行）》，并明确指出《专业标准》是各级各类开展幼儿园教师教育的院校进行教师培养与培训的重要依据。课程是实现学校培养目标的根本保障，高校学前教育专业作为我国幼儿园教师培养的主要阵地，应根据《专业标准》进一步完善人才培养方案，秉持育人为本、实践取向和终身学习的原则，科学设置课程，改革教育教学方式方法，为培养专业情谊深厚、专业知识扎实、专业能力突出的学前教育师资奠定良好基础。具体说来，高校学前教育专业应以《专业标准》为依据，从专业理念与师德、专业知识和专业能力3个维度出发，根据《专业标准》中14个领域的基本要求建构相应的课程体系，要做到每一维度都有相应的课程模块来实现其功能；每一领域都有若干门课程组成的课程群予以支撑；未来幼儿园教师的每一项专业知识和专业能力的培养都有若干门课程来承担相应的职责。尽管《专业标准》中将合格幼儿园教师应具备的素质结构分成了3个维度、14个领域，但各维度各领域之间并不是孤立的存在，而是紧密联系、互相支撑的一个整体。因此，支撑各领域目标实现的课程之间也不是一种独立的存在，通识教育课程模块、专业课程以及教育实践课程模块内的每一门课程之间既相互独立又相互配合、相得益彰，共同形成一股"学前教育专业合力"。同时，以专业标准为依据设置学前教师教育课程框架也顺应了国家教师教育课程改革的大趋势。

第二节 学前教师教育课程内容的选择

知识是课程的本源，课程是知识的载体。当今社会已进入一个知识爆炸的时代，人类社会创造了浩如烟海的知识，但真正应该传授的内容却需要我们仔细地甄选。因为学校的课程空间是有限的，作为一种"稀有资源"，它不可能无限膨胀，这就产生了课程设置的核心问题即课程内容的选择。高校学前教育专业要想真正实现既定的培养目标，就必须将课程作为人才培养的重要抓手，扎实做好课程设置、课程实施以及课程评价等各项工作。而课程选择是课程工作的起始环节，课程选择是否科学合理直接影响着后继各项工作的开展，那么高校学前教育专业应当如何选择课程呢？依据课程目标新的转向以及前文对我国高校学前教师教育课程设置现状的考察，本书试图对学前教师教育课程选择提出一些自己的设想。

一、选择学前教师教育课程的基本要求

现代课程论认为课程选择实为课程内容的选择，即根据一定的教育价值观及相应的课程目标选择课程要素的过程，这些课程要素包括概念、原理、技能以及价值观等，涵盖了认知、情感态度与技能等儿童发展的每一个领域。高校学前教育专业在选择课程时要以《幼儿园教师专业标准》和既定的培养目标为依据，遵循课程选择的一般性规律，既要满足社会发展的需求也要考虑学生学习与发展的需要。与此同时，学前教师教育课程选择必须充分体现学前教育的专业特性，帮助未来幼儿园

学前教育专业人才培养的理论与实践

教师建构完整的知识结构，满足未来幼儿园教师专业发展诉求，既要有利于未来幼儿园教师专业理念和专业精神的养成，也要促进其专业知识的掌握和专业技能的发展。结合前文对教师教育课程设置理论基础的阐释以及对当前高校学前教师教育课程设置现状的剖析，本研究认为高校学前教育专业在选择课程时应满足以下几个基本要求。

（一）课程内容应重视未来幼儿园教师基本专业素质的养成

《专业标准》反映的是国家对合格幼儿园教师专业素质的基本要求，体现了国家对幼儿园教师专业素质的底线要求和最低标准，达不到这些标准的幼儿园教师就不能被称为合格的幼儿园教师。教师专业发展阶段理论已证实，职前教师教育只是教师专业成长的起步阶段，这一时期培养的是合格教师，而不是成熟教师，更不是优秀教师。因此，高校学前教育专业必须以《专业标准》为依据进行课程选择。学前教师教育课程要重视未来幼儿园教师专业理念与师德的养成，可以通过专题讲座、名师讲坛、优秀影片欣赏等方式让学生认识到幼儿园教师职业的独特性，养成正确对待幼儿的态度与行为，注重保教结合，重视自身的修身养性；学前教师教育课程内容应重视未来幼儿园教师对基本专业知识的掌握，帮助未来幼儿园教师掌握关于儿童发展的知识、幼儿保育教育知识以及广博的通识性知识。学前教师教育机构应采取理论与实践互动融合的方式，开设内容丰富、形式多样的专业课程，培养未来幼儿园教师多方面专业能力，课程内容应注重培养未来幼儿园教师创设与利用幼儿园教育环境的能力，以一日生活的组织能力为基础，以支持指导游戏活动和设计实施教育活动的能力为主导，重视培养未来幼儿园教师激励与评价、沟通与合作以及反思与发展的能力。

（二）课程内容应关注未来幼儿园教师的直接经验

杜威在批判脱离儿童生活的"传统教育"基础上提出了新的教育思想，即"儿童中心"教育。在杜威看来，教育即儿童经验的连续不断

的改组或改造。自此，传统教育开始向解放儿童的现代教育转向，以儿童为本、关注儿童生活经验逐渐成为教育改革的内在追求。虽然，当前教育理论界和实践界对课程内容经验化、实践化已基本达成共识，但在学前教师教育课程实践中，课程内容设计依然带有强烈的"理论知识至上"的色彩，对学生实践经验的获取与反思等课程内容的重视度依然不高，这在本科学前教育专业中表现更为明显。建构未来幼儿园教师合理的知识结构意味着高校学前教育教师课程选择既要重视理论知识的学习，也不可忽视学生直接经验的积累，只有建立在直接经验基础上的理论学习才是有意义、有价值的学习，才能帮助未来幼儿园教师真正领悟理论知识的精神内涵，并在理论知识指导下不断进行经验的改组与改造，从而实现未来幼儿园教师的专业发展。鉴于此，学前教师教育课程内容的选择急切呼唤关注未来幼儿园教师的直接经验。

关注直接经验的学前教师教育课程内容应具备真实性和生成性的特点。所谓真实性即学前教师教育课程内容要基于未来幼儿园教师对真实保教活动的观摩、参与和体验，而不是在教室里观看教师的PPT，静听教师对各种假设案例的"学院式"分析。真实的课程内容意味着未来幼儿园教师有观摩保教实践的经历和体验，有参与保教实践的经历和体验，有研究保教实践的经历和体验。只有真实的课程内容才能激发未来幼儿园教师的学习兴趣，才能培养他们的专业情感，才能真正引导他们实现专业成长。我们必须承认："教育不能与社会现实脱节，学校不能和生活脱节；学生的人格不能分裂成为两个互不接触的世界——在一个世界里，学生像一个脱离现实的傀儡一样，从事学习；而在另一个世界里，他通过某种违背教育的活动来获得自我满足。"所谓生成性是指学前教师教育课程内容具有开放性、灵活性和不确定性，课程内容是在精心预设基础上不断生成的结果。无论课程设计者最初的预设多么周全，都难以做到穷尽一切可能，因而，必须根据未来幼儿园教师的学习需求

与结果做出适宜的调整。

（三）课程内容应关注学前教育改革与发展的新成果

与未来幼儿园教师专业素养养成有密切联系的基本理论、基础知识和基本技能理应成为学前教师教育课程的重要内容，但仅仅满足于此还是不够的，不仅无法体现社会发展以及高等教育和学前教育发展对幼儿园教师素质的新要求，也不利于未来幼儿园教师的终身专业发展。长期以来，我国部分高校学前教师教育课程存在着内容僵化、陈旧、过时以及"营养不均衡"等弊病，有些高校长期不开展课程方案修订工作，多少年来都采用"三学六法＋艺术技能"的方式设置课程。显然，这样的课程方案是没有生命力的，通过这种课程方案最终培养的是技术员式的幼儿园教师，而不是学前教育领域的反思性实践者。

鉴于此，本研究认为高校学前教师教育课程应对本学科的前沿知识保持一定的敏感性，特别要及时吸收儿童学习与发展、生理学、神经科学、脑科学以及信息技术等科学的新成果，将这些成果及时充实到教学内容中去。同时，课程内容应反映当前教育改革与发展尤其是学前教育改革与发展的热点问题和难点问题，应体现当前教育研究以及学前教育研究的最新成果，要将优秀幼儿园教师的专业成长历程、职业生涯感悟以及教学活动案例等作为重要的课程资源纳入学前教师教育课程体系。简而言之，高校学前教育专业应与时俱进，不断调整课程方案，改革课程教学内容，切实提高人才培养质量。

（四）课程内容应有利于未来幼儿园教师终身专业发展

在现代社会，"人永远不会变成一个成人，他的生存是一个无止境的完善过程和学习过程"。面对这样一个知识不断推陈出新、信息喷涌的"后喻文化"时代，为某一职业一劳永逸地做好准备的观点已被彻底打破，人们必须在整个生存期间不断更新和改进自己的知识和技术。从这个意义上讲，教师的专业不仅是一个学习的专业，更是一个终身学习

的专业。教师要为这个社会培养终身学习者，那他自己首先必须成为终身学习者。当今世界各国在教师教育制度和课程的改革中都在强调终身学习的重要性，致力于教师终身学习意识和能力的培养，为教师专业发展提供持续支持。我国颁布的《教师教育课程标准》也明确指出，教师是终身学习者，应在不断学习和持续完善自身素质的过程中实现专业发展。

教师专业发展阶段理论已证实，职前教师教育只是教师持续一生的专业发展的奠基阶段，这一时期的教育应为教师终身专业发展提供全方位的支持。就学前教师教育课程设置而言，首先应当秉持着眼于教师终身专业发展的原则，致力于培养未来幼儿园教师终身学习、终身发展的意识和能力；其次，高校学前教育专业在选择课程时应精选有利于未来幼儿园教师终身专业发展的内容，为准教师的专业发展提供知识和能力基础，尤其应当重视对教师专业发展具有重要作用的反思能力的培养。具有终身学习意识和能力的教师必然是善于对教育实践进行反思的教师，与技术员式的教师相比，善于反思的教师更能够投身复杂的语脉，更善于与"儿童构筑起现实的平等的关系，寻求文化含义的建构与拥有高度价值之经验的创造"。当然，学前教师教育课程也应当通过合作学习、对话式教学、案例研讨、自主探究等多种教学方式，致力于让未来幼儿园教师在建构专业知识、发展专业能力的同时，也获得专业发展的方法和策略。

二、学前教师教育课程选择的总体构想

"课程内容的确定与课程目标是紧密联系在一起的，目的决定内容，内容反映目标。"学前教师教育课程内容的选择要依据既定的培养目标，要充分体现学前教育的专业特性，要综合考虑课程设置的多方面要素，也要充分满足幼儿园教师专业发展和学前教育实践的需求。本书

的前述内容考察了学前教师教育课程设置的理论依据——教师知识和教师专业发展，虽然从理论上说，教师知识可以分为理论知识和实践知识两类，但从实然角度来看，教师知识是一个紧密联系的有机体。因此，要用一种更加全面、开放、整体的观念来看待教师知识，同时也要看到职前教师教育对教师专业发展的奠基作用。

（一）学前教师教育课程内容的基本构成

基于建构未来幼儿园教师合理的知识结构，促进其终身专业发展这样一种视角，根据《专业标准》对幼儿园教师专业素质的相关要求，本研究认为高校学前教师教育课程应包括如下三大模块。

1. 通识教育课程：秉持博雅教育精神

通识教育来源于古希腊的"博雅教育"，其目的在于解放人的精神和思想，避免狭隘的专业化教育。因此，绝不能将通识教育课程窄化为思想政治、外语、计算机、体育等，诸如此类为职业做准备的工具性课程，也不能把通识教育课程理解成形式主义的百科全书式的课程。"真正的通识教育课程应秉承博雅教育的精神内涵，通过学习人文、社会与自然科学的统整知识，进而培养完整的人格。"所以，通识教育课程应包括人文科学、自然科学和社会科学三大领域。在教师教育中，通识教育课程应具有以下功能：

基础性：有利于培养未来教师科学的世界观和方法论；

广博性：有利于优化未来教师的知识背景，建构广博的知识结构；

发展性：有利于形成未来教师终身学习能力。

介于上述原因，本研究建议我国高校学前教育专业应进一步丰富通识教育课程内容，同时，为凸显通识教育课程对培养未来幼儿园教师的精神品质、知识结构和专业能力的重要作用，应进一步优化通识课程的内部结构，具体如下：

一方面要优化通识教育课程的形式结构。从"深度"上去把握课

程结构，我们可以把它分为"形式结构"和"实质结构"两类，形式结构关注的是课程的构成要素及关系，如课程的类别及比例关系；实质结构是课程内部质的规定性问题，如知识和经验的关系问题，知识、情感态度以及技能在课程中的地位问题等。简言之，"课程的形式结构是课程的外貌，课程的实质结构是课程的灵魂"。通识教育课程通常分为必修和选修两种修读方式，必修课程主要是保障国家关于政治理论、国防教育、体育、外语等课程的基本要求，对于这部分课程可以通过删减门类、综合内容、分级分层开设等方式进行结构调整，以拓展课程设置的领域范畴。例如，改变大学英语课程统一难度、统一要求的做法，实行分级分层教学，对于达到大学英语国家四、六级水平测试的学生实行免修《大学英语》后继课程的做法，后继学时则用以修读不同水平的专业英语课程。同时，增加通识教育选修课程的门类和比重，根据《幼儿园教师专业标准（试行）》对教师通识性知识的要求，适当增加自然科学和人文社会科学的课程门类及比重，并考虑学前教育专业特性增设艺术修养类课程，例如，华东师范大学本科学前教育专业目前就开设了"数学文化""语言、人文与艺术""自然与科学"等课程。当然，通识教育选修课程绝不是课程的"大杂烩"，不仅要求其覆盖面要广，而且应当通过限定选修的方式要求各学科领域都要占有一定的比例。

另一方面，优化通识教育课程的实质结构。整合课程内容是课程实质结构优化的首要要求，通识教育课程应当实现人文社会科学与自然科学的内容与意义的交叉、融合和渗透，将其整合为综合化课程，以增强未来幼儿园教师的文化底蕴。其次是课程功能的优化。通识教育课程不是专业培养目标的"旁观者"和"局外人"，通识教育课程与专业教育课程也不是两条永不相交的"平行线"。相反，两类课程应紧密联系、相互支撑并形成合力，共同作用于培养目标的实现。高校在设置学前教师教育课程时要积极关注通识教育课程对于人才培养的价值，充分发挥

每门通识教育课程在人才培养中应有的作用。

2.专业课程：着力培育未来幼儿园教师的专业能力

专业课程是引导未来幼儿园教师掌握专业知识、形成专业能力、涵养专业品质的重要保障，也是学前教师教育区别于其他专业教育的特有品质。教师的专业是实践的专业，无论是教师专业理念的养成，还是专业知识的获得，最终都要落实到教师专业能力的提升上，并通过专业实践活动予以展示。为建构完整合理的知识基础和能力结构，本研究认为高校学前教育专业应以《幼儿园教师专业标准（试行）》为依据，并结合《3—6岁儿童学习与发展指南》的相关要求和建议来选择课程内容。

为充分发挥专业课程功能，着力培养未来幼儿园教师的专业能力，高校在确定学前教育专业课程内容的同时，还需进一步优化专业课程结构，为准教师终身专业发展奠定坚实的智能基础。

首先，明确高校学前教育专业的学科基础，优化学科基础课程结构。学科基础课程直接服务于专业教育课程的学习，旨在为专业教育奠定相应的学科知识基础。从长远来看，学科基础课程最终还是服务于专业人才培养目标的实现，目的是加强专业基础、拓宽专业口径、增强学生的社会适应能力，使他们有能力在相关或相近专业领域中自如流动。我国颁布的《普通高等学校本科专业目录和专业介绍》明确指出，学前教育专业主干学科是教育学和心理学，这就为高校确定学前教育专业学科基础课程提供了重要依据。据此规定，教育学原理、普通心理学、教育心理学、中外教育史、特殊教育学、人体解剖生理学、教育技术学等课程均在学前教育专业学科基础课程范畴之内。当然，要真正奠定未来幼儿园教师宽厚的学科知识基础，就需要对当前高校学前教育专业学科基础课程进行实质结构的优化。然而，优化学科基础课程并非仅仅是一个简单地增加课程门类及比重的问题，它涉及对未来幼儿园教师的知识、能力结构中广度与深度关系的研究。在坚持一定深度的前提下，需

要多大的广度呢？换言之，要奠定未来幼儿园教师深厚的专业基础，学科基础课程应该具有一个什么样的广度呢？有学者指出，"相当的广度是达到一定深度的保障，应将广度与深度结合起来，使广度适当大于所需要的深度"。为此，为增强未来幼儿园教师专业学习的适应能力及社会适应性，高校学前教育专业应加大学科基础课程的比重并进行内部结构的优化。

其次，优化专业课程结构。专业课程是体现学前教育专业特点和人才培养目标的重要媒介，依据我国《教师教育课程标准》《幼儿园教师专业标准》以及《3—6岁儿童学习与发展指南》而设置，主要包括师德教育、儿童学习与发展、专业能力、家园共育以及托幼一体化等学习领域的课程。本研究认为，在"师德为先""能力为重"基本理念的引领下，高校学前教育专业的专业课程应重点关注未来幼儿园教师专业能力的养成，这意味着必须对当前高校学前教育专业的专业课程进行实质性优化，而不仅仅是对课程方案进行"剪刀+浆糊"式的修修补补，也不是简单的课程名称的更改、课程内容的分解与组合。相反，必须重新审视原有人才培养方案中专业课程的体系结构，仔细研读每门专业课程在实现人才培养目标中的作用、地位与边界到底如何，并对它们进行科学的分工与合理的定位，让每门专业课程尽可能发挥其应有的功能。当然，整合现有的专业课程既要做加法也要做减法，删减陈旧、重复的知识，增加学科前沿新知识、新理论以及新技术，实现课程内容的优化整合，"变传统的职业性的专业教育为基础性的专业素养教育"，从而实现宽口径的学前教育专业人才培养目标。

3. 教育实践课程：重视未来幼儿园教师实践性知识的建构

教育实践课程对于教师职前培养来说是极为重要的，其价值追求在于为未来教师提供一个专业发展平台，使他们有机会将课堂中所学的理论知识转化为实际行动，获得对教育实践的感性认识，帮助他们减少对

未来从事教育教学活动的忧虑，并培养教育教学的技巧和智慧，同时也促进理论知识的学习。教育实践课程对教师实践性知识的建构，以及奠定教师终身专业发展的能力基础具有重要价值。

高校学前教育专业应凸显教育实践课程的地位与作用，设计一个多层面、多形式、多目标的实践课程体系。具体如下：其一，系统设计教育实践课程体系。摒弃传统的拼盘式的教育实践课程安排模式，将见习、实习、毕业论文等实践活动综合成一个教育实践课程体系，从课程目标、课程内容、课程实施到课程评价进行全方位的系统设计，通过综合化的实践课程帮助未来幼儿园教师培养专业情感，掌握专业知识并发展专业能力。其二，实现教育实践课程的全程化，让教育实践活动贯穿于大学生活全程。其三，进一步丰富教育实践课程的内容。《教师教育课程标准（试行）》在教育实践与体验课程目标领域明确提出了三大目标，即具有观摩教育实践、参与教育实践和研究教育实践的经历与体验。然而，当前我国高校学前教育专业的教育实践课程更多停留在观摩教育实践层面，如结合相关课程学习而进行的课程见习，为了解幼儿园保教工作活动内容和特点而开展的专业见习等；在参与教育实践层面所开展的活动仅限于大四进行的教育实习活动，而实习活动又主要集中在合作教师指导下的设计教育活动方案、组织幼儿园一日活动等方面，对于《课程标准》所提出的"准教师应参与各种教研活动、与家庭和社区合作，以及参与不同类型幼教机构活动和幼儿教育实践活动"等基本要求，几乎都没有关涉；研究教育实践的经历与体验也只是停留在毕业论文的撰写上，与《课程标准》提出的参与各种类型的科研活动，获得科学研究幼儿的经历与体验的目标尚有一段距离。

学习是一个由简到难、由低级到高级、由外至内的渐进式发展过程。实践性知识的建构也需要经历认知、模仿、体验、内化等一系列过程。根据《教师教育课程标准（试行）》关于教育实践课程的目标要求

与课程设置的相关规定，考虑学习的一般进程，并参考中外教育实践课程发展的历史轨迹，本研究认为，旨在建构未来幼儿园教师实践性知识的教育实践课程应分为渐进式的三段学习过程，即见习活动、演习活动和实习活动。

另外，高等学校在重视正式教育机构提供的实践体验的同时，也要重视非正式教育机构提供的实践体验，这些机构主要包括社区机构、青少年活动中心、儿童福利机构、亲子活动中心、儿童博物馆等任何与儿童教育相关的机构和项目。它们为准幼儿园教师提供了区别于传统的见习、演习和实习活动的实践体验，是教育实践课程内容的重要补充。当然，对于这类非正式教育机构的选择也应当具有一定的标准，例如，美国大学一般选择有利于准教师发展有效教学技能的教育机构，或与满足社区学生发展相关的项目，如哈佛大学的教育实践机构就包括各类公共教育机构、博物馆、与教育相关的企业和非营利性组织等。

（二）避免课程内容的"超载"

课程内容的日益丰富与学习时间有限性之间的矛盾一直是学校课程设置中的一个难题，也是学校课程设置中必须解决的一个问题。试图把所有知识都纳入学校课程范畴是不可能的，也是不应该的。否则，必然会带来课程内容"超载"的问题。关于这个问题，联合国教科文组织曾提供了一条可行的解决措施，"为了避免使课程超载，解决的办法不是在现行内容中增加新的因素，而应考虑有关学科的补充性和计划中的教育目的，把所有因素有机地整合成一个新的复合体"。所以，解决课程"超载"的问题，一方面要精选那些有利于培养卓越幼儿园教师的有重要价值的课程内容，将学科前沿知识和最新教育研究与改革成果充实到教学内容中去；另一方面应在课程组织模式和实施上有所作为，例如采取模块化方式组织课程，适当减少必修课程数量，有效提高教师教学的有效性等。

三、学前教师教育课程比例关系的确立

在明确了学前教师教育课程目标，选择了学前教师教育课程内容后还需考虑一些具体的问题，即不同课程之间的比例关系。如，通识教育课程占整个学前教师教育课程计划的比例为多少？专业理论课程与专业技能课程之间的关系如何？教育实践课程的学时（学分）如何分配？必修课与选修课之间的比例关系如何？只有进一步明确了这些问题，才能设计出既体现学前教育专业特性，又能有效促进未来幼儿园教师专业素质全面发展的教师教育课程结构。

选择课程内容并确定各部分组织形式及比例关系的过程就是建构课程结构的过程。作为课程的核心要素，课程结构是教育思想、教育理念付诸实现的桥梁，课程结构是否合理直接关系到培养目标是否得以实现。随着知识总量的不断增长以及知识广度、深度的日益拓展，学前教师教育原有的单一课程结构被逐渐打破，取而代之的是适应《幼儿园教师专业标准（试行）》和《教师教育课程标准（试行）》的高校学前教师教育课程结构。

（一）通识教育课程占学前教师教育课程的比例

近年来，随着《教师教育课程标准（试行）》的颁布实施，各级各类高校不断提高教师教育课程的比重，而通识教育课程的比例变化不大。前文统计显示，我国本科学前教师教育课程结构中通识教育课程学分占总学分的平均比值约为32.4%，与世界发达国家水平还有一定的距离。从学前教育专业特性来说，通识教育课程的地位尤为重要，一方面，学前教育实行不分科教学，一名幼儿园教师要承担健康、语言、社会、科学以及艺术五大领域的教育教学活动；另一方面，幼儿对世界充满了好奇心，他们的学习与发展往往涉及天文、地理、生物、物理、文学、艺术等各个领域，这些都要求幼儿园教师具有广博的知识结构。借

鉴世界发达国家先进经验，综合考虑学前教育专业特性及我国高校学前教师教育课程设置现状，本研究建议提高高校学前教师教育课程计划中通识教育课程的比例，建议将其学分（学时）增加至总学分（学时）的35%或以上，以丰富未来幼儿园教师的知识结构。

（一）专业理论课程与专业技能课程之间的比例关系

对于高校学前教育专业而言，在整个学前教师教育计划中，尤其是在专业课程计划中，专业理论课程应占多少比例？专业技能课程又该占多少比例？这是学前教师教育工作者尤其是实践工作者非常关注的问题。我们在参加有关学前教师教育学术会议，以及与一线学前教师教育工作者接触过程中，也时常听到大家对这个问题的思考与讨论。在一定意义上可以说，这既是一个备受关注的话题，也是个颇有争议的话题。

要探讨学前教育专业理论课程与专业技能课程的比例关系，首先必须厘清两者的边界。对于学前教育专业而言，专业理论课程特指学科基础课程、儿童学习与发展课程、学前教育理论研究课程以及教师专业发展课程，具体包括教育学原理、普通心理学、教育心理学、学前教育学、儿童发展心理学、学前卫生学等。专业技能课程则包括各领域教学法课程、艺术课程以及其他专业技能课，如幼儿园五大领域教学法、幼儿园环境创设、幼儿园玩教具设计与制作、琴法、舞蹈、美术等。在高校学前教育专业课程设置过程中，对于应当如何组织专业理论课程与专业技能课程的问题，不同性质的高校有不同的做法。部属师范大学学前教育专业的课程设置呈现出专业理论课程（尤其是学科基础课程和学前教育理论研究课程）所占比重较大、专业技能课程开设偏少的态势，具体表现为：专业理论课程课时占专业课总课时的1/3以上，各领域教学法课程仅占专业课课时总量的1/5左右，艺术课程尤其是艺术技能课程比例较低。有些高校顺应幼儿园等用人单位的需要，开设大量专业技能课程以强化训练学生的专业技能，特别是五大领域教学技能和艺术技能的训

练，这在职业技术类院校中表现尤为明显；还有些高校强调旨在提高学生观察幼儿、研究幼儿等专业能力的相关课程的开设，这种现象更多发生在普通本科院校的学前教育专业。

学前教育专业相对于其他教育专业而言具有其自身独特性。既要培养未来幼儿园教师的教育教学技能又要培养其保育技能，因此，专业技能课程在整个学前教师教育课程结构中的地位尤为重要。尽管如此，想要明确专业理论课程与专业技能课程之间的比例关系仍很困难，但这并不意味着不可作为。本研究认为，高校学前教育专业在设置专业理论与专业技能课程时必须注意以下几点。

首先，正确理解学前教育专业技能的内涵。什么是专业技能?学前教育专业的学生应当具有哪些专业技能？就专业课程而言，到底哪些课程被证明是对未来幼儿园教师专业技能养成不可或缺的？

这些问题是高校在设置学前教师教育课程前必须澄清的事实。如果这些问题不能得到有效解决的话，高校对学前教师教育课程的改革很可能陷入"当不知道要做什么时，只能做更多知道的事情"的窘境。事实上，关于合格幼儿园教师专业技能的内涵在《幼儿园教师专业标准（试行）》中已有清晰明确的解读，即应当具有环境的创设与利用、一日生活的组织与保育、游戏活动的支持与引导、教育活动的计划与实施、激励与评价以及沟通与合作的能力。可以说，这是一种开放的、整体的、全面的专业能力观，它不仅观照了幼儿园教师当下的专业发展，也重视幼儿园教师未来的专业发展。然而，当前很多用人单位甚至高校自身对幼儿园教师专业技能的认识存在偏差，将专业技能狭隘地理解为教育教学技能，甚至是艺术技能，忽视教师观察、分析以及评价幼儿的能力、创设良好师幼关系的能力、实施科学保教的能力、引导幼儿在游戏中获得发展的能力，等等。这不仅会导致未来幼儿园教师的片面发展，甚至可能会导致学前教师教育的"去专业化"和"反专业化"。

其次，根据培养目标合理设置专业理论课程和专业技能课程。不同高校的办学历史、办学传统以及办学条件都不尽相同，其学前教育专业的培养目标也各不相同。这就意味着高校必须根据自身的培养目标科学设置课程结构，合理分配各课程模块之间的比例关系，确保各种类型课程间的功能统整、相互配合、相得益彰。设计一个适合所有高校学前教育专业的专业技能课程与专业理论课程的比例关系，这是不可能的，也是不应该的。不同的培养目标与培养规格意味着不同比例的专业课程结构，例如，对于培养研究型幼儿园教师的高校而言，就可以适当增加专业理论课程的比例；对于以培养技能型幼儿园教师为主的职业技术学院和幼儿师范高等专科学校来说，可以适当增加专业技能课程的比重；以培养专科型幼儿园教师为主的高校，则相对更为重视艺术课程的开设。

最后，明确艺术课程的目的。科学研究和实践经验已充分证明艺术教育对塑造学前儿童健全人格的积极影响，因此，作为"通才"培养的未来幼儿园教师应当具备相应的艺术素养和艺术教育技能，这是毋庸置疑的。重要的是，幼儿园教育教学活动的特殊性决定了幼儿园教师需要一定的艺术素养，以增强其特别需要的教学手段的表现力和感染力。《教师教育课程标准（试行）》在幼儿园职前教师教育课程设置中建议，学前教师教育机构应开设一定数量音乐技能、舞蹈技能、美术技能的课程模块，这是有别于中、小学职前教师教育课程的独特之处，也是学前教育专业特性的主要表现之一。那么，幼儿园教师的艺术素养应达到何种水平程度？对于这个问题，《幼儿园教师专业标准（试行）》第34条给予了明确的解答，即幼儿园教师应具有相应的艺术欣赏与表现知识，具体来说，幼儿园教师应具有相应的音乐欣赏与表现的知识、舞蹈欣赏与表现的知识、美术欣赏与表现的知识。进一步分析我们可以看出，《专业标准》对幼儿园教师艺术素养的要求仅停留于在知识层面，而不是技能层面，更不是高水平的艺术技巧、艺术表演以及艺术竞赛。

以幼儿园音乐教育活动为例，教师只需具有一定的乐理、音乐欣赏和表现知识以及音乐教育技能就足以有效开展教学活动了，而并不需要幼儿园教师的演唱水平达到专业级别，因为教师自己会唱歌并不意味着他就能有效开展音乐教育活动，反之，教师自己不是唱歌的行家里手，也不意味着他就不能开展音乐教育活动。因此，音乐技能不等于音乐教育技能，艺术技能也不等于艺术教育技能。

（三）教育实践课程占学前教师教育课程的比例

自20世纪80年代以来，我国教师教育体制及相关改革都高度重视实践环节对教师专业成长的重要价值。教育部颁布的《关于进一步深化本科教学改革全面提高教学质量的若干意见》明确指出，人文社会科学类专业的实践教学活动学分应不低于总学分的15%。教育部印发的《关于全面提高高等教育质量的若干意见》再次强调高校要强化实践育人环节。当前，实践取向不仅是我国教师教育课程改革的价值追求，也是世界教师教育课程改革的共同趋势。如，全美幼儿教育协会在儿童早期教育专业人员水平标准中要求，获得早期教育学士学位的必备条件之一就包括具有300小时地受到监控指导的教学实践，对象包括小学生、婴儿、蹒跚学步的儿童以及3—5岁儿童中的任意两类。德国要求师范生必须进行为期两年的教育实践体验。英国要求全日制教育学士学位课程中"学校体验"时间不少于30周。西方国家对教育实践课程的重视程度可见一斑。

综合考虑幼儿园教师专业特性、相关政策法规以及国际上的通行做法，本书建议我国高校学前教育专业列入教学计划的教育实践课程累计学分（学时）应不少于总学分（学时）的20%。这不仅凸显了学前教师教育课程的实践特质，也有利于未来幼儿园教师实践性知识的建构。教育活动是一种实践性很强的活动，教师是教育实践的主体，高校学前教育专业培养的是未来学前教育的实践者。正因为如此，高校在设计学前教师教育课程体系时不仅要关注理论知识的传授，更要关注准教师实践

性知识的建构，帮助未来幼儿园教师在实践中学会为师、学会育人。客观地讲，从一名学前教育专业学生发展成为一名合格的幼儿园教师，需要经历一个艰苦而复杂的学习过程，这种学习是在广泛整合的学科领域上逐渐发展复杂的教育判断力和技能的过程。对于未来的幼儿园教师而言，任何一项专业素养的获得都要靠实践体验而非机械性的背诵学习，更不是坐在教室里静听就可以成就的。我国学前教师教育课程必须进行彻底的改革，在课程目标上重视学生实践性知识的获取，在课程内容上关注学生的实践体验与感悟，彻底摆脱静听式的课程实施模式，让所有的教育教学活动都建立在学生已有经验基础之上，采取多种形式、多种途径引导学生参与真实的保教实践，进而实现专业素质的全面发展。

（四）必修课与选修课之间的比例关系

根据修读方式不同，可以将高等学校课程分为必修课程和选修课程。必修课程对学生发展的作用是不言而喻的，重在培养学生从事某一专业工作所必需的基础知识和基本能力。选修课程旨在满足学生多方面的学习兴趣和学习需要，有利于进一步扩大学生的知识视野，实现学生多元化、个性化的发展需求。早在19世纪90年代，哈佛大学的校长埃利奥特就提出了学校应当赋予学生自由选择课程的观点，他认为理想的教育应该是能够自由选择的教育，也只有自由选择的教育才是发掘和发展自己才能的唯一方法。不过，到底多少学科是可以自由选择的，多少学科是需要共同学习的？尽管这一问题在19世纪比以往任何时候都更加迫切需要予以解答，但这个问题直到今天也没有确切的答案。对于高等学校课程设置而言，无论是国家出台的教育法律法规，还是教育行政主管部门颁布实施的政策文件，都没有明确规定必修课程应占多少比例、选修课程应占多少比例。尽管如此，当今世界各国在大学课程结构改革中的一些普遍做法和经验，仍可以为我们设置高校学前教师教育课程提供有益的启示。

首先，高等学校对于选修课程的确定必须具有一定的标准，即所确定的课程既要有社会价值，又要有个人价值；既要关注个体当前的需要，又要关注其未来的发展价值。美国科学家所提出的确定选修课的标准就包括："（1）实用；（2）社会责任；（3）知识的内在价值；（4）哲学价值；（5）丰富生活；（6）既非全新，又非一成不变。"

其次，增大选修课程在整个课程体系中的比重，这也是欧美发达国家大学课程改革的普遍趋势。例如，在课程传统甚为严格的法国，大学本科阶段的选修课（包括指定选修课和自由选修课）已占总课程量的40%—60%；美国高校学前教育专业课程包括必修课程和选修课程，但选修课程尤其是开放性选修课程学分所占比重较高，学生基本上可以根据自己的兴趣、爱好自由选择课程，因此，学习的热情也较高。与欧美等发达国家相比较而言，我国高校学前教师教育课程结构中选修课的比例还很低，本研究前述所调查的15所样本高校中，选修课比例最高的为39.38%，比例最低的仅为9%，多数高校学前教育专业选修课学分占总学分的比例为20%左右。因此，我国高校学前教育专业可以适当借鉴他国的先进经验与做法，增加选修课比重，以提高学生的专业素养和社会适应能力。从学生的视角看，只有自己选择的课程，学生才会爱上这门课程，才会对自己的课程负责任。

再次，建立开放性选课体系。目前，我国高校在通识教育选修课上已经实现了面向全校学生的开放性选课体系，即采取课程认同而不是班级认同的方式组织教学，在一门课堂上可以有不同学科背景、专业背景和年级的学生共同学习、探讨。但是，专业选修课程的选课体系相对还比较封闭，基本上是以班级为单位进行安排的，"这无疑在一定程度上局限了学生的人际视野，也减少了学生思维得到多元刺激的机会"。为此，本书建议在专业选修课中也可建立开放性的选课体系，以丰富学生的课程生活，让学生在充满张力、湍流的课程学习中丰富专业知识，增长专业能力。

最后，重视选修课程的开设质量。高校既要重视选修课程的开设数量也要关注开设质量，开设多少门课程、开设哪些课程需要经过科学论证和实证调研，防止出现"因人设课"的现象。同时，课程如何开设也要经过科学的论证，不能由教师随性而定。选修课程应当成为提升学生综合素质的重要手段，而不是学生"混学分"的捷径。

第三节 学前教师教育课程的组织与安排

一、组织学前教师教育课程的基本原则

本研究认为学前教师教育课程的组织与安排应该遵循以下几个方面的原则。

（一）顺序性原则

课程组织的顺序性主要体现在两个方面。其一，课程组织应建立在内容的逻辑性基础上，即学生先期所学的知识是其学习后继课程知识的前提基础和必备条件。其二，课程组织在关注课程内容的独立结构或逻辑的同时，必须考虑学习者的身心发展规律、学习的特点及方式等，必须赋予学校课程心理性指标。对课程工作者而言，无论是课程目标的确定、课程内容的选择与组织，还是课程的实施以及评价等，都必须牢牢把握学生的身心发展规律与特征、学习兴趣与需要以及学习方式等心理性指标，"必须了解学生对课程内容的理解情况，不了解学生对课程内容是如何组织的，传递这些内容就很可能会徒劳无功"。当然，不尊重学生学习与发展的顺序性必然会导致不愉快的课程，同时也会在后继课程的学习上造成一系列的问题。

（一）关联性原则

关联性通常指课程内容的横向关联和纵向关联。纵向关联描述的是先期开设的课程应为学生学习后继课程奠定基础。就学前教师教育而言，"普通心理学"是"儿童发展心理学"的先行课程，"教育学原理"则是"学前教育学"的先行课程，这两者之间就具有纵向关联性。

横向关联是指同时出现的两种或多种要素之间的联系，针对学前教师教育计划而言，课程的横向关联是指把一部分课程内容与那些类似的内容或有逻辑性或教育联系的内容综合起来。例如，当学前教师教育课程设计者设法将同时开设的两门课联系起来时，他们就运用了课程的横向关联。

对于学前教师教育课程设置而言，关联性意味着课程体系内的各门课程之间应相互联系、互相支持，形成一个课程整体。除此之外，关联性也意味着实施学前教师教育所涉及的各机构、各部门之间的联系，如高校和幼儿园、地方政府、社会专业组织等之间的联系。正如课程社会学家麦克·扬对"未来课程"核心原则的描述："它所强调的是知识联系的新形式。它们涉及不同科目和学科之间的联系，以及科目知识和非科目知识之间的联系；它们还关系到理论的理解与应用之间的新关系；当然，它们也涉及学校学习与非学校学习之间的新联系。"但"联系"并不意味着特定的课程模式，而是怎样使得学校课程目标体现在它所有的活动中，并使得这些活动共同指向每个学习者的目标。简言之，这种关联性是一种广义上的关联，不仅包括各门课程与整个教育计划的关联、课程与课程之间的关联，也包括课程与学习者之间、课程与社会机构乃至更广大社会发展之间的联系等。

（三）融合性原则

随着教师教育体制由封闭走向开放，世界各国教师教育课程范式也发生了相应的转变，并在此过程中表现出一些共同的特征，课程的融合化就是主要特征之一。同时，高度分化的学科发展导致不同学科专业之间的边界变得日益模糊，这样必然要求高等学校的课程改革顺应这一发展趋势。因此，学前教师教育课程设置应倡导学科的多维融合，重视不同知识间的相互渗透。

首先是理论知识和实践知识的融合。当前，教师教育课程中理论知识和实践体验的两张皮现象已然成为一个普遍性的世界问题。在我国，

学前教育专业人才培养的理论与实践

即使在《教师教育课程标准（试行）》颁布实施带来了教育实践课程比例大幅增加的今天，这种现象依然存在。造成这种现象的原因有很多，主要原因之一就是授课教师缺乏学前教育现场的感性认识，对当前学前教育的真实现状了解不够。即使偶尔在教育教学活动中运用了案例教学，那也是教学案例的多手"贩卖者"，教师本身对案例并没有亲身感知和体悟，这使得未来幼儿园教师走上工作岗位后，经常面临专业理论知识与工作实践严重脱节的困惑、苦闷和彷徨，严重者甚至会离开这个行业。面对这一现实问题，高校学前教育专业应借鉴西方国家的先进经验，尝试建立"说的少一些，做的多一些"的课程体系，适当地削薄学前教师教育课程中的理论知识，而追求学校真实场景中的经验和叙述即教育实践知识。不仅在学前教师教育课程设置中实现理论知识和实践知识的融合，也追求教育教学活动过程中的理论与实践的结合，从而实现理论与实践的全方位融合。

其次是学科知识间的融合。学科之间的知识融合既包括学科专业知识内部的融合，也包括学科知识与相邻相近学科知识之间的融合，唯有如此方能建立合理的课程体系。现代教师教育强调培养"厚基础、宽口径、强能力"的新型教师，对于幼儿园教师而言只有具备宽广的知识结构，才能胜任托幼机构的保教工作，这是学前教育专业特性所决定的。幼儿园教师广博知识结构的建构需要融合的学前教师教育课程予以支撑，但是，"广"和"博"不是知识的"杂、散、乱"的堆积。当前，学前教师教育课程的重要任务之一就是实行不同科际的整合，形成综合化的知识结构，培养未来幼儿园教师洞察、选择、整合以及迁移的能力。

最后是专业知识内部的整合。专业课程内部的知识融合包含两个层面，一是要加强专业理论课程之间的整合，如教育学、心理学、学前心理学、学前教育学、学前卫生学以及幼儿游戏论等课程之间的渗透与整合，避免课程内容之间的重复、雷同；二是要加强专业理论课程与教育实践课程的整合，以激活专业理论知识在实践领域的活力，引领未来幼儿园教师在实践中学会运用并提升已有的理论知识。

（四）实践性原则

教师的专业是实践性很强的专业，需要实践性知识的支持。过去，人们普遍认为采取"学科知识+教育理论知识+教育实习"的模式就可以培养出"好"教师。实际情况并非如此。在教师的专业实践中，真正支配教师教育教学行为的是教师实践性知识，即兼具整体性、综合性和情境性的知识。近年来，越来越多的研究者认识到了教师实践性知识在提升教师专业化水平及改善教师教育方面的重要作用，并将实践性知识视为教师专业发展的知识基础。

需要特别强调的是，对教师实践性知识的强调并不意味着排斥理论知识的重要性。相反，理论知识是实践性知识生发的基础和源泉，实践性知识影响着理论知识的学习和运用，两者密不可分，相互补充，互相影响，共同构成教师专业发展不可或缺的充要条件，而教师专业发展的最终目的是实现教师"育人实践"能力的提升。这就意味着教师教育课程设置必须体现实践性原则，帮助教师建构实践性知识。

学前教师教育课程的组织与安排要强化教育实践课程的地位，密切理论学习与实践体验的关系。教育实践课程对提高教师教育质量具有极其重要的作用，只有那些经过高质量教育实践课程洗礼的师范生，才有可能"在皮亚杰的发展理论与星期一教什么之间，或者是维果斯基的最近发展区理论与分组教学活动之间建立联系"。而高质量的教师教育也意味着"未来的教师应该与有经验的教师以及在其各自学科领域中工作的研究人员进行接触"。当然，加强教育实践课程并非意味着教育实践时间的单纯延长，更重要的是要加强对教育实践的支持、指导与评价，要及时总结教育实践中的经验与教训，也要善于发现、研究教育实践中的现象与问题。对于学前职前教师教育而言，教育实践课程应该是内容

多样的系列设计，并贯穿于入学到毕业的全过程，同时，要避免学前教师教育课程设置中"无视实践"或"盲目实践"现象的发生。

二、学前教师教育课程的组织模式

课程组织模块化是当前国际教师教育课程改革的主要趋势之一。所谓的课程组织模块化是指"按照系统构想和编制原则，把同一性质或类型的前后联系的若干门课程串在一起，以形成一个相对完整的知识块的课程结构方式"。根据专业培养目标，每一课程方案都包含几个大的课程模块，每一课程模块则由若干门课程组成的若干学习单元所组成，每个课程模块、每个学习单元在人才培养目标中都具有独特的价值和作用，彼此密切联系、相互支持，而又无法替代。模块化课程具有如下特点：一是开放性，所谓开放性是指在保持整体课程方案相对稳定的前提下，便于删减陈旧的、不合时宜的课程内容，并及时将新理论、新知识和新技术充实到原有的课程模块，或增加新的课程模块。二是灵活性，模块化的课程因其内容短小，更便于灵活组合和运用不同的教学方式方法。模块化课程组织模式便于学前教师教育机构及教师教育者根据社会需要、学科发展、学生以及课程实施情况灵活地调整更新教学内容，从而使课程结构不被封闭的学科体系所局限。

在具体实施过程中，每一课程模块下的若干门课程应采取"以问题为中心"的课程组织方式。长期以来，我国教师教育课程采取的是分科组织模式，这使得各门教师教育课程只关注自身知识体系的完整性，对课程与课程之间的联系避而不谈，对真实的教育现象和教育问题视而不见，最终结果必然是教育理论课程的"假""大""空"以及教育实践课程的"茫然不知所措"，以及教育理论研究者和教育实践者的分道扬镳。而"以问题为中心"的课程组织模式则较好地克服了上述缺陷，它以教育者和受教育者合作认定的问题或主题为中心，将过去各自为政的几门学科有机结合起来形成一个课程组织。"与分科课程相比，以问题为中心的课程组织方式不仅更为强调学科之间的关联性、统一性和内在联系"，密切了教育理论与教育实践之间的联系，也更适合作为成年人的未来幼儿园教师以"问题为中心"的学习特点。

三、学前教师教育课程的顺序安排

在确定了学前教师教育课程的内容之后，学前教师教育课程顺序的选择成为我们需要解决的问题。泰勒在讨论如何组织安排学习经验时明确指出，课程设计者要系统化地组织学习经验，只有这样才能使教育经验的积累效应最大化。他认为，在组织学习经验的过程中，"应将观念、概念、价值和技能等各因素如同编织毛衣一样编织到课程框架中去"。系统化组织的学前教师教育课程要求课程设计者在选择课程顺序时应遵循以下几个基本原则。首先，要尊重学生学习与发展的一般规律，将学前教育知识的系统性与学生的学习规律有机结合起来。其次，要强调学前教育的基本理论、基础知识和基本技能之间的逻辑联系，把握不同知识点之间的内在联系，对不同深度、不同广度的基本知识要保持逻辑上的层层递进，思维上的循序渐进，以便学生从整体上系统把握知识结构。

第四节 有关学前教师教育课程设置中的几对基本矛盾

除了以上讨论的学前教师教育课程设置的基本过程外，高校学前教育专业在设置课程中还会面临一些既对立又统一的矛盾，只有处理好这几对关系，才能设置出既体现专业特性又具有个性化特征的课程方案。

一、适应与超越的矛盾

教育与社会的政治、经济、文化等存在着一种肯定的关系，教育要培养出适应经济社会发展需要的人。这是教育理论工作者和实践工作者长期公认的正确命题，"是被广为论证的教育基本规律之一，并被人们看成是从事教育工作的一个根本出发点"。对于现代大学而言，教育要与社会现实相适应的这一特征似乎显得尤为明显。事实上，自从大学从社会的边缘走向了社会的中心，并在20世纪将其社会功能由人才培养、科学研究拓展至服务社会后，高等学校已不可能摆脱社会对它的影响。不仅如此，随着高等学校自身和社会的不断发展，社会发展与高等学校之间的关系也日渐密切。高等学校不可推卸地肩负着为社会发展培养所需人才的历史责任，同样，高校学前教育专业也担负着为社会培养高素质幼儿园教师的历史重任。教师教育作为教育之"工作母机"，高校学前教师教育质量的高低，直接影响着学生综合素质的发展，制约着人才培养目标的实现，关系到未来幼儿园教师队伍的质量。课程作为学校实现培养目标的重要媒介，其设置的科学合理与否直接关系到教育目标的实现。因此，在当前的学前教师教育课程设置中，我们必须充分考虑社会发展需要对课程的深刻影响。

可以肯定的是，教育必须培养适应社会发展需要的人，但教育不能仅仅满足于对社会的适应，否则，还要教育干什么呢？如果人类生存的意义仅在于适应社会现实，而不是改变甚至是超越社会现实的话，那他永远不比一般的生物进步。重要的是，教育是为未来社会培养人的实践活动，是指向未来的，所以，从教育的本体属性来讲，构成教育的任何要素都具有既来源于现实又超越现实的属性，课程也不例外。在21世纪，适应社会需要以求其发展仅仅是现代大学存在的浅层含义，现代大学的真正使命在于通过引导社会来使其更好地发展。具体到高校学前教育专业的课程设置中就是，既要有适应性也要有超越性，一方面要考虑经济社会发展的需要，所设的课程应具有一定的社会适应性；另一方面，学前教师教育课程设置也不能弱化甚至是忘却教育的自主性和超越性，放弃教育对社会的改造和引领功能。相反，高校学前教师教育课程应具有一定的超越性，引领社会需要回归理性道路。如果高校学前教育专业放弃自身应有的社会功能和价值追求，一味以社会的需求、市场的喜好为指挥棒，俯首帖耳听从"市场的指令"，那不仅是学前教师教育的"变节"，更是教育的堕落、文明的悲哀。

二、继承与创新的矛盾

继承与创新之间是辩证统一的关系。具体来说，继承是基础，没有继承，"课程变革就成了无本之木，无根之水"，事实上，继承在本质上是一种学习，确切地说"是一种选择性的学习，选择的主要标准就是是否有利于进一步的创新"；创新是结果，没有创新，课程体系将会是一潭死水，最终演化成一堆僵化的教条，落后于社会、时代发展的步

伐。所以，继承应当是辩证的否定，是扬弃，既不是一味地墨守成规，也不是全盘否定，而是根据时代发展的需要对那些历经历史考验而积淀下来的优秀课程思想、课程内容以及价值取向的扬弃。

当前我国社会正处于急剧变革的时代，新旧事物并存，学前教师教育课程的发展状况也同样如此。关于我国当前的学前教师教育课程，人们存在着两种不同的看法：一种认为当前我国高校学前教师教育课程过于陈旧，几十年来基本未变，已经落后于社会发展的需要，因而要彻底地革新；另一种观点则认为，我国当前高校学前教师教育课程是广泛吸收借鉴古今中外经验、历经历史考验而形成的，是具有科学性的，应基本保留。其实，学前教师教育课程的继承与创新是相辅相成、互相联系的。继承是创新的基础和前提，创新是继承的目的和归宿。

当然，只有创新，学前教师教育课程才具有时代感和生命力。当前，我国正处于社会转型中，整个社会的经济结构、文化形态、价值观念等都在发生深刻的变化，这也意味着我国学前教师教育课程面临着诸多挑战。首先，政治的民主化、法制化和规范化要求对未来幼儿园教师进行现代人格的教育，尤其是社会主义核心价值观的教育，要求未来幼儿园教师具有先进的专业理念和高尚的师德。其次，信息化、学习化社会的到来，要求未来幼儿园教师不仅具备开展保教工作的知识和能力，更要具备终身学习的意识和能力、一定的专业反思和自我发展能力。再次，面对一个多元文化的时代，幼儿园教师应具备对不同儿童开展保育与教育的知识和能力，包括具备一定的特殊教育的知识和能力。最后，儿童研究事业的蓬勃发展需要把学科前沿知识、新理论和新技术传授给未来的幼儿园教师，需要他们具备多学科、多领域的知识结构。而迎接挑战就需要改进，需要创新。创新就意味着在继承的基础上改进现有的学前教师教育课程，如删除部分落后的、不符合时代需要的内容，增加一些具有时代气息的新内容；调整课程结构的比例关系，设立新的内容侧重点等。当然，关于相关课程内容的删减需要科学的审查与评估，以确保创新的科学性，这也将是未来学前教师教育课程研究的课题之一。

三、共性与个性的矛盾

就学前教师教育课程设置而言，规范是指要符合《教师教育课程标准（试行）》中关于幼儿园职前教师教育课程目标与课程设置的相关要求，体现幼儿园教师职前培养课程设置的共性要求；开放是指在符合标准要求的基础上，要有自主开发的体现地域特色、学校特色的课程，实现课程的包容性，使课程结构处于动态发展的状态之中。虽然《教师教育课程标准（试行）》为教师教育机构设置课程提供了重要的参考依据，但这并不意味着所有的幼儿园教师培养机构都应设计千篇一律、千校一面的课程方案，相反，要求教师教育机构在标准的规范发展和学校的自主创新之间实现适度的均衡，换言之，即如何实现教师教育机构共性课程和个性课程之间的平衡，这也是课程编制的选择性问题。对于学前教师教育课程设置而言，在遵循《教师教育课程标准（试行）》基本理念和基本要求的前提下，各高校学前教育专业应从自身实际情况出发，寻找体现自身特色的课程设置突破口和生长点，实现学前教师教育课程在规范有序前提下的多元化、个性化发展。

第五章

学前教育者职业素质培养

第一节 幼儿教师的职业认同培养

针对影响幼儿教师职业认同的各种因素，可以从以下几个层面着手促进幼儿教师的职业认同。

一、宏观层面

（一）切实提高幼儿教师的经济收入

在市场经济体制下，衡量一个人的社会地位的重要指标之一是个人收入，而个人收入取决于个人所从事的职业。在众多行业中，幼儿教育行业的重要性在普通大众的心目中要远远弱于其他行业，这使幼儿教育行业在整个行业系统的经济分配中缺少话语权。幼儿教师普遍较低的经济收入严重影响了他们的职业认同，进而影响了他们的总体幸福感。把学前教育纳入义务教育体系，由国家财政保障幼儿教师的经济地位，可能是切实提高幼儿教师社会地位的根本途径之一。

（二）提高幼儿教师的社会声望

社会声望是指一个人从别人那里获得的良好评价与社会承认。它在社会中以多种形式出现，如公众的接受与名誉、尊重与钦佩、荣誉与敬意等。要提高幼儿教师的社会声望，首先必须提高幼儿教师队伍的专业化水平。顾明远曾指出：社会职业有一条铁的规律，即只有专业化才有社会声望，才能受到社会的尊重。要改变社会对幼儿教育行业固有的看法，最为根本的一点就是提高幼儿教师的专业化水平。

同时，教育职能部门应严格把好幼儿教育行业入门关，提高从事幼

儿教育这一工作的门槛。门槛的高低是决定社会声望的重要指标之一。目前，《幼儿园教师专业标准（试行）》已经颁布，这将会对幼儿教师的专业化及社会声望的提高具有很大的促进作用。

二、幼儿园层面

（一）引导新教师形成正确的职业观

　　幼儿园可以通过学术报告、讲座、小论坛等形式开展相关宣传和教育，使新教师从认知层面上明确幼儿教师职业的性质和劳动特点，从而形成正确的职业观。通过宣传和教育，让新教师懂得一种职业是否是一种专业，必须符合八项条件，即社会必要性、利他、自主性、伦理规范、与服务对象间保持距离、行为的标准、长期的训练和特殊的知识，从而明确幼儿教育这一职业对从业者的特定的规定和要求，懂得幼儿教师的教育对象是幼儿，幼儿是一个个具有独立人格的活动主体，这个对象群体有着独特的发展规律，并非所有人都能胜任幼儿教育工作。以此增强新教师的专业自豪感，让他们主动以专业标准来要求和规范自己的意识和行为。

（二）帮助新教师从实践层面上尽快适应

　　新教师往往缺乏教育教学经验，当遇到实际的教育情境与理想状况不一致时，很容易产生挫折感，影响他们职业认同的建立。所以，幼儿园要安排优秀幼儿教师与新教师结对，与新教师进行广泛的互动与交流、共同讨论和设计教学方案；组织新教师实地观察优秀幼儿教师的教育教学情况；优秀幼儿教师对新教师在工作中遇到的具体问题给予指导；让新教师做优秀教师的助手；等等。这样不仅可以加深新教师对教育教学知识的理解，加快其对教学技能的掌握，而且可让新教师耳濡目染、亲身体验优秀教师的人格魅力、高尚的职业道德、高超的教育智

慧，并分享他们的职业幸福感，使新教师从中得到精神上的激励，获得对职业文化的理解。

此外，幼儿园还要有意识地逐步帮助新教师进行职业生涯规划，通过平等的园所文化帮助新教师很快融入新集体，并通过开展一些园内活动使他们感受到幼儿教师职业的趣味性。

三、幼儿教师层面

社会、幼儿园等对幼儿教师职业认同都是外在的影响因素，更为重要的是幼儿教师个人自身行为的调整。

（一）通过反思，分析原因，采取积极有效的措施

不同个体的职业认同不同，其引起的原因也不同。因而，有针对性地反思，才能有针对性地进行调整。

有些教师由于自己在技能技巧、教学水平上存在不足，在教学的过程中无法获得职业效能感，没有得到幼儿、同事、家长的赞同而感到沮丧，动摇了其工作的决心。那么，就需要个体的自我努力，通过寻求人际支持，从同事与园长处获得指点；通过专业的继续进修，从专业学习中汲取更多的养分；通过反复的观摩、练习、反思，在经验中获得成长。尽可能通过多种途径帮助自己获得更多的学习和成长的机会，获得人际支持和认同，继而提高职业效能感，形成对职业真正的爱和投入。还有的幼儿教师或处于职业发展的高原期，或由于年龄太大，或由于家庭压力太大，等等，降低了职业认同感，这时通过及时的自我反思，找到根源，采取有效的措施，同样能够提高个体的职业认同。

（二）强化正向的情绪体验，保持乐观向上和享受教学的工作心态

在日常教育教学工作中，拥有一种乐观向上和享受教学的心态，对幼儿教师职业认同有良好的促进作用。可从以下几个方面促进幼儿教

师建立并体验正向的职业情感。首先，学会对自己从事的平凡工作充满热爱之情，开展"快乐的一天"活动，怀着希望进园，带着乐趣工作。其次，构建心灵与心灵接纳、情感与情感交融的教学氛围，使课堂充满活力，努力让每一个幼儿都能感受到自主的尊严、自我存在的价值和共同生活的愉悦，由此可以在付出与给予中获得满足。再次，学会享受教学，把幼儿的成长和他们的真情回报当成最大的幸福。最后，培养积极向上的生活信念、乐观开朗的生活态度、科学健康的生活方式和高雅的生活情趣。

（三）准确定位，合理规划职业目标

幼儿教师需要对自我进行反思和分析，客观地认识自己的优势和劣势。有的幼儿教师在艺术方面有一技之长，有的幼儿教师在逻辑思维方面具有优势，有的幼儿教师的形象思维发展得比较好，等等。幼儿教师可根据自己的实际情况确立自己的发展类型，然后在自己职业发展的现实基础上根据自己的现实起点、潜力、主客观条件和可获得的资源支持，做好职业发展的定位，为自己设立近期、中期和长期发展目标。职业发展目标确定以后，再制订相应的学习和行动计划，最后按照一定的时序采取相应措施，直至实现目标。

（四）提高对幼儿教师职业的认识，以审美的态度对待工作

在幼儿教育过程中，不仅幼儿获得成长，教师自身也获得一定的发展。这种发展不仅意味着教育能力的增长，还意味着个人整体的成长。幼儿教师能够认识到幼儿教师职业带给自己的成长动力和幸福体验，其职业认同自然会提升。

对幼儿教师职业的正确认识，包括对职业性质和价值的认识。幼儿教师要认识到，幼儿教师不是"保姆"，更不是"阿姨"，而是孩子接受正规教育的施教者，健康成长的引路人。此外，幼儿教师要将职业工作本身视为目的，而不是达成其他目的的手段；把职业工作看作一种生

活方式，职业工作与生活不可分，是生命的重要内容。这样，职业工作才是享受，而不是枷锁或鸡肋。把幼儿教师职业工作看作负担，将之视为谋生的手段，体验到的只能是痛苦。

四、幼儿教师不同发展阶段层面

针对处于不同职业生涯阶段的幼儿教师，可以采取以下措施促进幼儿教师的职业认同。

（一）促进准幼儿教师职业认同的策略

准幼儿教师是指学前教育专业的在校学生。传统学前教育专业教学的一般模式是一种相对封闭的教育。研究发现，这种传统的职前教师教育对准幼儿教师的职业认同的影响相对有限。促进准幼儿教师职业认同的关键是要转变传统的封闭式教师教育模式为开放式教师教育模式，帮助准幼儿教师较早认识幼儿教师职业，形成积极的职业情感和坚定的职业意志。可采取的基本策略有：

第一，改革学前教育专业课程，从课程门类的设计到课程内容的编排，都要紧贴幼儿教育的实际，紧紧跟上幼儿教育的发展变化，注重对幼儿教师职业能力的培养和职业理念的塑造。

第二，增加见习、实习在总课程中所占的比重，与幼儿园建立合作培养模式，让学前教育专业学生参与幼儿园教育实践。与传统的封闭的职前教师教育模式相比，基于幼儿园的开放式教师教育模式能够更好地提高准幼儿教师的职业认同，并为促进准幼儿教师的职业认同发展提供一个潜在的环境。

（二）促进新任幼儿教师职业认同的策略

新任幼儿教师是指参加幼儿教育工作1—3年，处于职业生涯初期的幼儿教师。成功入职的新教师能够享受到工作的乐趣，主要得益于他们

与幼儿的良好关系和幼儿园的支持性氛围，以及教学的自由和与指导教师之间的协同工作。此阶段，幼儿教师职业认同的核心问题是承认权威人物的规范要求而获得的自我接纳。这里的权威人物主要包括家长和领导。他们期待的理想教师形象是"像老教师一样自然轻松的好老师"。我们认为，促进新任幼儿教师的职业认同可从以下两方面着手：

一方面，幼儿园层面。其一，可为每位新任幼儿教师指定一位有经验的教师作为他们的指导教师，并为这种帮扶关系制订详细的行为准则，明确双方的责、权、利，并实行定期考核。其二，鼓励幼儿教师之间的交流与沟通。幼儿教师的职业认同包含了他们对作为一个职业团体的成员的认同。发展职业认同需要经常与新任幼儿教师的同伴、有经验的教师、学校领导交流经验，交换观点。其三，通过开展各种活动使新任幼儿教师尽快熟悉幼儿园的运行方式，让他们感受到幼儿园文化和领导对他们的支持。已有研究表明，对幼儿园文化和领导的感知，会影响新教师的学习和成长方式。在有支持性的、信息通畅的和鼓励性的"领导—教师"关系的幼儿园中教学的教师，更倾向于表现出对教学的积极态度。

另一方面，新任幼儿教师层面。其一，在实践中获得职业认同的自我统合感。对于从学校理论学习为主走向职业岗位以实践为主的幼儿教师来说，能够协调理论与实践的矛盾的关键在于获得一些"实践性语言"。这些"语言"对于幼儿教师来说，并不是说学会技能、技巧就可以了，而是学会使用、理解日常教学的一般流程环节及其教育教学意义。正如一位老教师所说，暂时放一放所学的理论，相信实践出真知，不要总是在理论中找答案，多做然后再想。拥有自主权是新教师职业认同建立的关键，这有助于教师获得内在自尊。

其二，新任教师要主动向老教师请教，以此获得合作性反思的机会。入职适应阶段的幼儿教师一般很少主动去和同事交流，和一般同事

之间有一定心理距离，加之对环境的陌生，所以很容易陷入一种孤立状态。因为基本的工作范围限定在班级以内，对"师傅"的情感认同相对强烈，所以，幼儿教师主动与同事交流，遇到问题向除"师傅"以外的人请教，可以拓宽其生活圈，在更大的社会空间内建构其职业认同。

其三，主动和家长交流获得自信。入职适应阶段幼儿教师主动和家长交流可以改善其适应新环境的生态状况。家长的认可对新任教师的职业认同非常重要。因为自我认同并不仅仅是个体心理问题，更是一个人与其所处现实存在的关系问题。人的自我认同是在与社会成员的交往过程中产生并在社会交往关系中实现的，它标志着对自我的信任与对他人的信任。从访谈结果来看，对于幼儿教师，家长最看重的并非是其专业知识，而是其专业情感，家长希望能看到教师爱孩子。那么，如果教师能够主动和家长交流，会让家长首先觉得受到尊重，这在家长与教师进行交往时起到了良好的润滑作用。新任教师的自信主要来自他人接纳。被家长接纳，幼儿教师能够获得一种情感归属和胜任效能，在信任自己的同时也增加了对家长的信任，减少了挫折感，增加了认同感。

（三）促进求新阶段幼儿教师职业认同的策略

求新阶段的幼儿教师入职5年左右，已成功渡过入职适应阶段，有一定的教学经验。他们的职业认同需要参与更多的教育实践，不断提升专业素养，并对自己的实践进行批判性反思。求新阶段幼儿教师职业认同的核心问题是自觉地承认角色赋予的责任从而获得自我理解。他们期待的理想教师形象是做能独立对班级负责的好老师。此阶段的幼儿教师可从以下几个方面提高自己的职业认同。

第一，主动与同事互相学习，在共同需求的一致认同中相互支持。此阶段幼儿教师需要在共同需求的一致认同中产生相互支持。目前幼儿园已经实行的年级组集体讨论或备课的方式有助于幼儿教师职业认同的形成。因为在共同探索的过程中，他们之间的需求一致，他们之间的配合也会使教师能在相互支持的无威胁环境下进行。但是，需要注意的一点是，求新阶段幼儿教师职业认同建构还需要在共同学习中体现相互支持，不同老师的"好点子"如果这时候能拿出来一起分享，将有利于幼儿教师主动将其内部经验与其当前示范相互作用，在内化理解的过程中，幼儿教师对自己学习的目标更加明确，同时在共同学习中也增进了彼此的关系，增强了团队的凝聚力。

第二，主动有意识地反思以获得职业认同的长期专注性。求新阶段幼儿教师面临的任务是发展那些与可持续发展密切相关的职业认同结构要素，尤其是投入意愿和持续承诺方面。因为这一阶段幼儿教师的目标和胜任效能是比较清晰的，但是其专业发展的自我规划有待加强。教师对于职业投入需要有一个长期的坚持，教师需要对职业角色做出再认知，尤其是重新理解"到底什么才是对幼儿发展好的教育"，好老师的角色模型此时也需要进一步明确。

（四）促进成熟阶段幼儿教师职业认同的策略

成熟阶段的幼儿教师一般入职在10年以上，对幼儿教师职业的认识较为全面且深刻。他们职业认同的核心问题是自主地承认共同体利益最大化从而获得自我引导。他们期待的理想教师形象是能最大限度激发幼儿、家长和被指导教师潜能的好老师。成熟阶段幼儿教师可从以下几个方面提高自己的职业认同。

第一，主动尝试改革，防止认同固着。成熟阶段幼儿教师职业认同面临着重新建立目标、重构与他人关系的问题。这个阶段的幼儿教师开始不满足于在班级履行教育者责任，而且希望自己的教育能够延伸至家庭。对成熟阶段的幼儿教师来说，家长的认可此时已经成为他们职业认同的重要部分。他们这时候扮演转变公众态度的角色，而非迎合家长要求的角色。对于家长的态度，他们会作为"幼教专家"给出自己的建议。不拘泥于现状而勇于行动是成熟阶段幼儿教师的特色。他们很多时

候的职业认同表现为一种教学勇气，以及以幼儿发展立场为基础的专业认同。

第二，主动指导新任教师从而获得自我价值实现。成熟阶段幼儿教师不仅要指导家长和孩子，还要指导新任教师。处于这个阶段的幼儿教师一般是幼儿园的骨干教师，他们拥有的大量专业资源此时可以发挥重要作用。在具有主动奉献意义的助人过程中，成熟阶段的教师可以体验到帮助别人的快乐，从中获得价值认同。主动指导新任教师的过程对成熟阶段的幼儿教师也是一个学习的过程。在此过程中，他们获得的积极体验会强化他们作为成熟阶段幼儿教师的内在自尊，从而与学习共同体产生积极自我认同感。长期的指导更有助于他们在投入意愿和持续承诺上获得进一步发展。

第二节 幼儿教师的师爱素质培养

一、师爱的特点

与父母的爱相比，幼儿教师的师爱具有以下特点。

(一) 师爱的职业性

从爱的形成上来看，父母的爱出于人之常情，而师爱却是与教师职业紧密联系在一起的。幼儿教师的劳动对象是幼儿，是一群充满朝气、正在成长中的孩子，他们需要爱，需要教师的关心呵护。作为教师，如果做不到关爱幼儿，他就不是真正热爱教师这种职业，也就不可能成为一名合格的幼儿教师。

从爱的内涵上来看，师爱中的"爱"也是与教师职业紧密相连的。师爱不仅仅包含着教师对幼儿一日常规生活的嘘寒问暖，还体现在教师的每一份劳动中：认真备课是对工作的负责，也是对幼儿发展的负责；积极探索有效的教学方法，不断提高教育教学效率；制订详细的、科学的教学计划，为每个孩子设立发展目标；等等。这些无不体现了教师对幼儿的关爱。可以说，教师的每一份劳动中都包含着师爱的成分，因而这种爱是与教师的职业紧密联系的。

(二) 师爱的科学性

从有利于幼儿发展的角度来看，师爱更具有科学性。和父母相比，幼儿教师接受过专业的训练，更懂得如何通过科学有效的教育教学方式促进幼儿健康、全面的发展。由此，师爱是教师专业素质的重要组成部分，植根于科学，致力于促进幼儿更好地发展。师爱不是"溺爱"幼

儿，不是宠爱和纵容幼儿，而是温润的爱与规范要求的统一体。师爱不是"爱之不及"，即对幼儿特别是智力发展、行为习惯水平较低的幼儿持冷漠甚至放弃的态度，而是对每个幼儿负责，为每个幼儿的健康发展着想。师爱也不会"过当"，即不顾方式方法、不考虑幼儿的心理发展需要来爱幼儿。如，小朋友小便后用手扯着裤子，等候老师帮助提好裤子，如果老师总是包办代替，而不去教幼儿学会自己"提好裤子"，这样的"爱"就不是真正的"师爱"。

师爱的科学性还体现在其教育意义方面。师爱的导向性和分寸感，是与教师的教书育人工作的根本任务相适应的。教师对幼儿的爱，需要因幼儿的年龄、性别、个性的不同而不同，不能墨守成规。师爱目的专一而形式多样，渗透于幼儿教育工作的每一个环节，贯穿于教书育人的全过程。

（三）师爱的责任性

教师对幼儿的爱，不是仅仅出自个人的思想，还来自社会的需要、教育的需要。师爱代表着成人社会对下一代的关怀和爱护，体现国家、民族对下一代的情感和期望。因而，师爱是稳固且深厚的，是与教师所肩负的社会责任紧密相连的。同时，师爱还从热爱教育事业、培养社会主义建设人才的事业出发，立足现在，面向未来，时时处处为幼儿的明天着想，关注他们的前途和命运。这种爱具有高度的自觉性、坚定性、持久性和稳定性。教师对幼儿的爱是从大局、整体出发的，因而总能站得高，看得远，会理智、冷静地对待教育生活中出现的各类问题。这种源自事业心、排除功利心的情感比源自家庭、家族利益或朋友间的小范围利益的情感来得纯洁、高尚。可以说，师爱是一种事业之爱，是充满社会责任感的爱。

（四）师爱的无条件性

幼儿教师的劳动对象是一群幼儿，一群有着个性差异和发展差异的幼儿：在性格方面，有的乖巧懂事，有的顽皮可爱；在智力方面，有的发展水平较快，有的发展较慢……由于幼儿之间的差异性，在普通人眼里有的幼儿就较受欢迎，有的幼儿就不那么惹人喜爱。然而，作为幼儿教师，必须让师爱的阳光照耀到每一个幼儿身上。教育之爱与母爱一样，是一种无条件的爱。教育之爱是基于教育者的天职而产生的爱，与自然而然的母爱相比，多了一些理性色彩，不是"天经地义"，而是"理所当然"。师爱需要公平公正地、无条件地面向全体幼儿。幼儿教师的爱，不能因为幼儿身心发展水平的高低，也不能因为与幼儿家长关系的亲疏远近，出现厚此薄彼，有失公平公正。

师爱的无条件性还表现在它的无私。教师对幼儿的爱，不图个人回报，是一种无私的奉献。爱得越深，奉献得越多。教师献给幼儿的是知识、智慧、时间和精力，他们企盼的只是幼儿快乐、健康成长。教育家吴玉章说：一个人只有把他的才能、力量全部地勤恳地用在工作、事业上，并且做出成绩来，这种生活才有价值，才有意义。人民教师正是以献身教育为己任，不慕虚荣，不求名利：像园丁，向生活奉献硕果；像人梯，向人类奉献进步；像铺路石，向孩子奉献坦途；如春蚕吐丝，无怨无悔。

如果师爱是有目的的，那么，其目的第一就是促进幼儿健康、快乐地成长，第二就是使幼儿从小就在爱的环境中耳濡目染，学会如何去爱他人。

二、幼儿教师师爱的培养

幼儿教师的师爱，是一种高尚的职业情感，与幼儿教师个性心理特征具有重要的联系。通过职前教育和职后培训能够在一定程度上提高师爱，但主要的途径是通过幼儿教师在教育实践中不断反思，实现观念和

行动上的不断完善，形成对幼儿科学、理性、持久的爱。幼儿教师可以从以下几个方面反思自己的教育教学行为，培养自己的师爱。

（一）我关心幼儿了吗

每个人都希望得到他人的关心和帮助，这是人之常情。幼儿更希望得到教师的关心和帮助。关心是师爱的起点。幼儿教师关心幼儿，可以让幼儿在感情上真切地感受到教师的爱，这是让幼儿理解师爱的最直接、最简单的方法。这里所说的关心幼儿，不仅仅是指幼儿生病时给幼儿端水喂药，更多的是利用一日活动的各种机会观察幼儿，主动走进幼儿心理世界，了解每个幼儿的发展现状，了解幼儿成长的家庭环境和经常接触的各种人和事，了解幼儿的优缺点以及他们的内心世界。那么，幼儿教师需要不断提高自己的观察力和敏感性，并从以下几个方面进行反思：我一直在积极主动地关心幼儿吗？我了解班级每位幼儿的家庭情况吗？我了解他们的爱好和兴趣吗？我掌握了他们的优点和缺点吗？我清楚他们每一天在园中的表现了吗？我给予有特殊需要的儿童特别的关心了吗？

（二）我理解幼儿了吗

理解是师爱的基础。理解是教师以幼儿的角色为自我的联想，即"将心比心"，"设身处地地为幼儿着想"，宽容、接纳幼儿。理解表现为教师对幼儿个体存在价值和个性发展愿望的肯定。幼儿教师充当"心理保健医生"的角色，深入体察幼儿的内心世界，了解他们特有的需要与愿望，理解他们的自主性和独立性，从而使他们深切地感受到教师的爱。这种以科学、理智的态度为起点的师爱，最容易激起幼儿对教师的认同感——将自己和老师"视为等同"并将老师的爱心转化为自己的尊师之情，成为幼儿听从教师教导的推动力。教师对幼儿的理解需要依据现实的教育状况、幼儿的年龄特点、家庭的实际状况等，接受师生之间的"不同"，认可、相信幼儿的独立性存在。这要求教师要有宽阔

的胸怀、敏锐的洞察力和较强的理解力。对此，幼儿教师需要反思：我理解班级幼儿的行为表现吗？在他们哭泣时，在他们尿裤子时，在他们争执打骂时，在他们迟到时，在他们不肯吃东西时，在他们不安心听讲时，在他们不能专心画画做手工时，在他们不听我的告诫仍然我行我素时，在他们冲我发脾气时……

（三）我尊重幼儿了吗

教育的根本目的是教育孩子学会做人，做人首先要学会尊重人。尊重是师爱的核心。尊重是现代教育的第一原则。没有尊重，就没有教育。教师对幼儿不尊重、不理解就无法建立和谐的师幼关系，也就难以有效地实施教育，促进幼儿的健康成长。尊重幼儿，即尊重幼儿的人格和自尊心。幼儿在其个性成长过程中，自我肯定、对自己判断的信任是至关重要的。他们最需要的是鼓励与尊重，最讨厌的是干涉与责罚。如果个性遇到强烈的干涉与责罚，幼儿也会反抗，并形成不良的关系，这样对幼儿实施教育就会变得困难。所以，在具体的教育活动中，教师要尊重幼儿的自主选择、行为方式、兴趣爱好、情感愿望、生活方式等。具体的做法有：一是在制定明确的规章制度以后，坚持原则，但尽量避免师生之间出现敌对局面，照顾幼儿的面子，不伤害幼儿的自尊心；二是允许幼儿保持自己的尊严，作为回报，教师也能得到幼儿的尊重；三是不公开在课堂里或者私下在同事面前损害幼儿的名誉；四是对幼儿表示信任，乐意与幼儿交朋友，欢迎幼儿为班级做出贡献，不要打击幼儿的积极性；五是允许幼儿保守自己的"小秘密"。

现实的教育生活中，还存在着幼儿教师不尊重幼儿的现象，甚至以"爱"的名义惩罚或伤害幼儿。教师不尊重幼儿的发展特征和个性心理，其教育行为必然适得其反。培养对幼儿师爱的尊重，幼儿教师需要从以下几方面进行反思：我今天或曾经做过可能会伤害幼儿心理的事情吗，尽管当时可能只是为了他们好？孩子表现特殊，或没按照我的要求

去做，我尊重他的意愿了吗？孩子执意想去做自己喜欢的事，可能会影响我对整个班级的管理，我做了些什么？尊重他了吗？

（四）我宽容幼儿了吗

宽容是爱的一种体现，是师爱的一种品质。师爱包含着宽容，缺乏宽容，师爱就是不完整的。人类需要宽容的主要原因在于：犯错误是每个人生命成长中不可避免的组成部分。处于人生初步发展阶段的幼儿具有很强的好奇心，而心理和身体发展水平却有限，这就导致了他们会经常犯错误。但他们在不断犯错误的过程中认识世界，提高自己各方面的能力。由此可以说，犯错误是幼儿的权力。从大量的事例来看，一个人勇敢、良好的品质的形成是从错误中选择出来的，一个人的成功是不断超越错误的过程。所以，在幼儿的个体成长历程中，教师不要紧紧盯着他们所犯的错误，不要"毫不留情"地给予批评或惩罚，不要念念不忘他们的一时弱项，而要善于帮助和引导他们走出错误，变弱项为强项。幼儿的很多"错误"都是无心之失，并不是有意而为，即使是很严重的错误，也是这样。所以，教师在处理这样的问题时，对幼儿的无心之错、无心之举，要能够体谅和宽容，善于从正面积极引导，使之成为成长的动力。基于以上因素，幼儿教育需要教师给予幼儿更多的宽容，以爱心、宽容之心陪伴他们成长。对此，幼儿教师需要反思：我宽容幼儿的"错误"或"不足"了吗？我是否在心里真正地接受了他们的发展现状？我该怎样去积极应对幼儿的"错误"？

（五）我给予幼儿激励了吗

激励是信任幼儿的一个重要体现。激励幼儿是师爱的智慧的体现。幼儿个体本身具有智慧和力量。这种智慧和力量需要一定的条件给予支持方能显现，师爱的作用就在于为之提供有效条件，而激励本身就是注入有效能量。喜欢得到肯定、赞美、欣赏是人的天性，而激励恰恰符合人的天性。孩子需要激励，激励可以使孩子的潜能发挥出来，促使他们

克服困难，完成任务。事实证明：那些常常受到激励的孩子在学校和现实生活中有更多的成功机会。由激励伴随成长的孩子，能够培养出勇气和信心。激励的力量能够使受到激励的孩子在幼儿园里表现得更好。教师的认可与赞赏，是幼儿健康成长的必要条件。激励的方式有以下几种。

愉悦情感式的激励。对幼儿而言，教师愉快的神情可以增强他们的信心和勇气，克服自卑和畏惧，从而走向成功。著名的"罗森塔尔效应"就是最好的一例。教师那充满期望、赞许的眼神和微笑的表情，对幼儿而言都是莫大的激励。幼儿从教师的微笑中感受到信任、关怀和鼓励，从而增强了自信心，激发了创造力。这样，教师把微笑带入师生交往中，用微笑温暖每一个幼儿的心，使他们怀着愉快和向往的心情学习、生活。

赞美、肯定式的激励。教师肯定性的话语或否定性的话语对幼儿的影响都是很大的。教师的语言对幼儿具有导向、暗示作用。正向的、积极的、肯定的语言，能激发幼儿愉快的情感，能增强幼儿对自己的信心，挑战自己的潜能。通过赞美、肯定式的激励，可以激活幼儿自身的求知、求善、求美的愿望与能力。

痛苦式的激励。痛苦是孩子生命成长的"双刃剑"，是他成长的"分岔点"。教师关注幼儿的痛苦，引导幼儿直面痛苦，可以帮助幼儿在痛苦中成长。痛苦式的激励可以调动幼儿的潜能，调整自身各部分的功能达到最佳状态。

批评式的激励。奖惩是幼儿个体健康发展的必要条件。幼儿可通过奖惩逐渐改善自己的学习能力。教师对幼儿成长中的缺点和错误不能视而不见，可以通过表扬优点来暗示他改正缺点，或帮助其找出产生坏毛病的行为动机，对症下药，或先指明他的优点，然后要求他改正缺点，以便做得更好。

围绕激励，幼儿教师在学习、提高自己赏识能力的同时，可以经常

学前教育专业人才培养的理论与实践

做以下反思：我善于发现幼儿的闪光点吗？我今天给予幼儿表扬或激励了吗？我采取的激励策略有效吗，会伤害到孩子吗？在怎样的情景中采取愉悦式、赞美式、痛苦式、批评式的激励才是适当的？

（六）我公平地对待每一名幼儿了吗

师爱的本质属性决定了师爱应是普遍的、无私的、单向的、恒常的。师爱需要教师具有博爱之心，不能有偏爱之心。师爱的普遍性即说明教师对幼儿的爱不是指向某个人的，而是针对全体幼儿的，它突出地表现为一种有教无类的爱。不管幼儿的天资如何、学业如何、家庭背景如何，都应尊重幼儿原有的起点，帮助他们成人和成才。在幼儿纯洁的心理世界里，教师是公正无私的化身，教师对每个幼儿的爱应该是平等的，然而，在现实生活中，大多数教师非常喜欢那些"听话"的幼儿，对那些外表可爱、活泼伶俐的幼儿宠爱有加，甚至视为掌上明珠。爱这些幼儿是应该的，但是，教师对幼儿如果存在偏爱，不能平等对待自己的教育对象，往往会给幼儿的健康成长和自身的教育工作带来不良影响。还有一些幼儿教师，因为和幼儿家长的一些特殊关系而格外照顾该幼儿，这就违反了教师职业道德，而不仅仅是师爱公正公平的问题了。因此，幼儿教师需要经常反思：我公平地对待班级的每一位幼儿了吗？我更喜欢班里的哪位幼儿呢，为什么，这对其他幼儿公平吗？在幼儿之间起冲突时，我能公正地对待冲突双方吗？我曾经因为和幼儿家长的关系特殊照顾过他的孩子吗？

此外，博大的师爱还需要幼儿教师不断提高自己的专业综合素质，有真才实学才能为幼儿提供更优质的教育。幼儿教师除了要具有高尚的师德之外，还必须要有渊博的知识和高超的教学技巧。通过专业实践和理论学习，不断地摒弃旧的观念，树立正确的幼儿观和科学的教育观，积极探索教育教学的新方法，开展形式多样的活动，促进幼儿健康、快乐地成长。

第三节 幼儿教师的教育智慧

教育智慧是优质教育的必需品。富有教育智慧的幼儿教师会让幼儿的在园生活充满快乐，获得源源不断的成长动力。也只有富有教育智慧的幼儿教师，才能在幼教园地培育更多的智慧之苗，让幼儿在更广阔的社会舞台上开放更多的智慧之花。

一、幼儿教师的教育观念

(一) 科学的幼儿教育观念

幼儿教育观念指幼儿教师在教育实践过程中形成的对幼儿、教师、教育及其相关因素所持有的看法与观点。教育观念分为两个层次：外显的教育观念和内隐的教育观念。外显的教育观念是指幼儿教师能够清楚地意识并可用语言加以表述的教育观念；内隐的教育观念是指幼儿教师不能清楚意识但实际遵循的教育观念。

根据《幼儿园教师专业标准（试行）》，幼儿教师需要具有的现代幼儿教育观念包括以下四个方面。

1. 以幼儿为本的儿童观

儿童观是指教师关于儿童的基本看法，包括对儿童身心发展特点、规律和心理发展动力等一系列问题的一般性认识及由此形成的对儿童的特定期望等。现代幼儿教育观念中的儿童观主要表现为：第一，坚持以儿童为本，尊重幼儿作为个体的独立性、主动性、特殊性，对其进行适宜的教育；第二，在对待幼儿的态度上，要关爱、尊重、信任幼儿，不

可歧视幼儿，以正确的态度看待幼儿，摒弃"小大人观"等其他不重视或不能正确认识儿童的观点；第三，对幼儿的教育教学，幼儿教师应掌握幼儿不同发展阶段的身心特点及规律，了解幼儿个体的一般特点及差异性，为幼儿创造条件，鼓励其主动、积极地学习，对幼儿施以适当的教育。

2. 人本主义教师观

教师观指幼儿教师在教学过程中对其地位、权利的认识。幼儿教师的教师观直接决定了教师在教学过程中的教学方法、评价模式以及师生的交往模式。人本主义教师观认为，教师应与儿童平等，尊重儿童的主体性，发挥儿童的独立性。以罗杰斯为代表，在"学习者中心理论"基础上，提出"教师即促进者"的观点，认为教师在儿童学习过程中的地位应该是一个"侍者"，教师的作用是为儿童创造一种适宜学习的氛围，主张教师同学生之间建立具备"真实""理解""接受"三种品质的师生关系，作为促进者、帮助者、辅助者、合作者促进儿童的学习。

3. 发展取向的学习观

儿童学习观是社会对儿童学习本质、目标、内容、过程与途径等方面的基本看法与观点。学习观与教师观、学生观等一同作为幼儿教师的教育观念，对幼儿教师的教学行为有重要影响，尤其是在学前教育阶段，幼儿具有与中小学生明显不同的学习特点。活动是幼儿主动与外部环境相互作用的最重要方式，游戏是幼儿最主要的活动形式。在教育过程中，教师要尊重幼儿学习的特点和主体性，根据幼儿发展的需要，保证幼儿主动活动的条件，创设适宜的教育环境，为幼儿提供交往、表现的机会，给每个幼儿开辟充分操作、尝试体验的时间与空间，创造轻松自然的师生关系与活动气氛，开展多种形式的以幼儿动手、动脑为特点的教育活动和游戏，使幼儿通过自身的实践，直接获得多方面的经验，主动地得到发展。

4．科学的幼儿教育质量观

幼儿教育是基础教育的奠基阶段，对于一个人的成长，对于一个人品行和习惯的形成，起到决定性的关键作用。21世纪的幼儿教育应让幼儿"学会生活""学会学习""学会关心"，从不同角度促进幼儿情感、态度、能力、知识、技能等方面的发展。满足幼儿多方面的需要，使他们在快乐的童年生活中获得有益身心发展的经验，是幼儿教育最根本的追求。

实施幼儿教育质量评价时，应关注幼儿的学习变化及成长历程；注重幼儿的个体差异，为对其实施有效的因材施教积累依据服务；注重幼儿评价的多元性，使其在促进幼儿潜能得到整体的、充分的发展上起到积极的作用；强调在真实情境的互动中进行评价，重视评价过程。

（二）幼儿教育观念的转变

1．幼儿教师教育观念转变的过程

从教师个体主动转变教育观念的角度来看，其教育观念的转变大致可以分为以下几个阶段：

一是遭遇困境阶段。教师在教学实践层面遭遇挫折，发现相关的内在、外在因素（如自身的观念、学习政策等）成为导致自己教育成效不理想的原因之一；或者教师通过各种途径接触到新观念，这些新观念与教师原有观念不一致，甚至形成冲突。

二是质疑阶段。由于上述原因，教师对自身所持有的教育观念和相应的教育实践产生不确定和质疑。

三是形成转变动机阶段。教师基于内外部因素和自身发展的期望，形成转变自身教育观念的动机。

四是遭遇阻碍阶段。教师自身原有的旧观念以及外在各种制约因素阻碍教师为转变观念所可能做的尝试。

五是反思、澄清自身观念阶段。教师在具有强烈的改变动机的前提

下，通过反思各种阻碍因素，逐渐加深对自身所持观念的了解。

六是调整观念、付诸实践阶段。教师通过与实践的互动逐渐调整与修正自身原有观念，形成新观念，实现教育观念的转变。

2. 幼儿教师转变教育观念的策略

(1) 强化对幼儿教育的情感

热爱幼儿教育事业是幼儿教师教育观念转变的动力基础。幼儿教师教育观念的转变需要其具有愿意转变的热情，具有自我洞察、反思和自我提升的愿望，具有敢于面对自己、批评自己的决心和勇气。幼儿教师需要不断学习了解幼儿教育专业发展的前沿知识和信息，不断提高自我意识水平，认识到现有教育观念与理想自我所需要具有的观念之间的距离。

(2) 自我反思

反思是教师以自己的教学活动为思考对象，对自己所做出的行为、决策以及由此所产生的结果进行分析和审视的过程。幼儿教师的教育观念由于具有内隐性特征常常不能为教师所认识，反思能够使教师对教育过程中自己的行为以及幼儿的反应进行认真的观察和分析，从而对自身所持的观念进行反省和思考。因此，幼儿教师的自我反思有助于厘清自己的固有观念，增强对自身教育观念与教育实践互动关系的意识，从而更有效地促进其教育观念的转变。

幼儿教师对于幼儿教育的许多观念具有内隐性，不容易被自己意识到。因此，幼儿教师在反思自身的教育观念时，要注意提高自我觉察的敏感性。此外，教师的情绪是教师观念对客观刺激做出反应的结果，是外部刺激与教师的观念是否吻合或者冲突的反映。教师一些内隐的教育观念往往能通过其情绪状态反映出来，幼儿教师要善于关注自己在教育过程中的情绪反应，从而实现对自身教育观念的觉察和反省。

(3) 勇于开展行为批判和日常生活批判

教师教育行为的变化是教师教育观念发生变化的一种投射。幼儿教师的教育观念作为个体内在的一种认识和想法，有不少幼儿教师难以察觉。因此，要使这部分观念发生转变就尤其困难，而行为批判则是促使这些内隐教育观念转变的有效策略。所谓行为批判，就是幼儿教师对自己在幼儿教育中的活动和幼儿的表现进行认真的观察和分析，与社会所倡导的教育理论相对比，发现问题，改变行为策略，进而通过行为的改变达到所持教育观念的转变。幼儿教师经常把自己的教育行为当作研究对象进行批判，就能通过实践新的行为方式实现观念的转变。

幼儿教师在学校中的活动，很多时候受到习惯、传统、习俗、幼儿园风气等园所文化因素的影响。这些因素会通过各种方式潜移默化地影响幼儿教师的教育行为，幼儿教师一些根深蒂固的教育观念也会受这些文化因素的影响。幼儿教师的日常生活往往是一个凭借重复性实践和重复性思维运行的世界，在少有改变的日常生活中凝结着上述各种文化因素。因此，要使幼儿教师的教育观念发生根本性的转变，使已经习以为常的行为方式发生变化，幼儿教师需要对自身的日常生活世界保持一种批判意识。幼儿教师要意识到日常生活的重复性实践和重复性思维对自身行为和观念的阻碍作用，主动对日常生活进行批判，并在此过程中实现教育观念的转变。

(4) "体验""感悟"与"分享"

幼儿教师仅仅对自身的教育观念及其行为有反思意识和批判意识还不够，要真正实现幼儿教育观念的转变，还需要教师在实践中的体验、感悟与分享。

幼儿教师口头上接受一些现代教育观念很容易，但是能否将其内化为他们自身的观念，取决于其对新观念的真正理解以及教育行为的实质性转变。因而，教师对新观念的"体验""感悟"就成为观念转变的一个重要环节。多数幼儿教师对教育的认识来源于自身的教育教学实践。善于感悟的幼儿教师不仅能够在教学实践中形成一些符合教育规律的教

育观念，而且能通过积极的体验和深刻的感悟理解新观念，从而使社会倡导的教育观念真正具体化为教师能够实践的观念。善于体验和感悟的幼儿教师还能够通过主动观察、分析自己的教育行为，使自身原有的教育观念显性化，实现对自身原有观念的质疑和批判。此外，在转变教育观念的过程中，幼儿教师与同事、专家之间的分享也很重要，通过交流和分享，幼儿教师能够将自己教育观念中的合理成分挖掘出来，深化对自身观念及不适宜行为的反思，为教育观念的转变提供可能。

二、幼儿教师的教育机制

（一）幼儿教师教育机制的内涵

1．基本内涵

《教育大辞典》把教育机制定义为：构成教育艺术的要素，善于根据情况变化创造性地进行教育的才能。它包括两方面的内容：在教育教学活动中，有高度的灵活性，能随机应变、敏捷、果断地处理问题；有高度的智慧，能巧妙、精确、发人深省地给人以引导、启示和教育。

我们认为，幼儿教师教育机制是幼儿教师在特定的教育情境中，善于依据幼儿的具体情况，创造性地采取对幼儿有积极影响，促进幼儿全面、健康发展的方法和手段，并做出符合具体教育情境的教育决策和付诸实施的能力。幼儿教师的教育机制从本质上讲是一种创造性能力的体现，但是这种创造力是在特定的情境下发生的，是即兴的创造，产生的是"激爆"出来的创造性设想，并且还必须果断地执行以至产生有效的教育效果。

2．幼儿教师教育机制的特征及表现

范梅南认为，机智行动是一个"瞬间反思的行动"，它不可能是充分的反思；机智行动充满智慧，教育者对"情境要求的"和"什么样的

行动才是好的"这两方面表现出恰当的敏感性。教育机制面临的教育事件具有突发性、即时性和前反思特征。我们认为，作为幼儿教师的一种能力，教育机制不同于其他教学活动的能力（如音乐才能、绘画才能、舞蹈才能等），它有自身的性质和特征。具体包括：

主动性：教育机制是教学活动中教师对非常规行为或突发情境的积极、主动的智慧反应，而不是消极被动或不予理睬。

目的性：教育机制是幼儿教师在教学过程中，为实现教学目标而表现出来的智慧和才能，其目的是使幼儿的身心发展向着良好的方向转化。

机敏性：教育机制是幼儿教师对教学过程中临时发生的情境做出迅速而及时的反应，不需要深思熟虑。深思熟虑后的教育行为反映的也不是教育机制。

灵巧性：教育机制是幼儿教师在教学过程中灵活而巧妙地处置变化了的情况的一种艺术与技巧。

创造性：教育机制是幼儿教师在处理教学过程中出现的偶发事件时所表现出来的为追求更好的教育效果敢于打破常规的精神。

根据范梅南的理论，我们认为幼儿教师教育机制主要表现在以下五个方面：

(1) 对突发事件的因势利导

幼儿园教育情境是不断变化的，随时可能发生意想不到的事件。这就需要教师具有教育机制，能正确而迅速地做出判断，并因势利导地解决。教师应遵循幼儿心理、行为的发展趋势，结合当时的教育情境，从教育目标出发进行有效引导。

(2) 对幼儿失当行为的巧妙暗示

在日常教育教学过程中，当偶发事件发生时，教师可通过观察，在分析幼儿行为后的心理因素基础上，以尊重幼儿为前提，运用语言、眼神、手势或其他间接方式提示幼儿积极地调整其行为，消除影响幼儿

发展的不利因素。如，美术活动结束后，孩子们都在收拾桌上的纸屑，这时，陈老师发现羊羊将纸屑偷偷地拨到地上后想离开。陈老师马上建议："小朋友们，我们请羊羊示范一下，该怎样将垃圾分类放。"羊羊马上收住脚步，从地上捡起了纸片，放到了分类垃圾箱里，做出了很好的示范，其他孩子也陆续地仿效。

（3）对混乱场面的有序调控

幼儿教育情境错综复杂，瞬息万变，随时会发生一些意外的事情，但是教育机制并非随心所欲地"灵机一动"，而是要求教师能迅速地判明情况，及时地确定行为方向，采取果断的科学的教育措施，及时进行调整与灵活调控。如，孩子们在活动室里大声喧闹嬉戏，老师叫了好几次"集中过来"均不奏效，孩子们依然打闹。这时，老师突然一声不响地站在室内显眼的位置做起了拍手、拍肩、拍腿、做鬼脸等身体律动，于是，孩子们不由自主地被吸引过来，跟着老师一起做运动。不一会儿，所有的孩子都围在了老师的身边，在老师的引导下自然顺利地进入下一个活动环节。

（4）对自身失误的幽默处理

"智者千虑，必有一失。"在教育过程中教师出现一些失误是难免的，此时若善于发挥教育机制的作用，往往可以轻松地化解"尴尬"，进而采取有效策略调动幼儿积极参与，使活动顺利开展。如，在一节语言公开课中，李老师把小熊卡片放在粘贴板上时没粘稳，小熊慢慢倒下并掉到了地上，引起了孩子们的哄堂大笑，有些孩子还兴奋地连同椅子前后摇晃起来。李老师很自然地捧起小熊，将小熊放在耳边佯装留心倾听的样子，同时频频点头，由此激起了孩子们的好奇心，他们不由自主地安静下来看着老师。这时老师说："小熊刚刚悄悄跟我说，它发现有几个小朋友的小脚没放好，它要跳下来看一看。"这时，所有孩子马上调整姿势坐好了。老师接着扮演小熊说："小朋友都坐好了，现在我们

开始讲故事啦……"接着顺利地开始了下一环节的活动。

(5) 对幼儿的尊重和换位思考

教育中尊重幼儿的已有经验和生活体验，能进行换位思考——从幼儿的认知特点和立场上思考问题，真切理解幼儿的感受，并采取恰当的教育方式，是教师拥有科学的教育观和教育机制的具体表现。如，在一次绘画课上，孩子们都画了自己喜爱的老师。在互相分享和评价时，孩子们指着沫沫的画哈哈大笑："他真笨，画得一点都不好，根本不像赵老师，因为赵老师是戴眼镜的，他的画像里的老师只有一双大大的眼睛而没有眼镜。"沫沫急得满脸通红，忙说："就是，就是！"老师走近一看，确实如小朋友们所言。赵老师蹲下来摸了摸沫沫的头，指着画作问："沫沫，这样画肯定有你的道理，你是怎么想的？"沫沫在老师鼓励下说："妈妈也戴眼镜的。妈妈说戴眼镜又难受又不方便。我希望赵老师能保护好自己的眼睛，不戴眼镜，就不用这么辛苦了。"赵老师听了把沫沫拥在怀里，动情地说："谢谢你的关心，沫沫！"

3. 影响因素

影响幼儿教师教育机制的因素主要有知识经验因素、智力因素、非智力因素。

第一，教育机制建立在一定的知识经验的基础之上。知识经验越丰富的幼儿教师，就越能表现出教育机制的才能。缺乏知识经验的教师，在突发的教育事故面前往往表现出手足无措，不知如何处置。这里所指的知识经验是广泛的，包括一般的文化知识经验、专业方面的知识经验和教育科学方面的知识经验。尤其是幼儿教育科学方面的知识经验，对幼儿教师的教育机制有极大的影响。

第二，幼儿教师的智力水平与其教育机制成正相关。智力水平高的幼儿教师，教育机制的能力就可能强。教育机制需要敏锐的观察力，也需要良好的记忆能力，尤其需要流畅、灵活和独创的思维能力。流畅

性、灵活性和独创性的思维，对教育机制的产生起重要作用。

教师实施教育机制行动时还需要具有一种从当时自己的思维中跳出来的能力，即能对自己的认知现状进行清醒地认识和分析。智力因素主要指认知水平和相应的能力，非智力因素主要指情感、意志和人格等，它们均不包含后天学习掌握的知识和经验。尽管知识经验会对前两者产生影响，但作者认为将知识经验独立出来会更明确地表明后天的学习对教育机制具有直接的重要意义。也就是说，在教育情境中教师不仅需要迅速地思考面临的教育问题，也要明了自己对这一问题的思考是怎样的状态，进行到何种程度，如果是困惑，那么困惑的原因是什么。这样才能明确认识任务、调整认知策略，有效地解决问题。幼儿教师的元认知能力是教育机制产生的重要心理机制。

第三，许多非智力因素对教育机制的形成有重要影响，如情感、意志和个性等。热爱幼儿教育的职业情感是形成教育机制的重要前提。当幼儿教师热爱幼儿时，教师总是以关心、爱护幼儿为出发点，对儿童保持开放的心境，更加愿意了解儿童，才能针对不同的情境给予幼儿适宜的教育，这正是教育机制的灵魂所在。对幼儿在教育过程中的突发性事件或错误行为能够正确认识，合理处置，由此使教育机制的产生有了可能。

（二）幼儿教师教育机制的养成

1. 学习、掌握科学的幼儿教育知识，形成科学的幼儿教育理念

科学的幼儿教育知识和理念是教育机制形成的基础。掌握扎实的专业知识，学会对幼儿的教育活动进行全面观察、深入思考，从幼儿的生理、心理、年龄等角度出发去看待正在发生的教育事件，才能及时、有效、创造性地采取科学的、有利于幼儿发展的方法帮助幼儿成长。如，3—6岁是幼儿想象力发展的最佳时期，他们会把香蕉当成麦克风用来大秀嗓音。如果老师因为孩子打乱了吃水果的秩序而批评孩子，那么就会

扼杀孩子的想象力。同样，幼儿在与成人、同伴的交往中正逐渐形成自我意识，如自己是漂亮的还是难看的，是聪明的还是笨拙的。这时候，老师对孩子积极的评价往往会使幼儿产生满足感和自信感，也会对幼儿以后形成积极的自我意识有所帮助。相反，则会给孩子的成长带来消极的影响。

2. 调整教育价值取向，提高自我发展意识及职业责任感

幼儿教师用什么样的教育价值理念去履行教育儿童的使命，直接关系到幼儿教育的质量，关系到自身的专业发展。幼儿教师要充分认识到自己职业的价值并将其与教育意义联系起来，及时避免社会不良的教育价值取向的影响，树立专业发展的责任意识，全身心投入幼教事业中，才能在教育生活中更好地发挥自己的教育机制。只有敬业乐业的教师，才会自觉地意识到自己专业发展的责任，对教育活动的组织和实施一丝不苟，勤于对教育活动进行思考总结，敢于对教育活动进行创新尝试，从而不断丰富自己的专业知识和实践智慧。对此，幼儿园可以邀请专家对幼儿教师进行职业道德和教育理念方面的培训，使他们的职业责任感和价值感得到不断的提升。还可以组织家园交流合作，促进教师与幼儿、教师与家长之间的情感交流，提高教师的积极性，帮助教师形成良好的职业认同感，获得较高的职业幸福感。

3. 通过多种途径积累教育实践经验

日常教育教学实践经验是教育机制生成的重要基石。幼儿教师可以从以下三个方面丰富自己的实践经验。

第一，幼儿的一日生活实践。对幼儿教师职后教育而言，幼儿的一日生活是他们累积实践经验的主渠道。幼儿教师应认真备课，细心观察，及时总结，不单纯为了完成教育任务而进行教育活动，把幼儿的一日生活看成是自己专业发展和教育智慧生成的试金石。只有在教学现场亲身实践，才会在最大程度上得到历练。对于幼儿教师的教育智慧和教

育机制，需要在"教中学"。只有在复杂的实践情境中体味、感悟才能领略到其中所包含的大量的知识和智慧。这是任何理论都不能取代的。从经验中学习需要具有更加灵活的、以理性为基础的实践，而不仅仅需要系统的、学术性的理论知识的推演。只有二者相互沟通、共同作用才能使幼儿教师形成具有符合教育的本真要求和行之有效的实践经验。

第二，幼儿教师的反思能力是提升实践经验的重要手段。没有反思的经验是狭窄的经验，只有经过反思经验才能上升到一定的理论高度，并对后继教学行为产生影响。反思能帮助幼儿教师挖掘出实践经验中所蕴藏的教育原理，使幼儿教师不断审视自己的教育实践是否科学有效。把实践经验升华为专业理论，幼儿教师不但要知其然，而且要知其所以然，从而形成自己的教学风格和教育智慧。

幼儿教师反思的方法有多种。他们可以根据自己的情况进行选择——可以通过理论学习，写教学案例、教学日记，对他人和自己的教育教学行为进行观察，分析他人的典型案例，通过与他人的交流和对话等方式来进行反思。无论是哪种方法，都离不开幼儿教师善于发现的眼睛和勤于思考的大脑。新的发现可以触发灵感，激发形成新的观点，再通过应用和实践过程的不断循环，最终可以实现幼儿教师实践范式的转换，促进教学实践经验和智慧的提升。

第三，通过公开课、示范课、研讨会等进行经验交流。通过交流，幼儿教师可以从同行那里获得新的视角和经验，也能够重新审视自己的教学行为，引发对教学的深刻思考。同济互助特别有利于幼儿教师之间的相互支撑与合作。这种方式能使每个幼儿教师的实践经验得到最大程度的共享，也使那些不符合共同体实践原则的实践得到修正。而且，通过不同幼儿教师对某一位或几位幼儿教师的评价，可以进一步加深幼儿教师对教学的理解，促进反思，改善评价教师和被评价教师的教学实践。通过幼儿教师的实践性知识的外显，促进授课幼儿教师与其他幼儿教师之间的对话，能使教学实践得到更加广泛的情感鼓励和技术支持，使幼儿教师教学实践智慧中好的方面得到弘扬和发展，并在幼儿教师共同体中得以传播。同时，也有助于减少幼儿教师个体教学实践智慧的偏差，保证幼儿教师的教学实践更加合理，促进教育智慧、教育机制的形成与提升。

第六章

学前教育者心理素质培养

第一节 幼儿教师的情绪能力提升

幼儿教师的职业特点和工作内容决定了他们的情绪状态不可避免地经常受到各种"挑战"。为保持积极稳定的情绪状态，培养较高的情商是最有效也是最根本的途径。根据幼儿教师的职业特点以及情商的基本内涵，我们提出以下策略。

一、学会认知情绪

高情商的一个重要标志是能习惯性地认知自我情绪的变化，并根据环境条件积极主动地调适自己的心理，准确判断情绪的影响，做出合适的行为反应。幼儿教师学会认知情绪，可以帮助自己迅速化解不良的感觉。同时，因为自己情绪觉察能力的增加，也有助于了解与自己互动的人的情绪。

学会认知情绪，除掌握情绪基本理论外，还要做到以下几个方面：

一要愿意观察自己的情绪。不抗拒去观察了解自己的情绪，不认为那是浪费时间的事，要相信了解自己的情绪是幼儿教师的一项重要能力。

二要愿意真诚地面对自己的情绪。每个人都会有各种情绪，有积极的，也有消极的。接受这样的事实，才能了解内心真实的感受，才有利于采取适当的策略处理不良的情绪。

三要常问自己四个问题：我现在处于什么情绪状态之中？假如出现不良的情绪，原因是什么？这种情绪会带来什么消极后果？我需要如何控制这种不良情绪，以避免糟糕结果的出现？

四要给自己和别人应有的情绪空间。容许自己和他人都有停下来观察自己情绪的时间和空间，才不至于在冲动时做出不适当的决定。

五要替自己找一个安静定心的法门。每个人都有适当的途径使自己静心，都需要找到一个最合适自己的安心方式。听音乐、登山、旅游等等，只要有利于认知自己的情绪，有利于调节、稳定自己的情绪，都是可行的。

另外，采用以下几种方法，也有利于自我情绪的认知。

一是情绪记录法，做一个自我情绪调控的有心人。可以抽出一至两个星期，有意识地留意并记录自己的情绪变化过程。可以以情绪类型、时间、地点、环境、人物、过程、原因、影响等项目为自己列一个情绪记录表，连续记录自己的情绪状况。结束后看看记录，会有新的感受。

二是情绪反思法，可以利用情绪记录表反思自己的情绪，也可以在一段情绪过程之后反思自己的情绪：反应是否得当？这种情绪的诱因是什么？有什么消极负面的影响？今后应该如何消除类似情绪的发生？如何控制类似不良情绪的蔓延？

三是情绪恳谈法，通过与家人、同事、朋友等交流，征求他们对自己情绪管理方法和能力的看法和意见，借助他人的眼光了解自己的情绪状况。

四是情绪测试法，借助专业情绪测试软件工具或咨询专业人士，获取有关自我情绪认知与管理方面的建议。

二、学会承受挫折

挫折是每个人都会面对的。挫折承受力是指个体适应挫折、抵抗和应付挫折的能力，是个体在遇到挫折情境时，经受打击和压力，摆脱和排除困境，从而使自己避免心理与行为失常的一种耐受能力。幼儿教师

在家庭生活、工作过程以及自我提升方面都可能遇到挫折。作为成年人的幼儿教师该如何去承受挫折呢？

第一，正确分析挫折。遭遇到挫折以后，应当客观而冷静地分析评估。首先是对挫折原因的分析，其次是对挫折后果的分析，即它将对自己产生多大影响？会造成何种损失？多大损失？这一层分析颇为重要，因为有些挫折看上去似乎很严重，好像会引起重大的损失，而事实上却未必如此。如果能客观评估挫折的后果和影响，由挫折带来的心理压力将大为减轻，消极的挫折反应及其对心理的不良影响也将会降低。

第二，调整认知，改变不合理观念。心理学研究表明，引起强烈挫折感的与其说是挫折、冲突，不如说是受挫者对所受挫折的看法，以及所采取的态度。幼儿教师在日常的工作中面对的是不谙世事的孩子，有时还需要应付来自家长的误解。面对孩子，打不得骂不得，对他们带来的不良情绪只能采取容忍和抑制。如果能够合理认识到这些是幼儿教师职业的特色，孩子的一些表现也是规律性的，教师的情绪就会有所改变。

第三，树立正确的自我意识。"人贵有自知之明。"良好适应的一个重要特征就是能够充分地、正确地认识自我。能正确认识和评价自我的人，不会因挫折失败而全盘否定自己。

第四，采取积极的心理防御机制。心理防御机制有很多，常见的有：合理化，如吃不到葡萄就说葡萄酸；投射，如以小人之心度君子之腹；反向形成，个体为了防止自认为不好的动机外露，采取与动机方向相反的行为，如，一个幼儿非常喜欢某幼儿教师，但在见到这位教师时，却采取回避、退缩的态度。以上多属于消极的心理防御机制。升华是常见的积极心理防御机制。如有些幼儿教师对单位里的业务素质优秀者存在羡慕心理，于是将其作为促使自己奋发的动力，不断努力学习提高自己的综合素质，这便是升华的表现。

第五，培养良好的习惯。良好的习惯对幼儿教师非常重要，虽然不

良的个性是导致挫折的重要因素，但个性在短期内是很难改变的，我们只能在日常生活中逐渐培养自己良好的习惯，逐渐改善个性。美国心理卫生协会提出的11条心理平衡要诀中多与人生习惯有关：对自己不过分苛求，对他人期望不要过高，疏导自己的愤怒情绪，偶然也要屈服，暂时逃避，找人倾诉烦恼，为别人做些事，在一段时间内只做一件事，不要处处与人竞争，对人表示善意，娱乐。

第六，及时寻求他人支持。遇到挫折时请求帮助，在有些人看来，似乎是很丢脸面的事。实际上，勇敢地请求帮助，才是积极的应对方式，也是意志坚强的表现。幼儿教师可以找朋友、亲人、同事等帮助支持。"一个痛苦两人分担，痛苦就减轻了一半。"

三、学会管理情绪

幼儿教师管理情绪，特别是管理消极情绪，可从以下四个方面入手。

(一) 认知调控法

认知调控法是指当个人出现不适度、不恰当的情绪反应时，理智地分析和评价所处的情境，分析形势，理清思路，冷静地做出应对。认知调控的关键是控制与即时情绪反应同时出现的认知和想象。

认知调控法在实际应用时可分为以下两步：第一步，分析刺激的性质与程度。人类情绪反应是进化选择的结果，有利于种族的生存与发展，是驱动我们应付环境、即刻反应的本能冲动，虽然伴有认知过程和结果，但即刻的认知往往笼统、模糊。冷静分析问题所在，可以即时调控过度的情绪反应。第二步，寻找多种解决问题的方案，比较后择优而行。情绪引发的即时反应往往是冲动的本能反应，有时可以帮助我们脱离困境，如室内失火时脱门而出以避险；有时则会导致灾难性后果，如高层建筑失火时从窗户往下跳。很多问题都有多种可能的解决方案，寻

找最佳方案至关重要，而冷静思考是前提。

（二）行为调控法

詹姆斯的情绪理论认为，情绪是内脏器官和骨骼肌活动在大脑内引起的感觉。也就是说，人是因为笑而快乐，因为哭而悲伤，因为发抖而恐惧。人哈哈大笑时，会不自觉地感觉到轻松。挺胸抬头一点，脚步坚定一点，笑容灿烂一点，就会感到更自信大方，同时也会改变心情、态度和看待问题的方式。情绪低落时，积极地去做一些有意义、有价值的事情，不仅能有效地分散注意力，将自己从消极的情绪中转移出来，而且还能增强自我效能感。

处于情绪困境时，暂时将问题放下，从事喜爱的活动以转变情绪体验的性质，也可以达到调控情绪的目的。事实证明，音乐是调控情绪的最佳方式之一。欢快有力的节奏使情绪消沉者振奋，轻松优美的旋律让紧张不安者松弛，幼儿教师可以通过弹奏乐器和创作音乐，把内心的体验转化成心灵的曲调，并从中体验成功。体育活动也是转移调控情绪的良好方法。当情绪状态不佳时，游山玩水、打球下棋都是极好的情绪调控手段。体育活动既可以松弛紧张情绪，又可以消耗体力，使消沉者活跃、激愤者平静，实现调节情绪的目的。

（三）合理宣泄

遇到不良情绪时，最简单的办法就是宣泄。宣泄一般是在较为隐私的、安全的环境中进行的。采取的形式或是用过激的言辞抨击、谩骂、抱怨恼怒的对象，或是击打枕头、宣泄假人、宣泄墙等设施，或是尽情地向至亲好友倾诉自己认为的不平和委屈。

情绪宣泄法也有"度"的问题，不能把合理的情绪宣泄理解为激烈的情绪发泄。情绪发泄是指在激情状态下，由于自我控制能力不强，以暴力或其他不恰当的方式发泄情绪，其后果往往很严重，不利于问题的解决，反而会引发新的问题。如青年学生之间发生矛盾，可能会出手打

架伤人，一时的痛快招来长久的后悔。所以，情绪宣泄的原则和方法都强调其合理性、安全性，而不是一味地发泄情绪。幼儿教师应该学会克制、宽容、忍让，在宣泄情绪时不得损害自己以及他人的利益。

宣泄情绪的方法有多种，最常见的七种方法是哭、笑、喊、说、听、写、动。适时地哭出来，能有效地减轻内心的忧伤；大笑、微笑，可以放松肌肉，消除紧张；大吼出来，可以让内心的愤怒得到最大限度的抒发；找个信任的人尽情地倾诉自己内心的不快乐，能够在社会支持中发现新的资源；信手涂鸦，劲笔挥墨，以文字和图画表达自己的心情，也可有效缓解内心的压力；通过运动，如慢跑可以调整思维方式，而剧烈运动则可以发泄多余的能量。这些都是积极的情绪宣泄途径。

（四）回避法

在身体状况不好或发生重大事件、严重影响情绪时，幼儿教师可以请假或暂停上课，以免将不良情绪发泄在幼儿身上。回避分暂时回避和短期回避两种。暂时回避是由各种突发因素导致的情绪失控，幼儿教师需暂时回避教学现场。短期回避是因积压性的诱因，或身体状况不适，或有重大事件发生，导致情绪低落或过于激动，幼儿教师需在短期内回避教学现场。由于幼儿园大多实行倒班制，实行"回避法"是可行的，但这只为幼儿教师的情绪管理创造了外部条件，最关键的还是需要教师自身情绪管理能力的提高。

（五）学会寻求帮助

幼儿教师陷入较严重的情绪障碍时，有必要向社会支持系统寻求帮助。每个幼儿教师都需要建立自己的社会支持系统，有能够在心理方面给予自己支持、帮助的社会网络，如亲人、朋友、专业的社会工作者或心理医生。社会支持系统的存在有多方面的意义：一是作为倾诉的对象。苦恼的人将烦恼向他人倾诉之后，会有轻松解脱的感觉。二是提供新的看问题的视角和思路，帮助当事人走出个人习惯的思维模式，重新

分析困境，寻找新的出路。三是社会工作者和心理医生可以提供意见、建议，运用专业的手段和方法帮助幼儿教师更有效地解除情绪障碍。

四、培养共情能力

共情能力主要指能充分理解别人的心理状态并把这种理解以关切、温暖、尊重的方式表达出来的能力。共情能力对于幼儿教师具有重要的意义。处于幼儿阶段的孩子，由于其情绪调节能力很差，需要教师具备较强的共情能力，才可能切身体会幼儿的需要与苦恼，并能在必要时以恰当的方式向幼儿提供支持与帮助。幼儿教师共情能力可从以下几个方面进行培养：

第一，摆脱以自我为中心。幼儿教师要提升共情能力，就要学会关注幼儿，以幼儿为中心。教师在师幼互动和教学活动的预设中应该真正关注幼儿，敏感地察觉他们的需要和反应，捕捉他们所发出的有价值的信息。教师所捕捉的信息越准确，感受越深入，共情的层次就越高。

第二，善于倾听。倾听是指全神贯注地聆听对方的诉说，以对方为中心，专心致志，不轻易打断或插话，并注意观察对方的动作、表情、语音、语调等的变化，及时使用微笑、点头等身体语言来回应对方。在幼儿讲述的过程中，教师尽量不要发表任何评价，更不要打断孩子的话。只有善于倾听，才能正确判断幼儿在想什么，为什么会这么想，教育教学才能更有针对性，教学效果才能够真正地达到预期的效果。

第三，换位思考。幼儿的心理承受能力还很弱，当他们在与教师或同伴的互动中陷入困境、遭遇到挫折时，他们往往会较长时间地处于消极情绪当中。这就需要幼儿教师能够做到和孩子换位思考，准确地去体会和感受孩子内心的情绪情感，并及时做出积极回应，由此让孩子感觉到被理解、被关心。

五、书写表达积极情绪

　　研究表明，书写表达积极情绪及相关事件，有利于提升幸福感，改善应对方式，提高情绪智力。具体做法是：每晚以日记的形式写下自己曾经或当天体验到的快乐、满意、自豪、幸福和乐观等积极情绪及相关的事件。书写过程中要用心去思考和感受，而不要写成流水账。如遇突发的应激事件，给自己造成了很大负面影响，可以就该事件进行书写，但要围绕该事件给自己带来的积极意义，如没有出现更糟糕的结果，由该事件获得的经验，得到了一些人的帮助，对以后的人生带来的积极意义，等等。每天书写的时间在30至45分钟。具体的时间和地点由自己确定，要尽可能选择适宜于书写的安静环境。书写时不需要考虑太多语法方面的问题。连续书写一个月即会有显著效果。

六、修正自己的人生信念

　　美国心理学家埃利斯提出了著名的情绪ABC理论：激发事件A只是引发情绪和行为后果C的间接原因，而引起C的直接原因则是个体对激发事件A的认知和评价而产生的信念B。即人的消极情绪和行为障碍结果C，不是由于某一激发事件A直接引发的，而是由于经受这一事件的个体对它不正确的认知和评价所产生的错误信念B所引起的。去掉信念中的某些"一定""必须""应该"，以多元评价取代绝对化要求；培养自己的闪光点，更要善于接纳自己的缺点和不足，懂得"金无足赤，人无完人"；遭遇失败和挫折时，找到自己可以改变的契机……这些信念的形成，对于提升幼儿教师的情商均具有积极意义。幼儿教师只有在教育生活实践中慢慢修正自己的不合理信念，才能使自己的情绪处于较为稳定和积极的状态。

第二节 幼儿教师的压力应对能力培养

幼儿教师职业压力影响因素是多元的。如前所述，很多压力来自外部环境和幼儿教师职业本身的性质。但是，压力的解决和积极应对却主要依靠幼儿教师主动、灵活地采取多种措施，变压力为动力，促进幼教事业和个人健康地发展。

一、转变认知

在压力管理的过程中，个体认知起核心作用。只有当个体正确、合理认识压力并设法解决问题时，才能调动内部、外部各种资源解决问题。

（一）正确认识幼儿教师职业的价值

有人问两名建筑工人："你们在做什么？"一位淡淡地回答："我在搬运石头。"另一位充满热情地回答："我在建一座宫殿！"两种不同的看法决定了他们工作时的不同情绪和感受。幼儿教育工作是"九分爱心、一分烦心"的事业。在这份事业中，心态积极的幼儿教师会认为和天真无邪的孩子在一起是一件快乐的事情，他们每天都会有意想不到的收获和喜悦，每时每刻都可能享受到孩子回报的爱。幼儿教师只有对工作性质有了正确认识，才能从内心接受这份工作，才能体验到幸福感。

有的幼儿教师觉得自己地位卑微，工作烦琐，工资待遇太低，每天上班只是为了谋生，年复一年消耗青春。这就需要转变观念，重新认识幼儿教育工作的价值。霍兰德曾说：工作的价值不仅是获得金钱、地位与荣誉，它的价值还在于使你满足自己的兴趣，获得内心的愉悦。幼儿

教育不是牺牲而是享受，不是重复而是创造，不是谋生的手段而是生活本身。坚定自己的教育信念，这是幼儿教师的精神支柱和战胜困难的内在动力。重新认识幼儿教育工作的价值和乐趣，有利于幼儿教师发现幼儿教育生活中无处不在的幸福。

优秀的幼儿教师都有自己的专业信念体系，对幼儿教师职业有深刻的理解和全面的把握，有坚定的职业信念。高层次和长远的理想能使人不为眼前利益所困惑，不为一时困难所吓倒，对幼儿教育事业执着，并能把对专业成长的强烈愿望转化为专业成长最可靠的、恒久的动力。

（二）建立合理的职业期望

有些幼儿教师在职前有一些不切实际的过高期望。当他们真正进入教育生活实践中时，面对现实与理想的落差，会难以接受这种客观存在，进而产生倦怠感。幼儿教师需要充分认识幼儿教师职业的特性，即虽然它具有高尚的社会意义（如可以促进幼儿健康、快乐地成长，对其一生有重要意义），但也有一定的局限性（如教育的效果是有限的，社会地位低，收入也不高），所以不能一味强调其专业的自主性和培养国家栋梁的社会责任，不能因为现状与自己的预期目标相差太远而产生强烈的挫败感。合理的职业期望有助于幼儿教师减轻自身不必要的压力，归于现实：教师是一个实实在在的人，教师的能力是有限的；教育并非是万能的，受很多因素的影响；不能把有些源于幼儿自身的缺陷、幼儿家庭和社会的责任都归咎于幼儿教师。

此外，幼儿教师还需要确定一个对自我有激励的、合适的人生目标。人生目标缺乏、过高以及目标冲突也会带来心理压力。缺乏目标会迷惘而痛苦，目标冲突会纠结而痛苦。合适的目标既符合实际，又能引起自己的兴趣、提高自己的抱负水平。最常见的错误是确定了不切实际的目标：目标过高，难以达到而产生压力；或是目标太低，缺少成就感而产生压力。

（三）正确看待问题和压力

现实生活中，人总会遇到各种各样的事情。面对同样的困难，有的人觉得无力应对，从此意志消沉甚至自暴自弃；有的人把它看作新的挑战，努力抗争并寻求解决的办法，最终获得成功。问题或困难对个体产生什么影响，取决于三个因素：一是个人的态度。积极乐观的态度会使人思维更灵活，而消极被动的态度会使人思维更保守。二是对自身能否完成任务的认知，即自我效能感。自我效能感高的人对自己解决问题的能力有较大的把握，敢于挑战，自我效能感低的人则只会畏首畏尾。三是对问题和困难程度的知觉。对新问题和困难不能总用以往的惯用方式去解决，运用已有知识厘清问题间的关系才是解决问题的关键，而对问题难度的认识会影响个人解决问题的信心。这三个因素相互影响，共同作用于问题的解决。态度乐观、对自己有信心、把问题难度看得小一些的人，会把每次的问题解决看作是对自身的挑战，是自我价值实现的过程；态度消极的人则有相反的认识和结果，感受到更大的压力。因此，换个角度看问题，带着积极的心态去面对困难，将会看到更多的希望，压力也将随之消失。

压力也有积极和消极两种意义。不同的视角，会看到不同的现状。乐观面对压力，视之为职业发展中的必然，甚至是自己前进的阶梯，压力也就会成为动力。消极对待压力，把压力视为自己"倒霉""命运不好"，甚至归结于社会或其他外部因素"糟糕透顶"，就很容易自我编织"无法挣脱"的困境，把自己封锁在里面。一位幼儿教师谈到工作压力时说："工作确实有些乏味、辛苦。但就是这样的工作才显得我们的不平凡：孩子们每一天都在进步，他们的一言一行都那么可爱，他们经常会给你带来意想不到的感动和惊喜。"以积极的、审美的态度对待工作，就能够享受到工作的乐趣，而不是压力和枷锁。

（四）消除不合理的信念

有的幼儿教师对自己要求过高，如"我应该让家长和同事都认可我"，"我必须完美地做好每件事"，"我认为孩子应该听话、服从指令、在课堂上保持安静"，等等。一旦不能如愿，加上不正确的归因，很容易产生消极情绪和压力。因此，幼儿教师要正确认识自己和周围的事件及他人，尤其要根据自己的能力和实际水平进行合理的目标定位，积极地归因，既看到自身的问题，也看到外界因素的作用，不要过于责怪自己，避免产生不必要的焦虑、紧张和压力。有的幼儿教师对幼儿不能得到很好的发展感到很内疚，把主要责任归咎于自己，误认为"幼儿是一张白纸，可任教师去描绘"，而忽视了幼儿自身作为发展主体的地位和作用。因此，科学的儿童观、教育观不仅是现代幼儿教育建立的关键所在，而且也是幼儿教师调适心理压力的一剂良药。

二、掌握积极的心理调节方法

（一）善于运用各种资源

当个体感到所拥有的资源和所要完成的任务要求不匹配时，压力就会产生。有效和充足的资源是缓解压力的必备条件。资源一般可分为内部资源和外部资源。

内部资源主要指心理资源，包括乐观、自我效能感、控制点、心理韧性等。在内部资源的使用上，幼儿教师要培养乐观的情绪个性、积极的态度，善于思考、学习和总结自己在工作中的成功经验，努力提升自我效能感，建立对压力事件或情境的控制感。乐观者比悲观者能较好地评价和应对压力事件或情境，乐观者对压力源的威胁性和自身的应对能力的评价更积极些，较多采用问题指向应对来积极地解决问题。

外部资源指存在于个体之外的、能对个体的精神和物质予以支持

学前教育专业人才培养的理论与实践

的社会关系，如家人、朋友、师长、同事等构成的支持系统。当教师感到面临压力且自身资源无法应对时，就可从外部资源中获得情绪、信息、物质、专业技术等方面的支持。较好的社会支持可以降低对职业压力事件或情境的伤害性评估，为个体提供解决问题的策略和其他支持。幼儿教师不要做孤独的职业者，要积极参加有益的社会活动，善于和幼儿家长、同事、领导及朋友等发展相互信任的关系，在面对压力时学会倾诉，主动沟通，寻求帮助，克服自我封闭，降低个体对职业压力威胁性的感受，从而减轻压力事件或情境可能产生的不良影响，保证身心健康。列出关系最亲密的10个亲友的名字，并积极维护这种关系，当遇到困难时，他们就是最大的精神与物质的支柱，可以毫不犹豫地立即请求他们的援助。

（二）有效地管理时间

时间紧张、不够用，经常有做不完的事，是许多幼儿教师感到压力和紧张的原因之一。这固然与工作负荷有关，但也可能与个人是否能有效管理支配时间有关。幼儿教师可以尝试为自己的工作列张清单，制订完善、合理的工作计划，重点工作、紧急工作优先处理，保证集中精力做好最重要的事情。

很多幼儿教师因为缺乏对时间的调配能力和控制能力，致使自己像个陀螺一样在工作和各种杂事的外力作用下不停地旋转。认真计划和准备具有重要意义的事情，就会多一份控制，而不是仅仅被动对事情做出反应。只有这样，紧急的事情才会减少，时间带来的压力才能消除。另外，提高做事效率，改正自己做事的不良偏好，对实现目标越有贡献的事情越重要，在时间安排上应优先处理并保证充足的时间；意义越小、越不重要的事情应延后处理，花少量的时间；学会积零成整，善用时间片断，努力增加可支配的个人时间和休闲时间，而不是让自己变成工作机器；留些时间做运动、休闲，使自己的身心有机会恢复到自然状态，保证有充沛的体力来处理繁重的工作；等等。这些对幼儿教师减轻压力都有非常重要的作用。

（三）积极宣泄

宣泄是指通过一定的行为或语言等方式，来减缓或释放心理压力。采用合理的方式进行宣泄，有利于减小压力造成的不良影响，是一种积极的压力应对方式。常用的方法有：

运动解压法，忧郁、沮丧等不良情绪通常发自左脑，愉快情绪则发自右脑。进行体力劳动、体育锻炼、娱乐活动时，左脑会逐渐受到抑制，右脑则取得支配地位，从而可解除紧张郁闷等不良情绪，保持健康心态。哈佛大学教授米勒举例说：经过3个月的严格体育锻炼程序后，参加锻炼的患者抑郁症状有明显改善，与接受标准抗抑郁药物治疗的其他患者效果相似。对中学生的相关研究也发现，参加体育锻炼多的同学抑郁症状相对较少。其他研究也发现，锻炼可以改善诸如惊恐障碍、心理创伤和其他焦虑性心理问题。

音乐放松法，音乐的心理作用在于，优美的音乐能促使人体分泌一些有益于健康的激素、酶和乙酰胆碱等物质，起到调节血液流量和神经细胞兴奋的作用。另外，音乐对边缘系统、脑干网状组织等情绪的神经机构能发生直接作用。每首乐曲的节奏、速度、音调等都不尽相同，可以表现出不同的情绪调控效果。把轻松舒缓的音乐作为背景音乐，在音乐的环绕中进行活动，潜移默化地受到音乐的暗示，可以达到调整情绪的作用。如果能结合冥想实施"音乐冥想"，则可以更有效地进行心理减压。如，在音乐背景下，让自己在身心放松的状态下体验自我生命的美感，丰富内心世界的想象力和创造力。在想象中体验自然和生命的美妙，让心灵得到洗礼，从而改变日常的心理状态。采用的音乐可以是描述高山、草原、溪流、大海、森林、田野等大自然风光的音乐。这些音乐很容易给人们带来轻松、美好的感觉。

学前教育专业人才培养的理论与实践

书写宣泄法，在心理压力很大的时候，在白纸上书写自己的糟糕经历和情绪，可以起到一定的宣泄作用。如果能按照以下步骤，效果会更好：写出当时的不良心情；写出这种情绪出现的主客观原因；写出这种情绪继续下去有什么危害；写出怎么做会更有利于自己接下来的生活和工作。

哭、喊、唱歌法，很多人在遭受创伤或压力事件时会选择这几种方法，但利用不好会产生消极结果。积极的做法是：找一个相对安全的环境，如在关系非常亲密的人身边，在一个隐私的空间，或与好朋友一起去歌厅，等等；在哭喊时要尽量保证不会伤害自己，特别是心脏病和高血压患者；在选择歌曲时，开始可以选择与心情基调较为一致的歌曲，然后选择一些舒缓的歌曲，最后选择节奏明快的歌曲。

击打宣泄法，积极的击打宣泄法是指个体选择安全的击打对象实施击打，以此宣泄自己不良情绪的方法。安全地击打对象包括软枕头、软沙发靠背、被褥以及专用的宣泄设备（如宣泄人、宣泄墙等）。

（四）适时寻求心理咨询

幼儿教师无法承受压力又缺少心理社会支持的时候，最佳的选择是寻求心理咨询。心理咨询可以提供一个安全的环境，帮助来访者倾诉心声，辨明问题，平衡情绪，寻找解决问题的办法，实现人格的完善。专业的心理咨询师能够耐心地听来访者诉说，运用心理学的专业知识，帮助来访者分析面临问题的实质，发现引起问题的原因，使情绪得到缓解，心态得到平衡，提高认知水平，增强自信心，人格也得以发展和完善。

三、提高身心素质

（一）培养心理韧性

韧性在心理学中是指个人面对生活逆境、创伤、威胁及其他重大压力时的良好适应，也是个人面对生活压力和挫折的反弹能力。心理韧性直接影响着生活质量。培养一个人的心理韧性就是促进其自我成长与人格完善。在培养心理韧性的训练内容与方法上：一是要创造和维持主观幸福感和乐观态度，形成健康的认知因素，具有积极的性情，遇事多看光明的一面；二是通过不断地自我鼓励和肯定，并提供克服困难的榜样，培养自信乐观、自主行动、表达自如、风趣幽默等人格因素，推动个人积极面对压力的挑战；三是学习一些不同情况下的不同应对策略，帮助自己舒缓压力，解决问题。

（二）学会自我积极暗示

自我暗示对人的心理影响作用不可忽视。同样一颗痣，有的人认为它像一块伤疤，影响美观，会每时每刻、千方百计地想办法去掉它。而另一种人则将它当作美人痣，顺其自然，甚至因其而自豪。自我积极暗示有时会有戏剧性的功效。幼儿教师要学会自我积极暗示的方法，可尝试多看自己的优点，如，"我比专家更了解幼儿"，"我写的文章更受大众读者欢迎"，等等。许多教师向专家和同行介绍自己的工作经验时过分谦虚，本来很有成效的结果，却描绘得不伦不类，对专家的评议诚惶诚恐，过分敏感。其实，有些专家并不比你知道得更多。幼儿教师处在孩子们生活的最前沿，更有资格、更有能力检测被幼教专家们束之高阁的"模糊理论"。在遇到问题时，给自己一个积极暗示，"相信我一定可以渡过难关"，会给自己强大的前进动力。

（三）养成良好的生活习惯，保持身体健康

现代健康的定义包含身体健康和心理健康两个部分。身体健康是心理健康的重要保证，也是心理健康的一个指标。良好的身体素质是个体积极应对压力事件的重要资源。身体状况不良的人，在面对压力事件时，容易产生"屋漏偏逢连夜雨"的感觉。身体健康的人往往更加积极，相信自己能够战胜困难。保持良好的饮食习惯，早睡早起，适度娱乐，坚持锻炼身体，有利于保持身体健康。

第三节 幼儿教师的自我意识培养

幼儿教师在自我意识层面上能够保持对所从事职业的身份认同和对个体自我效能的健康呵护，就能够在教育生活中充分感悟教育人生，体验教育幸福，建构教育精神，培育教育生命，在关怀自我的同时，积极投入地关爱学生，在职业生涯中不断地完善自我，成就自我。

一、幼儿教师的自我意识

幼儿教师的自我意识是幼儿教师在对自己教学实践活动进行评价中形成的稳定的态度与信念综合体。幼儿教师积极的自我意识是职业心理素质的重要构成部分。具有积极自我意识的教师对教学更有信心，教学信念更明确、更稳定。相反，具有消极自我意识的教师由于对自己教育教学能力价值的怀疑而影响自己的情绪，导致与同事、幼儿关系的疏远、冷漠，也更易怀疑自己的个人成就，致使自己职业成就感下降。另外，有着积极自我意识的教师较少体验到压力和工作倦怠。这是因为具有积极自我意识的教师会以乐观的方式看待事件，并能较好地应对变化的环境，从而对生活事件产生较多的良性体验。而具有消极自我意识的教师对事件的不良感知和评价会使他们带着压力去工作，甚至产生厌恶感。主观幸福感与自我意识还存在显著的相关关系，即自我意识水平越高，正向情感越强，幸福感也越高。

幼儿教师对其专业活动所抱有的知识、观念和价值是其自我意识的重要部分。在教师职业生涯中，形成良好的教师自我意象，能从一般的

自我描述中推断出"我是个什么样的教师"，是认识自己的开端。与自我意象紧密交织在一起的，是教师对自身的专业行为和素质做出的个人评价，它显示出教师的自我尊重的程度。教师了解自己的工作动机，可以促使教师进入教学职业，留在教学工作岗位，搞好教学工作。此外，教师对其工作境况的满意度，对工作内容、职业生涯、未来发展的期望等都是教师个体对自我从事教学工作的感受、接纳和肯定的心理倾向，它们显著地影响教师的教育行为和教学工作效果。从这个意义上说，幼儿教师专业发展的过程也是其专业自我意识形成的过程。

自尊和自信是幼儿教师自我意识形成的基础，也是幼儿教师良好自我意识的主要表现。自尊就是尊重自己的人格、荣誉，不向别人卑躬屈膝，不容别人歧视侮辱，维护自我尊严的自我情感体验。幼儿教师不能因为社会上有些人不尊重这一职业，经济收入低，就不尊重自己，自暴自弃。别人越是不理解自己，幼儿教师就越需要增强职业荣誉感、自豪感与责任感。看不起幼儿教师职业的教师，就无法全身心地投入工作，也不可能真正热爱幼儿、培育幼儿良好的身心。自尊心是推动幼儿教师不断成长的一种内在动力。自信是指相信自己的能力，深信自己具有完成幼儿教师职业赋予自己职责的能力。自信是发挥自身潜能和积极性、战胜一切困难的前提。缺乏自信常常是事业不能成功的主要原因。幼儿教师应学会更多地发现自己心灵深处哪怕只是一闪即逝的火花，而不只限于仰视伟人、圣者头上的光坏。只有自信才能给幼儿展示更加美好的未来。

一些幼儿教师对自己的专业发展期待过高，往往企图通过常规的、习惯了的或简单的努力去实现专业理想，这往往导致失败，产生挫折感。挫折感积累后又转化为自卑和自我否定。一些幼儿教师对现实中的自我不满意，常会产生怀疑、否定、压抑自我，拒绝接纳自我，排斥自我的心理倾向。对自我的否定又会降低教师的自我要求水平，导致对个

学前教育专业人才培养的理论与实践

人潜力的怀疑，制约自己对事业的憧憬和专业发展的追求。一些幼儿教师对现实中的自我过度高估，过分自负以致形成虚妄的判定，在专业发展的道路上，不恰当地估计自己的能力，对自己提出难以企及的目标。一旦奋斗目标不能实现，又往往一蹶不振。盲目的自尊，超常态的虚荣心，极强的心理防卫，会使人自吹自擂，或认为别人嫉妒自己，并常常会发展出新的心理与教育行为上的障碍。

自我意识健全的幼儿教师，倾向于以积极的方式看待自己，能够准确地、现实地领悟他们自己所处的教育环境，对他人有深切的认同感，对幼儿有爱心，也具有自我满足感、自我信赖感和自我价值感。幼儿教师的自我意识对教师个体的行为有调整和指导作用，积极的自我意识能够帮助教师个体做出适当的决策以实现理想自我，是教师发展的持久动力。

自我意识影响幼儿教师的自我专业发展。幼儿教师自我专业发展意识是幼儿教师专业发展的核心，其发展过程是教师专业结构、专业素养不断更新、完善的一个动态过程。其发展的内涵是多层面、多领域的，既包括了知识的积累、技能的娴熟、能力的提高，又涵盖了教育信念的建立、态度的转变、情感的发展。幼儿教师是成年学习者，是"反思实践者"，能够对自己的价值和与他人的协调实践关系不断进行反思和再评价。对于幼儿教师而言，他可能受到来自社会的影响，来自家庭、同事、幼儿、幼儿家长等的影响。在他的日常行为中，外界和他人的作用如何作用于他本人、如何影响其成长，他自己又怎样理解经验，这需要借助一种途径把这种外化的行为和经验内化为幼儿教师自身的一部分。而这正是一个自我反思的过程。其中的关键就是自我意识和反思，而自我反思和发展意识是幼儿教师专业发展的基础和前提。同时，幼儿教师已有的自我意识也会受到他的经验和反思的影响。幼儿教师通过社会教育活动、教学实践、社会交往等外界刺激，促使自我反思，通过自我反思的内化过程，形成积极的自我意识，提高自我专业发展意识，从而促

进个体自我发展。

健全的自我意识有利于幼儿教师发掘自身的潜能。健全的自我意识可以帮助幼儿教师形成准确的自我认知与评价，并在此基础上，建立自立、自主、自信的良好心理品质，激励幼儿教师在教学中大胆尝试，积极进取，最大限度地调动自身的潜能，激发思维活动功能，获得成就。在这一过程中，要不断克服消极的自我意识，强化积极的自我意识，形成自我意识的良性循环。因此，正确的自我意识是一个人保持健康的心态、充满活力、获得最大发展的重要因素。

健全的自我意识有利于幼儿教师人格的完善。面对同样的压力和挫折，不同的幼儿教师有着不同的感受和反应。这主要是因为个体的人格调控系统在起作用。自我意识越健全的幼儿教师，其自我认知、自我体验和自我控制越能够协调一致地工作。他们能够理智地面对生活中的压力和挫折，情绪体验较适度，并能积极地进行调节和控制。他们表现出较强的心理承受能力和自我调节能力，因此他们的人格发展较健全。而自我意识不健全的幼儿教师，对自身无法形成正确的认知，也就无法冷静地应对压力和挫折，往往会产生一些错误的认知，情绪反应过激，缺乏行动的动机，因而也不利于人格完善。

二、幼儿教师自我意识完善的路径

（一）学会正确地认识自我

正确认识自己是建立健全自我意识、接纳自我、完善自我的基础，它有利于调适现在的我和构建未来的我。幼儿教师经常解剖自己，反省自己，学会观察自己的内心世界，对自己的心理状态进行分析，评价自己的个性、能力、爱好，了解自己的长处和弱点，反省自己在教育教学行为实施过程中的不足与收获，可以逐渐学会有的放矢地进行自我调

节。把自己与同事做比较是自我认识的另一条重要途径。与其他幼儿教师产生心理上的认同感，可以加深对自身特点的认识和了解，认识自己教育教学的实际水平及在幼儿教师群体中的地位，找出自己的差距和努力方向。学会用发展的眼光、辩证的方法去看待自己。比较的视野越广阔，方法越科学，自我的位置就定得越恰当，越能合乎实际地确定自己的专业发展目标，制订切实可行的行动计划。幼儿教师也可以通过他人对自己的态度、期望、评价来发现自己难以发现的优点与缺点，并用教育活动的成果来认识自我。社会、幼儿园衡量一名幼儿教师的价值主要是通过教育活动成果论定的，有效的教育活动成果表现在幼儿的发展上，它可以使幼儿教师进一步提高认识自我的能力，发现自我的价值，以积极向上的态度对待自己的生活、学习，以友好的方式对待幼儿、同事。幼儿教师要善于进行心理调适，接受、认可和悦纳自我，避免对自我的不满和排斥，才能在专业发展的道路上取得更大的进步。

（二）设计合理的自我发展蓝图

设计合理的自我发展蓝图，能够为自我的发展确立明确的方向，也为在日后的社会竞争中获得成功打下良好的基础。幼儿教师在进行发展规划时，要立足于现实，结合自己和环境的特点，确立正确的专业发展目标。目标是力量的源泉，但也应给自己设计可望可及却又需要努力才可以实现的目标。如此，一旦达到目标，就会激发进一步成长的愿望，促使再制订下一级目标。这种良性循环会成为幼儿教师在专业发展上奋斗不止的源泉和动力。每名幼儿教师都应有紧迫感和危机感，及时调整自身的心理平衡，尽快适应新的角色。有了正性压力，才能真正行动起来，更好地塑造自己、完善自己，使自己不仅拥有系统的专业知识，更拥有健康的人格，良好的心理品质。

确立新的专业发展目标后，踏踏实实地执行规划是使理想变为现实的行动。教师的专业发展能否最终得到体现，关键在于行动。在专业发

展的行动中，必然会有许多干扰因素，会遇到很多挫折、失意。只有不断提高自己的耐挫力，用意志来战胜困难，进行坚持不懈、卓有成效的努力，才能发挥出自身的潜能，达到自己确立的目标。

（三）培养良好的自控能力

自我调控是主观作用于客观的心理过程。一个人的自我意识是否积极健康，最终从自我调控的外部行为中得以表现。在这个过程中，人的意志品质起着重要作用。幼儿教师在实现职业理想的道路上，既有本能欲望的干扰，还有各种外部诱惑的侵袭。本能的欲望常令人背弃理智，如贪图安逸、追求物欲、趋利避害等。一名幼儿教师要想在专业上有所发展，就必须能够抵制诱惑，主宰自己的行动，学会自我控制。

自我控制的动力来源在于从根本利益和长远利益上看问题，不被表面的、暂时的利益诱惑。在决定做某事的时候，善于管理自己的精力和时间，全力以赴去实现目标，努力克服妨碍目标实现的动机。同时，要学会调控自己的情绪。情绪控制的核心在于妥善管理情绪。情绪管理有赖于自我认识，并需做出意志的努力。因此，情绪控制必须建立在自我意识和自我激励的基础上，它需要自我安慰、自己摆脱焦虑和不安。要自觉地消除"自我中心倾向"，增强人际沟通能力，悦纳自己，悦纳他人，悦纳社会。幼儿教师的自我中心倾向会束缚自己的认识能力，阻碍自己从更广阔的角度去考虑问题，阻碍自己对世界的认识、适应以及专业发展。幼儿教师作为知识分子，大多能比较正确地认识和处理主客观的关系。但是，由于教育教学工作常常由幼儿教师个人去操作，具有较强的个体劳动特征，这就容易强化幼儿教师劳动的个体意识，强化幼儿教师的"自我中心倾向"。这种"自我中心倾向"妨碍着幼儿教师形成正确的自我认识和评价，不仅易使幼儿教师本人故步自封，而且会扼杀幼儿的创造力，阻碍幼儿心理的健康发展。

（四）增强自信

自信是指一个人在对自己充分肯定的基础上建立起来的一种信心。它推动人的心理与行为向积极方向发展。幼儿教师对自己的外表、学识、能力、品行等方面具有较强的自信心，就能真正做到悦纳自我，形成良好的自我意识。增强自信可以从以下几个方面入手：

其一，幼儿教师要了解自己自卑心理的特点和成因，理智看待自己自卑心理的合理性，克服自己的自卑心理。克服自卑心理最好的方法就是积极参与社会交往和社会实践活动，在工作和生活中，确立符合自己的清晰的目标，然后为实现目标一步一步扎实地行动。幼儿教师要找准自己的位置，在工作中发挥自己的特长，规划一条适合自身发展的道路。在工作和生活中，幼儿教师要能够勇于面对困难，坦然面对挫折，能充分激发自己前进的力量。

其二，幼儿教师要积极发现自己身上更多的"闪光点"。任何人都不是十全十美的，都有自己的一些缺点和不足，最重要的是肯定自己的价值。幼儿教师要增强自信，必须积极发现自己的优点，而不能过分夸大自己的缺点和不足。"闪光点"可以从长相外貌方面发现，也可以从良好的个性气质方面找到，更可以在职业素质的各个方面发现：与幼儿良好的沟通能力，与家长和同事的良好关系，擅长器乐、舞蹈、绘画或手工，擅长讲故事、做游戏、开发新课程、做教科研，等等。

其三，学会积极地思考问题。遇到挫折时，想一想事情的积极方面，就算是失败了，也要思考挫折对自己未来工作和生活的意义，即失败的价值。幼儿教师经常给予自己积极的暗示，如在做一件事情的时候，心中默念："我可以！我一定能行！我能做得很好！"这样可以给自己增加正能量，使自己变得更有信心。

优秀幼儿教师成长的经验表明，反思是幼儿教师自我完善的有效途径。例如，对于教育教学实践的反思可以在活动前开展，自问本次活动

的目的是否明确，通过这次活动要促进幼儿哪些具体能力的发展或行为习惯的养成，根据以往经验，预测活动中可能出现的困难，并设计防范措施，等等；也可在活动后反思总结，自我评价活动效果，回顾活动过程中出现的问题和不满意的地方，并寻求改善的办法，做到活动后及时总结；活动过程中也可以开展迅速反思，特别是面对突发情境，教师应积极调动自身的教育机制，创造性地解决问题，做到活动中能够自觉地进行有效监控。但更有必要提出的是，反思并不能代替行动和实践。幼儿教师良好自我意识的形成必须以工作和生活实践为基础，且只有在实践中才能实现。脱离实践的反思只是空想。

三、幼儿教师的教学效能感

关于教师的教学效能感有两种观点。一是认为教学效能感是一种信念，是教师对自己能够完成所有教学任务的信心，并相信自己有能力影响学生的成就，自己的教学能力和专业知识能影响和帮助学生。这种信念表明了教师对自身教学能力的自信程度。二是认为教学效能感是一种能力知觉，教师对于自己的教学是否能够引起学生成功学习的个人满足的一种直觉。当教师直觉到其教学工作是值得努力的工作，且有助于学生的成长时，教师本身也会得到一种满足感，即教师效能感使教师深信在任何特殊情况下，他们有能力排除学生学习上的障碍，激发学生学习动力，使学生有效地学习。由此可见，教师的教学效能感与教师的自我意识特别是自信水平高度相关。基于此，我们把教学效能感放在本章进行论述。

综合以上观点，结合幼儿教师的工作实际，我们认为，幼儿教师的教学效能感是幼儿教师对自己在教学活动中能否有效地设计、组织和实施幼儿园教学活动、完成教学目标的能力判断及信念，是一种对自己

学前教育专业人才培养的理论与实践

教育教学能力的主观判断和评价。作为一种内在的心理体验和感受，幼儿教师的教学效能感对教育工作、幼儿发展以及幼儿教师自身发展都具有极其重要的意义，是促进幼儿教师专业发展的重要内在动力。幼儿教师的教学效能感分为一般教学效能感和个人教学效能感。前者是幼儿教师对教与学的关系、对教育在幼儿发展中的作用等问题的一般看法与判断；后者是幼儿教师对自己教学效果的认识和评价，即幼儿教师对自己有能力完成教学任务、搞好教学、教好幼儿的信念。

影响幼儿教师教学效能感的因素，主要包括幼儿教师自身的教育经历、接受的培训、其他教师的成败经验、外部评价、教师的情绪和生理状态、教师的性格特点和理论修养、幼儿园环境和社会支持等。幼儿教师主要是通过亲身的教育教学经历获得关于自身能力的认知与评价，幼儿教师的直接经验是教师教学效能感形成的最强有力的信息源。而建立在直接经验基础上的劝说和鼓励，能够有效地提高教师的教学效能感。幼儿园内部和幼儿园之间教师的相互观摩、现场研讨，所获得的替代性经验非常具有情境性和现实可能性，它们可以促进幼儿教师的反思和探索，也有助于幼儿教师教学效能感的发展。园长、同事以及幼儿家长的认可，家人的支持，社会对幼儿教师职业的肯定，幼儿教师经济待遇和社会地位的提升等，也均能增强幼儿教师的自信心和自我评价的水平，从而提高其教学效能感。

四、提高幼儿教师教学效能感的策略

（一）师范院校要建立新型培养模式，优化学前教育专业课程体系

第一，幼儿教师职前培养中的课程设置需要调整。目前，不少学校的学前教育专业过于强调学科的学术性和专业性，过于重视理论学习而轻视专业技能的教育。而有些学校又过于关注对幼师技能、技巧的训

练，忽视了幼师生理论知识的学习。第二，要完善幼师生的实习实训制度。教学实践的机会太少，实习期太短，学生缺乏实践经验，无法顺利适应入职后的教育教学工作，导致教学效能感不高。因此，学校应重视幼师生实习的地位和作用，建立固定的实习场所、落实实习实训时间和安排，为准幼儿教师提供充足的实践机会。

（二）幼儿园要发挥积极的作用

幼儿园的管理对幼儿教师教学效能感的形成和提高起着重要作用。幼儿园可以从以下几方面帮助幼儿教师提高教学效能感。第一，完善新教师入职培训机制。新教师入职培训的主要目的就是尽快适应教师岗位以及为教师的终身发展奠定基础。幼儿园可以通过多种途径提高新教师专业技能，包括如何设计教育活动，如何创设幼儿园环境，如何与儿童交往，如何与家长沟通，以及如何进行科研、教研等。这些专业技能问题得不到及时解决，会削弱教师的专业动机，降低教师对自身能力的自信，即教师的个人教学效能感。幼儿园可以为每一个新教师配备一个有经验的指导教师并对这种一对一的帮助进行适当的评估与监督，定期观摩新教师讲课、备课，开展新教师与老教师教育经验分享活动等。第二，为新教师提供专业成长的舞台。根据新教师自身的特长安排恰当的任务，使新教师在入职初期能够获得成功经验；通过多种途径向幼儿家长宣传新教师，比如开展新教师风采大赛，利用网络或橱窗展示新教师风采等，使幼儿园其他员工以及家长能够了解新教师的工作业绩，使他们对自己充满信心，减轻工作压力，进而提升教学效能感。

对成熟型的幼儿教师，要提供更多表现的机会。处于职业生涯挫折阶段的中年教师已经具备了很多相关经验，发展也接近瓶颈期，容易产生教学上的挫折感或是工作满意度逐渐下降，工作热情降低。因此，需要把更高层次的学习机会给他们。比如，提供给他们赴外地考察学习的机会，让他们做科研、教研的带头人，在带领新教师的过程中重新找

回自信，肯定自我价值，提升教学效能感。此外，对于10年以上教龄的教师，虽然他们的教学效能感已趋于稳定，但并非不可改变。幼儿园可以鼓励这部分教师尝试运用新的教学方法、教学技术（比如多媒体的运用），接受新的教育观念，使这部分教师认识到教学方法的多样性与灵活性，发掘自身的教学潜力，提高教学效能感。

此外，搭建学前教育理论工作者和幼儿园交流、合作的平台，也非常有利于幼儿教师教学效能感的提高。示范园的幼儿教师的教学效能感显著高于其他幼儿园的教师的原因之一就是，示范园的幼儿教师有更多的机会接触学前教育方面的专家和幼教名师。通过以园为本的现场教科研活动，幼教专家可以基于案例来对幼儿教师进行专业培训，指出教育教学活动中存在的问题或症结，用先进的理论观念规范幼儿教师的教学行为，对幼儿教师的教学实践进行理论层面上的梳理。幼儿教师在先进理论的指导下，通过行动研究，对自己的教育实践进行反思，努力提升实践的科学性、合理性，这能促进幼儿教师专业水平的整体提升。幼儿园和幼教主管部门要发挥桥梁作用，积极创造机会，为幼教理论工作者和幼儿园搭建一对一或一对多的交流平台，全面提升幼儿教师的职业素质。

（三）幼儿教师的自我提升策略

第一，要形成积极的归因风格。教师的教学效能感是教师对个人教学能力以及教育对儿童作用的一种认识，在很大程度上由教师个人的教育观、教育信念决定，而教学归因是教师对已经完成的教学活动结果进行分析，形成因果性解释的过程。人们对自身行为的归因可以产生一种情绪体验，即对自身能力的信念。只有将成功或失败归因于自身能力等内部的稳定性因素时，教师才可能增强或降低教学效能感。积极的归因风格有助于幼儿教师自信心的发展与效能感的建立。所以，教师应该学习正确的归因方法，将成功视为自身努力的结果，相信自己的能力。将失败归结为自身努力不够，这样就可以督促自己加倍努力，重新认识教学任务，形成良性循环。具体策略包括：幼儿教师需要对教学中出现的问题做易控的内部归因；相信通过自己的努力，实施良好的教学策略，能成功完成任务；在分析自己失败的原因时，全面、客观地看问题。同时，幼儿园管理者也应注意帮助教师增强对自身教育行为与教育效果之间关系的正确认识，引导教师形成积极的归因风格，达到既不推卸自己的责任，又能转变归因上的偏差，体验成功带来的满足感和喜悦感，认识到通过自身的努力可以获得成功，从而提高对自己教学能力的信任。

第二，幼儿教师要提高教育教学能力。幼儿教师应积极参加继续教育，不断提高自身教育理论、专业知识等素质，增强个人教学效能感，特别是在教学实践中，不断尝试新的教学方法、教学策略和教学技术，积累成功的经验；在观摩教学中，注重向优秀教师学习，产生替代性强化作用；利用传、帮、带等形式，积累大量教学经验，不断解决教学中遇到的困难和困惑；经常进行教学反思，提高教学监控能力，在教学之前、中、后阶段多对自己的教学进行反思，不断地提高教学能力与自信心，进而促进良好个人教学效能感的生成。

第三，提高心理健康水平也会促进幼儿教师的教学效能感。情绪稳定、成熟的幼儿教师有较高的个人教学效能感；易于激动、焦虑，对自己的境遇常觉不满意，忧郁、自责、紧张、有挫折感的教师，其个人教学效能感往往不高。因此，幼儿教师需要学会自我调节，培养健康向上的业余爱好，保持与同事、幼儿家长、领导等的积极沟通，以乐观向上的态度面对工作和生活。

第七章

学前教育者礼仪素质培养

一、礼仪与幼儿教师礼仪

（一）礼仪

礼仪是人类社会为维系社会正常秩序而共同遵循的最简单、最起码的行为规范，是人们在长期的共同生活和相互交往中逐渐形成的、约定俗成的在仪容、仪表、仪态、言谈举止等方面的规范。

其中"礼"更强调尊重，它是指在人际交往中要尊重自己，尊重别人。"仪"是"礼"的表现形式。简而言之，礼仪是尊重自己、尊重别人的一种规范的行为表现形式。

（二）幼儿教师礼仪

那么，幼儿教师礼仪又是什么呢？幼儿教师礼仪是指幼儿教师在教育教学过程中表现出来的仪容仪表、言谈举止等方面的行为规范，是幼儿教师在工作岗位上待人接物、为人处世的行为规范。它是幼儿教师的师德修养、文化素质、风度气质、行为操守的外在表现。

二、幼儿教师礼仪规范的特点

幼儿教师礼仪作为幼儿教师在幼儿园中必须遵守的行为规范，具有鲜明的职业特征。这些特征主要表现为强制性、形象性、示范性、平等性。学习和掌握这些特点，对于加深对幼儿教师礼仪的理解，更好地应用礼仪规范有着重要意义。

（一）强制性

这是幼儿教师必须遵守的行为规范。遵守职业礼仪要以职业规范为核心，不能随心所欲。良好的礼仪素质是需要许多小的牺牲的。"成人不自在，自在不成人。"幼儿教师礼仪更是如此，需要幼儿教师有更多的自我克制、自我牺牲。

（二）形象性

每一位幼儿教师都应记住，当一个人处在教师职业状态时，他的功能会被成倍地放大，会影响许多幼儿，波及广大的儿童，甚至对幼儿造成终身的影响。

礼仪文化具有很高的审美价值，幼儿教师优雅的风度、端庄的仪容、大方的仪表直接作用于幼儿的感官，会让幼儿产生美的情感，给幼儿以美的熏陶和感染。这对幼儿形成正确的审美观有着非常重要的作用。

（三）示范性

幼儿教师是幼儿的"第二权威"，当幼儿离开家庭来到幼儿园的集体中，他们心中就逐渐牢牢地树立起了"教师权威"。幼儿几乎会模仿老师所有的行为模式和思维方式。所以教师的礼仪行为具有很明显的示范性。

（四）平等性

"礼"指的是尊重，即在人际交往中既要尊重自己，也要尊重别人。"仪"字顾名思义，仪者仪式也，即尊重自己、尊重别人的表现形式。在人际交往中，尊重是前提，平等是基础，即使是教师、幼儿之间也是如此。幼儿从小获得尊重并学会尊重，才能形成自尊自信的个性品质。

三、幼儿教师礼仪的基本内容

幼儿教师礼仪是幼儿教师在工作岗位上待人接物、为人处世的行为规范。具体体现在幼儿教师的师德、师表、师言、师行四个方面。

幼儿教师师德，是要求幼儿教师首先应是一名合格的公民，要遵守社会公德、有良好的职业道德，要懂得理解、尊重别人，要待人友善、真诚、宽容。

幼儿教师师表，是要求幼儿教师在理解塑造良好个人形象的重要性

的基础上，掌握幼儿教师仪态礼仪（包括表情礼仪）、幼儿教师仪容礼仪、幼儿教师服饰礼仪等的内涵，并具备这些方面的礼仪行为能力。

幼儿教师师言，是要求幼儿教师通过学习，掌握幼儿教师在各种场景下用语的基本要求、特点和应注意的言语禁忌。

幼儿教师师行，是要求幼儿教师了解交往中应注意的礼仪行为规范，比如在组织幼儿的一日活动中应注意的礼仪规范、与幼儿家长交往时的礼仪规范、与同事交往时的礼仪规范、见习实习时的礼仪规范。

四、幼师生学习幼儿教师礼仪的途径和方法

（一）思想上重视，树立礼仪观念和意识

行为是内在观念的外显，内在的价值观决定外在的行为表现。只有思想上重视，才会在行动中认真对待。必须在思想上重视礼仪规范和修养，意识到"人无礼则不立，事无礼则不成，国无礼则不宁"，重视良好的礼仪修养对幼儿教育教学的重要性，树立认真学好礼仪规范的观念和意识。只有在"重礼"意识的驱动下，才会有学习的积极性和主动性。

（二）课堂上认真，掌握礼仪内涵和要求

礼仪课程一般有一个学期的学时。要充分利用礼仪课程的学习时间，认真钻研教材和教师提供的拓展资源，掌握幼儿教师礼仪的内涵，明确幼儿教师礼仪的具体要求。还可利用空闲的自习课堂和自己的业余时间，研读我国古代关于礼仪修养的经典书籍，如《礼记》《周礼》《仪礼》《弟子规》等，提升自身的礼仪修养。

（三）生活中践行，培养礼仪规范和习惯

礼仪教育是一种养成教育。要真正成为一名有良好礼仪素养的幼儿教师，除了在课堂上学习礼仪知识外，还要注重理论知识的实践。通过礼仪行为模拟训练，将礼仪知识外化为行为规范和习惯。礼仪作为一种

行为准则和行为规范，具有极强的实用性，只有运用到实践当中去，才能使它的作用得以实现。课堂学习后，幼师生必须在生活中时刻注意自己的仪容、言语、行为，以规范的幼儿教师礼仪为标准，反省每日的行为习惯是否符合幼儿教师身份。

在课外生活和见习实习中践行时，可以通过多种方式为自己营造良好的践行氛围，如积极邀请教师、同学、见习单位教师和幼儿监督自己的每日言行，利用相机、日记等记录自己的校园行为并反思，积极参加学校组织的各种与礼仪相关的活动。只有当文明礼貌、遵守秩序等要求渗透到日常生活当中去，才能潜移默化地发挥作用，进而形成良好的行为习惯，使"守礼"成为一种自觉。

第一节 幼儿教师的仪表与服饰礼仪

一、仪态及仪态美

仪态，是人的姿势、举止、动作和样子。不同国家、不同民族以及不同的社会历史背景，对不同阶层、不同特殊群体的仪态都有不同标准或要求。

仪态主要表现在站、坐、行、卧等方面。我们的祖先对这几种姿态有着形象的比喻："站如松""坐如钟""行如风""卧如弓"。"站如松"是指头、颈、躯干、脚纵轴在一垂直线上，挺胸，收腹；"坐如钟"是指端正地坐相，挺胸、收腹、肩平、头正，眼朝前方，四肢摆放规矩；"行如风"是指正确的走相，轻盈灵巧、平稳、协调，步伐均匀；"卧如弓"是指良好卧姿，右侧弓卧，全身放松，手脚摆放自然。

仪态美即姿势、动作的美，是人体的静态美和动态美。一般而言，注重仪态美有四个标准：一是仪态文明，要求仪态显得有修养，有礼貌，不应在他人面前有粗野动作和形体。二是仪态自然，要求仪态既要规则庄重，又要表现得大方实在。不要虚张声势，装腔作势。三是仪态美观，这是高层次的要求。它要求仪态要优雅脱俗，美观耐看，能给人留下美好的印象。四是仪态敬人，要求禁止出现失敬于人的仪态，要通过良好的仪态来体现敬人之意。培根说："相貌的美高于色泽的美，而秀雅合适的动作的美，又高于相貌的美。"这是因为仪态比相貌更能表现出人的精神气质。

幼儿教师的仪态应灵活而不轻浮，庄重而不呆滞。车尔尼雪夫斯

基说："动作敏捷、从容，这在人的身上是令人陶醉的，因为这只有在生得好而且端正的条件下才有可能；生得不好的人既不可能有良好的步伐，也不可能有优美的动作，因为动作的敏捷与优美，是人体端正和匀称发展的标志，他们无论在什么地方，都会令人喜爱的。"

二、幼儿教师仪态礼仪规范

弗兰西斯·培根曾说："就形貌而言……优雅行为之美胜于单纯仪容之美。"举止是一种无声的语言，展示的是人的精神状态和文化修养。幼儿教师的举止，是幼儿教育的一种精神环境。比如，老师在批评小朋友时，如果情绪激动，不顾及小朋友的感受，声音大，语气嘲讽，而且还不时用手指推小朋友脑袋，这样的举止很容易导致小朋友形成负面心理。

举止规范作为幼儿教师的体态语言，更多的是通过一系列的习惯动作构成特定身体语言。所以，幼师生非常有必要注重日常举止规范的训练，养成文明行为习惯，从而通过细节体现出幼儿教师的素养，增强幼儿教师形象的魅力，增加幼儿教师职业的专业化，从而提高职业行为的可信度。

"眼睛是心灵的窗户。"在幼儿教师的仪态中，眼睛是最能沟通心灵、表达感情的。与人交往中合理运用目光是一种重要的礼仪规范。目光可以表现出对对方的友好、亲切与关爱。当人们想表达一种事情，而又不能用语言来表达之时，往往用眼睛来传达，这就是用眼睛传情达意，进一步使对方领悟自己的意图。

在工作中最大限度地运用目光的表现力，能够创造一个最佳效果的交际氛围。在谈话中注视对方的角度，是关乎对交往对象的亲疏距离与对人态度的问题。在社会中与人交往，应用直视、平视、正视、凝视等

目光。目光注视对方时间的长短也是有一番讲究的，要根据关系亲疏和对对方表示友好重视的程度，来决定目光注视时间的长短。

三、幼儿教师的发式美

（一）式样

根据自身特点如发质、脸型、体型、年龄、气质等选择适合自己的发型。

据工作环境等的不同，选择合适的发型。

无论款式如何，最重要的是干净，不然就显出懒人的真性。

如果喜爱电发，就更要注意梳理，否则容易让幼儿们联想到鸡窝之类。

不要戴假发（除非迫不得已），因为会让幼儿们研究个没完没了，并且他们会不断地猜想老师光头的样子。

教师的表率作用对幼儿的成长有特殊的影响，把头发染得鲜艳夺目会让所有的人注视你，如果你认真观察，会发现这些眼光绝对不是尊敬和羡慕的。

（二）装饰

不过度使用装饰物，应做到精致大方，色彩要和服装协调。

四、幼儿教师的面部修饰

（一）化妆的原则

修整自然。应以自然、淡雅为宜。

化妆得法。化妆时，遵守一定的顺序和手法。

整体协调。在化妆时，应努力使整个妆面协调，并且应与全身的装扮协调，与所处的场合协调，与当时的身份协调，以体现出自己慧眼独具、品位不俗。

注重礼节。女士在出席正式场合前化妆是对他人的尊重。幼儿教师在上课前化点淡妆幼儿们也会更喜欢。

（二）化妆品的分类

化妆品按使用部位和目的分为：

护肤化妆品。用于清洁皮肤，补充皮脂，滋润皮肤，促进皮肤的新陈代谢等。

毛发化妆品。用于使头发保持天然、健康、美观，以及修饰和固定发型，包括护发、洗发和剃须用品。

口腔卫生用品。用于清洁口腔和牙齿，防蛀消炎，祛除口臭。

美容化妆品。用于修饰容貌，发挥色彩和芳香效果，增进美感。

特殊用途化妆品。用于育发、染发、烫发、脱毛、丰乳、健美、除臭、祛斑、防晒等。

（三）化妆的基本程序

清洁面部。用温水及洗面奶彻底洗去脸上的油脂、汗水、灰尘等，以使妆面清洁。

护肤。将适量收缩水或爽肤水倒入掌心，然后轻拍在前额、面颊、鼻梁、下巴等部位。

基础底色。选择适合自己皮肤的粉底，不要使用太白的底色，否则会让人感到失真。

定妆。为了柔和妆色和固定底色，要用粉饼或散粉定妆，粉的颗粒越细越自然。

修眉。脸盘宽大者，眉毛不宜修得过长过直，相反，应描得适当弯一些、柔和一些。五官纤细者，就不宜将眉修饰得太浓密。描眉时，应将眉笔削成扁平状，沿眉毛的生长方向一根根地描画，这样描出的眉毛

有真实感，切忌又浓又粗的画成一片。

画眼线。沿睫毛根部贴近睫毛，由外眼角向内眼角方向画出眼线，上眼线应比下眼线重些，上眼线从外眼角向内眼角描十分之七长，下眼线描十分之三长。

涂眼影。眼影的颜色要适合自己的肤色和服装的颜色。

抹睫毛膏。先用睫毛夹使睫毛卷曲，然后用睫毛刷把睫毛膏均匀地涂抹在睫毛上，但不宜抹得过厚，否则会让睫毛粘住，给人以造作之感。

腮红。用胭脂扫将胭脂涂扫在面颊的相应部位。

涂口红。涂口红可加深嘴的轮廓，让脸部更加生动，富有魅力。涂口红时先用唇线笔画出理想的唇型，然后填入唇膏。按上嘴唇从外向里，下嘴唇从里向外的顺序进行。口红的颜色应根据不同肤色、不同服装的颜色、不同的场合来选用。

（四）男性化妆

男性皮肤的油性较大，分泌物较多，清洁面部对男性来说尤为重要。

修面。幼儿教师不能蓄须，男性必须每天剃胡须，修整面容。

涂面霜。选用男性面霜，认真涂抹。

改变面色。有些人脸色苍白、灰暗，可在使用的面霜中加入少许的口红，涂抹面部，要令人感到健康、精神。

涂唇膏。男性同样也忌口唇开裂，注意经常使用本色或无色的唇膏，保持唇部油润，以显得朝气蓬勃，精神饱满。

化妆基本程序结束后，要全面检查，以免有疏忽之处。在上班之前，务必认真化好妆，否则是失礼的表现。

五、幼儿教师的其他仪容礼仪

(一) 口腔卫生礼仪

保持口腔清洁，是讲究礼仪的先决条件。要坚持每日早晚刷牙。刷牙可以减少口腔细菌，清除牙缝里的积物，防止牙石沉着。常规的牙齿保洁应做到"三个三"，即3顿饭后都要刷牙，每次刷牙的时间不少于3分钟，每次刷牙的时间在饭后3分钟之内。

平日要多吃蔬菜、水果和粗米饭，以清洁牙齿；不吸烟、不喝浓茶，以免牙齿变黄变黑。上班前不喝酒，忌吃大葱、大蒜、韭菜等有刺激性异味的食物。

进餐时应闭嘴咀嚼，不可在人前露出满口牙齿，发出很大的响声。口臭患者在与人交谈时要保持一定距离，切不可唾沫四溅。进餐后如要剔牙，应用手或餐巾掩盖，切不可当众剔牙。

(二) 鼻腔卫生礼仪

要保持鼻腔的清洁，经常清理鼻腔，修剪鼻毛。切忌在他人面前挖鼻孔，拔鼻毛，这样既不文雅，又不卫生。

(三) 手指甲卫生礼仪

手的清洁与否与一个人的整体形象密切相关，反映一个人的修养与卫生习惯。要随时清洁双手，指甲要及时修剪与洗刷。不要留长指甲，也不要涂有色指甲油。

(四) 公共卫生礼仪

养成不随地吐痰、不乱扔果皮纸屑的良好习惯。不在幼儿面前修指甲、剔牙齿、抠耳朵、搓污垢、抠眼屎、掏鼻孔、打哈欠、搔痒、脱鞋袜等；咳嗽和打喷嚏时，应用手帕捂口鼻，面向一旁，尽量减小声响。

六、化妆工具的清洁与更换

漂亮的妆容来自干净的化妆工具。但是如果化妆工具很脏，使用起来不仅会影响其发挥正常的功能，而且也会大大影响化妆效果，当然给皮肤带来的其他不良影响就更不用多说了。

（一）海绵

用于涂抹粉底的海绵，在每次化妆时都应该使用干净的一面。可以把一块海绵分成表面左侧、表面右侧、里面左侧、里面右侧四个部分，每次使用一个部分，使用4次后要用香皂彻底清洗干净。海绵在使用的时候由于吸收了粉底里的水分而变得潮湿，容易造成细菌的大量繁殖，所以细致的清洗工作是非常必要的，可以保证肌肤的安全健康。如果经常清洗之后与皮肤的触感变得不好，并且边缘呈现破碎的状态时，就该换新海绵了。

（二）粉扑

粉扑要保持表面毛茸茸的，不要使其表面变硬。如果使用时失去轻柔触感的话，就需要用香皂清洗一下。刚买回来的粉扑也需要在使用之前清洗一下，让皮肤有轻柔舒适的感觉。粉扑清洗过之后，不要用手拧，要用毛巾卷住拧干多余的水分，然后在阴凉处彻底晾干。如果粉扑晾干后变得硬邦邦的，就用手轻轻揉搓一下。如果粉扑不管你怎么揉搓都无法恢复表面弹性而变得发硬，就该换新的了。

（三）海绵棒

清洗的方法与需要更换的状态与海绵相同。

（四）化妆刷

如果是天然毛制成的化妆刷，在每次使用之后要马上用纸巾擦干净。如果想改变化妆粉的颜色，要把化妆刷蘸上足够的透明粉，然后轻轻抖掉，蘸过多次之后用纸巾擦拭干净就可以了，一般情况下3—6个月

洗一次。清洗化妆刷的时候，在温水里放少量的洗发香波，把化妆刷放在水中轻轻地涮，洗干净后用护发素保养一下，然后用水洗干净。用毛巾卷住刷子将其水分拧干，整理一下刷毛使其柔顺，然后在阴凉处晾干。晾干之后用手把刷毛轻轻地揉一下，再用手指弹一弹，使其恢复蓬松的状态。如果保养得好，可以使用很长时间。

（五）唇刷

每次使用之后都要用纸巾把唇刷上多余的唇膏擦拭干净。如果使用不同颜色的唇膏时，就要在纸巾上蘸上唇部清洁霜把唇刷仔细地擦洗一下，然后用蘸了水的纸巾再擦一遍。由于唇刷的毛很容易掉，所以清洁的时候不要太用力。

（六）眉刷和睫毛梳

睫毛梳在每次使用之后用纸巾把残留在上面的睫毛膏擦干净就可以了，不需要其他清洁程序。眉刷刷毛较硬，清洗起来也比较容易，如果感觉眉刷特别脏的时候，就用香皂把它洗一下，这时可以用睫毛梳将眉刷刷毛之间的污垢梳掉。

（七）睫毛夹

每次使用之后用纸擦去污垢就可以了。如果睫毛夹上的橡胶垫老化，出现裂纹或是有断裂的现象，就要马上更换新的橡胶垫，否则会夹断睫毛，给睫毛带来损害。

七、着装的原则

（一）"TPO"原则

"TPO"即英语"time"（时间）泛指早晚、季节、时代等；"place"指地方、场所、位置、职位；"object"代表目的、目标、对象。

TPO原则是目前国际公认的衣着标准。据报道，学生最受不了教师

的穿着打扮是：低腰、低胸、透明、紧身、下摆喇叭超大的裤子、颜色太艳丽出挑、浓妆艳抹，男教师蓄长发、女教师爆炸式发型等。如一位小朋友在大冬天哭着要穿裙子、穿皮鞋，这是因为她的老师穿裙子、穿高跟鞋，而幼儿的愿望是和她老师一样"美丽"而已。

（二）协调性原则

正确的着装应尽显个体的完美与和谐。第一，要遵守服装本身的约定俗成的搭配。第二，要使服装各部分相互适应，力求展现服装的整体美和全局美。第三，使穿着符合个人的年龄、体形。正确的着装，能起到修饰形体、容貌等作用，形成和谐的整体美。协调美包括：款式美——造型和谐，巧妙塑造人体形象美；色彩美——色彩和谐，使人产生良好的心理效应；质料美——面料的质感直接影响服饰造型与色彩的效果。服饰美就是从这多种因素的和谐统一中显示出来的。

（三）个性化原则

着装的个性化原则，主要指依个人的性格、年龄、身材、爱好、职业等要素着装，力求反映一个人的个性特征。具体说来有两点：第一，着装应照顾自身的特点，做到量体裁衣；第二，着装应创造和保持自己的风格，但忌时髦、随便。选择服装因人而异，着重点在于展示所长，遮掩所短，显现独特的个性魅力和最佳风貌。特别对于幼儿园的男教师，一定要保持男性阳刚、坚强、责任的仪表形象，千万不能被女教师同化，甚至异化。

（四）整洁原则

具体表现为：第一，服装应当卫生，勤洗勤换。不允许存在明显的污迹、汗味和体臭。第二，在任何情况下，服饰都应该整洁干净，衣服不能沾有污渍，不能有绽线的地方，更不能有破洞，扣子等配件应齐全。衣领和袖口处尤其要注意整洁。

八、常用服装的选择与穿着

（一）制服着装

制服是标志一个人从事何种职业的服装，故又称岗位识别服。幼儿教师穿着醒目的制服不仅是对幼儿的尊重，而且便于幼儿辨认，同时也使穿着者有一种职业的自豪感、责任感和可信度，是敬业、乐业在服饰上的具体表现。穿着制服必须做到以下几点：

1. 整齐

制服必须合身，注意四长（袖到手腕、衣至虎口、裤到脚面、裙到膝盖）、四围（领围以插入一指大小为宜，上衣的胸围、腰围及裤裙的臀围以穿一套羊毛衣裤的松紧为宜）；内衣不能外露；不挽袖卷裤；不漏扣、不掉扣；领带、领结与衬衫口的吻合要紧凑且不系歪；工号或标志牌要佩戴在左胸的正上方。

2. 清洁

做到衣裤无油渍、污垢、异味。领口与袖口尤其要保持干净。

3 挺括

衣裤不起皱，穿前烫平，穿后挂好，做到上衣平整、裤线笔挺。

4. 大方

款式简练、高雅，线条自然流畅。

（二）便服着装

幼儿教师可以选择"流行中略带保守"的服装。穿着任何便服都应做到简朴典雅，和谐统一，并注意四个协调：

1. 穿着要和年龄协调

不同年龄的人有不同的穿着要求。一套深色的中山装，穿在中老年人身上会显得成熟和稳重，穿在青少年身上则会显得老气横秋。少女穿超短裙会显朝气蓬勃、热情奔放，少妇穿超短裙则不免有轻佻之感。

2．穿着要和体型协调

不同的人，身材有高有矮，体形有胖有瘦，肤色有深有浅，穿着要因人而异、扬长避短。

3．穿着要和职业协调

教师有为人师表的职责，不宜穿奇装异服和打扮得花枝招展。

4．穿着要和环境协调

在喜庆场合不能穿得太古板，在庄重场合不能穿得太随便，在悲伤场合不能穿得太刺眼，平日居家穿着可以随意一些。

（三）西装穿着礼仪规范

西装上衣应做得长短适中，以充分展现女性腰部、臀部的曲线美，如果配裤子，则可将上装做得稍长些。无论配裙子或裤子，一般采用同一面料做套装，使得整体感强。西装的"V"字形领口要高低适中，胸围和腰身都不要有紧绷感。前襟不翘，后身不撅，前后身处在一个水平线上。

西装款式多样，要根据自己的年龄、体型、皮肤、气质、职业等来选择；要讲究皮鞋、袜子、皮包、饰物、发型、化妆与西服的配套协调。

挑选西装时，选择基本色最好，不需要流行的颜色。面料质地要好。

（四）其他裙装

裙装最能体现女性的体态美。在一般的社交场合，女性可以穿连衣裙或穿中式上衣配长裙。夏季可穿长、短袖衫配长裙或者过膝裙。在宴请等正式社交场合，一般要穿长裙，至少要长过膝盖，不应穿牛仔裤和超短裙。

（五）鞋袜

鞋子和袜子被称作"脚部时装"和"腿部时装"，很重要。

女士穿裙子应当配长筒丝袜或连裤袜，颜色以肉色最为常用，修长的腿可以穿透明丝袜，腿太细可穿浅色丝袜，腿较粗可穿深色的袜子。

挑丝、有洞或自己用线补过的袜子，都不能穿着外出，可以在办公

室或工作场所预备一双袜子，以备袜子被钩破时急用。在正式场合着裙装，不穿袜子是不礼貌的。

西服裙装搭配袜子要穿连裤长筒袜或长筒袜，没长筒袜时，可以光脚，但不应穿短筒袜。

（六）帽子

帽子是衣着的一部分，它可以烘托戴帽者的身份、地位以及人格修养。女士戴帽很有讲究，参加宴会、婚礼、游园等社交活动时，帽子能增加主人的风采。帽子应根据出席活动的场合要求，根据自己的脸型和身高来选择。

女子的纱手套、纱面罩、帽子、披肩、短外套等作为礼服的一部分，允许在室内穿戴。

（七）服装的配色艺术

1. 三色原则

西服、衬衫、领带、皮鞋、手帕、袜子等不超过三个色系。

小三色：手表带、腰带、皮鞋颜色要力求一致，至少是一个色系的。

2. 服饰的色彩哲学

黑色，象征神秘、悲哀、静寂、死亡，或者刚强、坚定、冷峻。

白色，象征纯洁、明亮、朴素、神圣、高雅、空虚、无望。

黄色，象征炽热、光明、庄严、明丽、希望、高贵、权威等。

大红，象征活力、热烈、激情、奔放、喜庆、福禄、爱情、革命。

粉红，象征柔和、温馨、温情等。

紫色，象征高贵、华贵、庄重、优越等。

橙色，象征快乐、热情等。

褐色，象征谦和、平静、沉稳、亲切等。

绿色，象征生命、新鲜、青春、新生、自然、朝气等。

浅蓝，象征纯洁、清爽、文静、梦幻等。

深蓝，象征自信、沉静、平稳、深邃等。

灰色是中间色，可象征中立、和气、文雅等。

3．颜色搭配的方法

同色搭配法，对比色搭配法，相似色搭配法，无色系搭配法，无色和有色系搭配法。

第二节 幼儿教师的语言礼仪

一、语言是幼儿教师工作的基本工具

教学语言是教师教授知识、启迪智慧、塑造心灵的最基本工具，也是教师最基本的教学技能。幼儿教师的语言还是幼儿语言学习的示范，且能够启迪幼儿思维，促使幼儿深度思考，为他们的终身学习和未来发展奠定基础。苏联教育家苏霍姆林斯基说："如果你想使知识不变成僵死的、静止的学问，就要把语言变成一个最主要的创造工具。"

二、语言是幼儿教师与幼儿沟通的方式

《纲要》中指出，幼儿教育不是幼儿教师教幼儿学习、活动，而是教师在组织幼儿活动中观察了解幼儿，诱发幼儿的积极性，激发幼儿的学习兴趣。这就要求幼儿教师的语言必须对幼儿具有吸引力。所以，语言也是幼儿教师与幼儿进行沟通的最直接、最有效的工具。

三、幼儿教师语言对幼儿的健康成长有着不可忽视的影响

一个教师要给幼儿以好的影响，除了应具备高尚的人格、渊博的知识外，还要懂得语言艺术。教师的谈吐及语言表达对幼儿的教育及传授知识产生直接的作用，甚至决定着教育、教学的效果。所以，幼儿教师

应该在实施教学过程中克服一些不良现象，不断提高自身的语言素养，提高语言的魅力，使教师的语言为幼儿的健康成长起到促进作用。

四、语言运用要有规范性

教师的语言是幼儿语言的样板，教师只有使用规范的语言，才有可能对幼儿产生正面的示范效应。所以教师必须使用标准的、规范的普通话，在语音、词汇、语法等方面都要符合国家普通话的要求。做到发音清楚、吐字准确、不念错字、不使用方言、克服随意化。

幼儿园的幼儿虽小，但他们有很强的自尊心。若老师说话稍有不慎就会伤害幼儿的自尊心，给幼儿的心灵或多或少地带来消极的影响。如，有的幼儿在活动中特别爱捣蛋，有的老师就会很生气，然后说"你真是个调皮鬼"。这样其他的幼儿可能就会也喊这个幼儿"调皮鬼"，所以，幼儿教师在使用语言时应谨慎、规范，避免因随意而犯错误。

五、语言运用要有正面引导性

幼儿教师应愉快地给幼儿积极的指示和建议，平等交谈。幼儿教师对幼儿提出教育要求时，应采用正面引导，多使用平等性的语言。《纲要》倡导"教师应成为幼儿学习活动的支持者、合作者、引导者"。即要求视幼儿为平等的合作伙伴，支持幼儿的探索。所以，在收拾玩具时我们就应该将习惯说的"请收好玩具"改为"能不能""我们一起来好吗？""你可以帮我一下吗？"等。不能用强制性的"这样可不行""不能"等语言，以免阻碍幼儿主动性的发展和创造性的发挥。

六、幼儿教师的语言规范

（一）幼儿教师用语的基本要求

语言规范而形象（规范的汉语普通话，少数民族自治区有法定的、允许的、标准的少数民族文字）、态度和蔼而耐心、内容得体、方式适宜（因人而异、因材而异）。

（二）幼儿教师如何规范用语

第一，要讲普通话。宪法规定，国家推广普通话。不仅汉字、民族语言文字的书写要标准、规范；同时，口头语言也要规范，发音要标准，要让幼儿听懂。

第二，要讲文明话。幼儿教师往往会成为幼儿模仿的对象，所以一定要和不文明的语言划清界限，不仅不能使用不规范的语言，同时语言上应避免"脏、乱、差"（低级趣味、黄色语言、下流段子，都不是幼儿教师应该出现的语言）。讲文明话的另外一种含义就是要使用规范的礼貌用语，要尊重别人、尊重自己。

第三，要讲现代语。要与时俱进，要有现代感（你满口之乎者也，也许是很有学问，但与幼儿讲就不大能沟通。教学时，借古鉴今，古为今用，但不能把它拿到幼儿教学行为中，因为这行不通）。

第四，要讲直白话。要直白而形象、浅显易懂、循序渐进，强调以理服人、以例服人；不要用枯燥乏味、晦涩、幼儿不理解的名词和概念，因为无法沟通。

（三）幼儿教师用语的原则

平等交流：幼儿教师一定要与幼儿平等地交流。

善于沟通：语言是一种双向沟通的形式，是用于人际交流的。

总之，幼儿教师一定记住，在与幼儿和家长交往过程中的两条重要的交际法则：

第一，黄金法则：你想别人怎样对待你，你就要怎样去对待别人。

第二，白金法则：别人需要你怎样对待他，你在合法和遵守社会公德的前提下就要如此对待他。

（四）幼儿教师的语言美

声音美：语调、语声不能太高，速度要适中，发音要标准。

谈吐美：表情要专注，动作要适度。

境界美：格调要高雅，有上进之心，知识丰富。

七、幼儿教师要注意的忌语

《幼儿园教师专业标准（试行）》明确指出，幼儿教师"不讽刺、挖苦、歧视幼儿"。这就要求幼儿教师要注意：

忌粗口、忌训斥、忌侮辱、忌讽刺、忌妄言、忌乱言。

忌用的字眼：笨、笨蛋、智障者、傻、傻瓜、神经病、白痴、没出息、蠢、滚、讨厌、无可救药。

忌谈的主题：个人隐私、捉弄对方、非议旁人、倾向错误、令人反感。

第三节 幼儿教师的行为礼仪

一、幼儿教师与幼儿的交往礼仪规范

《幼儿园教师专业标准（试行）》规定，幼儿教师在与幼儿交往时要"建立良好的师幼关系，帮助幼儿建立良好的同伴关系，让幼儿感到温暖和愉悦""建立班级秩序与规则，营造良好的班级氛围，让幼儿感受到安全、舒适"。所以，幼儿教师在与幼儿交往时一方面要注重自身礼仪规范行为对幼儿潜移默化的影响；另一方面，也要帮助幼儿建立良好的同伴关系。

（一）优化环境，形成讲礼仪的良好氛围

在幼儿园，教师是幼儿模仿的重要对象。幼儿教师的日常行为、言谈举止和情感态度随时都对幼儿的发展产生潜移默化的影响。所以，幼儿教师要做有心人，平时要善于抓住一切有利时机为幼儿做好行为示范。如早上来园时，教师要主动和幼儿、家长打招呼，道一声"早上好"。幼儿在玩玩具时，教师可以有意识地走过去对幼儿说："我可以和你一起玩吗？"或者说："你可不可以把玩具分给我一些？"

当幼儿出现无意过失时，教师要耐心安慰，不指责埋怨幼儿。如：幼儿不听劝告打闹摔跤了，先不要急着批评幼儿，而是关心地问："伤着没有？下次小心。"而对幼儿的有意过失，则要坚持正面教育，及时解决。如："有事好好说，不能动手。""相信你是好孩子，以后不会

再做这种事。"

当幼儿遇到困难时，不要讽刺挖苦，而要鼓励幼儿增强自信。如："你肯定能行，试试看吧！别着急，我来帮助你。"

对幼儿的态度一定要热情温和，对幼儿的问题要积极应答，对幼儿的活动要仔细观察、不断提示，并及时鼓励欣赏。如："你真爱动脑筋，真棒！"

在组织活动时，要语速适中，指令简洁明了，语言生动、有趣、儿童化。如："请吃好点心的小朋友轻轻地把小椅子搬到旁边。"

在日常的一日生活环节的各个部分，都应亲切关爱，体贴入微。不讲粗话、脏话，不训斥幼儿，忌大呼小叫。如："有点不舒服是吗？让我看看裤子有没有湿。"

当幼儿体验到文明交往带来的乐趣后，便会自觉模仿教师，做出类似的行为。

（二）利用多种方法，为幼儿提供良好的文明交往经验

幼儿的自制力较差，辨别是非的能力还比较弱，在交往中也不懂得关心、宽容别人。如果不注意加以教育引导，这种自私、不宽容的交往方式势必会对他们以后的成长产生不良影响。根据幼儿的这种特征，教师可以和幼儿集体讨论、思考，并制定一些交往规则。如：别人不小心碰了我怎么办？别人与我同时喜欢一件东西，我该怎么办？……由于规则是幼儿自己讨论制定的，幼儿比较容易理解和遵守。

师幼交往既是幼儿教师展示自己礼仪规范表率作用的直接渠道，也是培养幼儿与人打交道能力的重要方式。在这个过程中，幼儿渐渐形成了待人处事应有的态度，获得了社交技能，并将这种技能应用到其他社会关系中，从而更快地从自我中心解脱出来，成为能适应社会、能与人

愉快协作的具有健康心理和健全人格的人。

二、幼儿教师与家长交往礼仪规范

在一次幼儿园表演活动中，有几位家长为了更清楚地看自己宝贝的表演，多次越过指定观看区域，刘老师上前提醒两次无果，便在旁边冷言讽刺家长没有素质，导致发生矛盾，在场争吵，最终扰乱活动秩序。

《幼儿园教师专业标准（试行）》指出：幼儿教师"与家长进行有效沟通合作，共同促进幼儿发展"。家长是幼儿的第一任老师，也是幼儿终身教育的指导者，家长的态度决定着幼儿的发展方向，要培养一个具有良好礼仪规范的幼儿，家长的配合和引导是必不可少的，所以，有经验的幼儿教师都会尽可能地与家长建立良好的关系，从而获得家长的支持和配合。

当家长向老师反映问题时：幼儿教师要态度冷静，让家长把话说完，认真委婉。如：谢谢！让我们再了解一下。请您放心，我们再商量商量，尽量帮您解决。

当幼儿发生事故时：教师一定要如实说清，表示歉意。如：真是对不起，今天……麻烦您多观察幼儿，有什么不舒服时，需要我们做什么尽管与我们联系。

当家长晚接幼儿时：不要不耐烦，而应主动热情，耐心接待。如：没关系，请您今后商量好谁接，免得幼儿着急。

找个别家长谈话时：教师态度要平和，说话要讲究艺术。如：对不起，耽误您一会儿时间。

当要与家长联系时：教师应体贴关心、礼貌客气。如：您好！我是×老师，今天您的孩子××不舒服，您看是不是带他去医院？谢谢！给您添麻烦了。

当家长馈赠物品时：教师要礼貌回绝。如：您的心意我们领了，照顾幼儿是我们应该做的，您别这么客气。

当家长之间发生冲突时：教师首先要稳定家长情绪，分别与家长谈话。如：别着急，幼儿在园发生事情，责任在我，您有什么意见和我们说。

在幼儿教育礼仪规范行为培养过程中，家长的作用是举足轻重的，家长对孩子的影响也是无法忽略不计的，家长的言传身教会起到无穷的作用。所以，幼儿教师要坚持家庭教育与幼儿园教育并重的原则，用自己良好的个人修养和专业素养去获得家长的支持，与家庭形成方向一致的教育合力，才能在培养幼儿良好礼仪行为习惯中收到事半功倍的效果。

三、幼儿教师与同事交往礼仪规范

《幼儿园教师专业标准（试行）》指出：幼儿教师要"与同事合作交流，分享经验和资源，共同发展"。

教师的工作是一项群体性、协作性非常强的特殊工作，没有哪位教师敢说自己一个人就能把全班幼儿带下来，所以，幼儿教师在与同事交往中更应注意礼仪规范，建立一种和谐、团结、协作的关系，从而形成一个对幼儿进行教育的合力。

同事交往，尊重为先，亲密有度。礼仪的核心就是尊重，"敬人者，人恒敬之；爱人者，人恒爱之"，尊重是相互的，只有主动通过自己的言行举止表达了对同事的尊重之意，才有可能收获同事的尊重、理解和支持。

"白金法则"是同事交往的不二法则。人际交往的"白金法则"有三个要点，即行为合法，不能要什么给什么，你做人、做事都需要底线；交往应以对方为中心，对方需要什么我们就要尽量满足对方什么；对方的需要是基本的标准，而不是说你想干什么就干什么。在与同事交往中，要遵循礼仪规范，换位思考，学会真正了解别人，体察别人的需求。

将心比心，利益共享。同事之间难免有一些竞争，甚至是利益上的竞争，这时我们也要牢记礼仪规范的准则，公平竞争，坦诚相待，这样才能长期地、卓有成效地合作，才能达到彼此双赢的结果。

分享快乐，不要招摇。当你取得了成绩，有了高兴的事情，要真诚地与同事分享，而不是炫耀。

热情开朗，做个"开心果"。幽默开朗的人容易得到大家的信任和好感，他们的生活态度会感染身边每一个人，使整个群体充满蓬勃向上的朝气。

择善而从，多赞美，少嫉妒。"三人行，必有我师"，要善于向同事学习。"择其善者而从之，其不善者而改之"，多从他人身上寻找优点，吸收学习，对于他人的缺点多宽容、理解，同事取得成绩，要由衷地赞美祝贺而不是嫉妒排斥。

批评有益，注意方法。诤友是人生的财富，批评不要忘记尊重，要记住"黄金法则"的规定："你希望别人怎么待你，你就怎么待别人。"

化解误会，求同存异。一切以大局为重，以工作为唯一中心，不计较一些小利益的得失，各退一步，海阔天空，力求殊途同归，圆满完成工作。

四、幼儿教师办公室基本礼仪规范

（一）注意在办公室的个人仪表及办公桌的卫生

办公桌也是属于教师个人形象的一部分。桌面上尽量简洁，不要将家人的照片及其他很私人化的摆设放在台面上。

（二）注意说话的音量

说话做事尽量压低音量，保持办公室安静是营造文明办公环境的首要任务。

（三）建立良好同事关系

教师要尽量和所有同事建立良好的工作关系，并且仅仅是工作关系，有私交的同事可以下班后到酒吧或咖啡厅叙谊，切不可在办公室呼朋唤友。

（四）注重称呼

对同事使用正式的称呼，不可呼小名和外号，哪怕是一对恋人，也不能在办公室使用昵称。

（五）主动做事，但不做"活雷锋"

开学伊始，老师们要大家一起建立办公室的规则，明确权利和义务，不妨主动做一些公共性事务，但是不要做大包大揽的"活雷锋"。既然是规则，就要大家来执行。

（六）私活私底做

幼儿教师一定不要在办公室做私活，非必要不打私人电话，有人来访尽可能带入会客室，因为办公室是大家的办公地点，你个人的空间范围是有限的。

（七）公私分明的同事交往

同事之间不谈私事，家长里短绝不要带入办公室，如果谈工作声音尽量放小，不要因为"我是在工作"就旁若无人。

（八）注意与幼儿谈话的方式和地点

和幼儿的简短的交谈可以在办公室，如果涉及批评和长时间的谈话，最好另找地点。

（九）转接来电来访，注重隐私

同事外出了，刚好有他的来电或来访者，要代为接待，并将详情转告，相信他会很感谢你。

（十）他人桌子，非请勿动

非经他人同意，不可随意动用他人桌上的办公品，哪怕是一支幼儿园发的笔。

（十一）办公电话，就近处理

如果办公室使用公用电话，来电响起时，应该由距电话最近的人接听，不可"事不关己，高高挂起"。

五、见习实习的基本礼仪规范

见习时一定要清楚自己的身份是见习生。任务就是按照学校的见习要求，用心观察幼儿一日活动几大环节的保育工作内容和方法，要认真观察并做好记录。不可组织幼儿开展活动，不能干涉保育员和指导老师的工作。而实习时则是一名"准老师"，不能擅作主张组织活动和处理幼儿突发的意外事故。如果处理不当，会影响到学校与实习园的关系及今后的实习工作，还会影响幼儿园与家长的关系。

无论是见习还是实习都应礼貌待人，谦虚好学，举止大方，为人师表。教师的一言一行都是幼儿的行为准则，直接影响幼儿的成长。在幼儿心目中，见习实习老师也是老师。

仪容仪表：着装自然朴素，注重个人卫生，待人亲切有礼，注重小节。

仪态：听课和上课期间都应注重仪态规范，在整个上课期间都应面带微笑。

言谈：礼貌言谈，注意称谓，注意小节。

七、与实习园园长的交往礼仪

主动礼貌地与园长打招呼；虚心接受园长的指导；一般情况有什么

问题直接向指导老师反映请教，除非是非常要紧的事或是见习生、实习生本人的事，才好去打搅园长。但应注意要提前约定好时间，并准时到达。应尽量简短。

八、与见习实习指导老师的交往礼仪

尊重指导老师；主动虚心向师傅学习；主动积极配合指导老师的工作；在实习上课期间，要提前写好教案和做好教具，准时交给指导老师审阅，并按指导老师的意见进行修改，修改后再审阅。正式上课前要试教，并邀请指导老师和同组的实习生一同听课，试教后要及时根据指导老师和同学的意见进行修改、熟悉。

第八章

学前教育者应必备的
教育技巧

第一节 应对幼儿提问的技巧

幼儿期的孩子是好奇好问的，他们的小脑袋里装满了各式各样的疑问。3—4岁的幼儿常常会指着身边的事物问"这是什么"，4—5岁的幼儿常常问"怎么样""为什么"，而年龄更大一些的幼儿的提问更是五花八门。幼儿教师应该学会利用幼儿的提问来促使他们更好地发展。

一、应对幼儿提问的条件

教师应对幼儿提问，并不一定要用语言来回答。用语言来回答幼儿的提问仅仅是应对幼儿提问的众多方式中的一种，且不是最重要的应对方式。除此之外，还有引导幼儿实验探索、引导幼儿观察等。

为了更好地通过幼儿提问来促进幼儿的发展，教师在应对幼儿提问时应该遵循如下五个基本原则。

（一）发展性原则

教师应该利用幼儿所提出的问题来促进幼儿的全面发展，引导幼儿去探索、去观察、去思考，让幼儿从中学会探索、学会观察、学会思考。面对幼儿的提问，给予幼儿正确的答案并不是最重要的，最重要的是让幼儿在提出问题到寻找到答案这一过程中获得能力和态度的发展。因此，在引导幼儿探寻答案的过程中，教师应该努力探索如何引导幼儿追求答案更有利于幼儿能力与态度、知识与技能的发展。

（二）鼓励性原则

无论幼儿提出何种问题，教师都应该对幼儿抱着接纳、理解、鼓励

的态度，以不断激发他们的求知欲，而绝对不可以表现出厌烦或不屑。

（三）及时性原则

对幼儿提出的问题要给予及时的回应，这样，更有利于激发幼儿的求知欲。因为幼儿刚刚提出问题时，其求知欲是比较强的，如果得到及时回应，将激发他们不断思考，不断地向教师提出各种各样的问题。如果幼儿的提问经常得不到及时的回应，那么，幼儿的求知欲就会减退甚至消失。

（四）公平性原则

无论哪个幼儿提问，教师都应该给予公平的回应，否则，张三提问得到教师热烈及时的回应，李四提问却没有得到教师的任何回应，甚至还被讽刺，那么，对于李四而言，受到损害的不仅仅是"求知"方面，其人格的健康成长也将受到损害。另外，教师也不能根据自己的喜好来对幼儿提问做出不同态度的反应，比如，有的教师喜欢孩子们提出数学方面的问题而不喜欢孩子们提出艺术方面的问题——因为数学是她的强项，而艺术是其弱项。教师在回应幼儿提问方面的"偏领域"将会导致幼儿的不全面发展，甚至影响幼儿的健康成长。

（五）目标性原则

答问不是目的，答问是促进幼儿发展的一种手段。因此，在答问之前，教师一定要思考本次答问能促进幼儿哪些方面的发展，如何做有利于幼儿更好地发展：一般来说，教师答问可以促进幼儿在知识与技能、能力与态度等方面的发展，可以满足幼儿的求知欲和情感的需要；答问不仅仅是给幼儿一个正确的标准答案那么简单。

二、应对幼儿提问的程序与技巧

应对幼儿提问，一般按如下程序及要求来进行。

（一）以欢迎、技励的态度面对提问的幼儿

幼儿提问是我们促进幼儿发展的一个机会，也是我们与幼儿进行积极互动的契机，因此，无论幼儿提出什么样的问题，我们都应该积极回应，而不应消极对待。

（二）根据幼儿不同的提问动机做出不同的回应

1. 回应幼儿的求表达式提问

当幼儿向教师提问是为了表达自己对相关事物的看法时，教师可以采用反问的方式来回应，其程序为：首先微笑着注视幼儿并向他提问"你说呢？"，然后认真地倾听，最后给予积极的评价。

2. 回应幼儿的求知式提问

当幼儿向教师提问是为了了解其未知的东西时，教师回应方式的优选顺序是："引导幼儿观察"—"引导幼儿实验探索"—"直接告诉"—"比喻回答"—"承认自己也不知道"。当前者不适用时，再考虑使用后者，依次类推。

3. 回应幼儿的求情式提问

当幼儿向教师提问是为了寻求关注或者解决心中的忧虑时，教师可以根据情况采用以下不同的方式来回应：

回应幼儿寻求关注式提问的程序为：微笑着直接回答幼儿的提问或微笑着反问幼儿"你说呢？"；幼儿回答后，用口头语言或肢体语言以幼儿能理解的方式表达对他的关注和喜爱。

回应幼儿为解决内心的忧虑而提问的程序为：了解幼儿的忧虑所在，有针对性地以幼儿能理解的方式（语言、观察、实验、比喻）回应幼儿提出的问题，消除其内心的忧虑。

提问是教师引导幼儿学习与思考，激发幼儿的学习兴趣，增进师幼之间情感的一种手段。幼儿教师应该学会利用提问这一手段来促进幼儿更好地发展。

第二节 提问幼儿的技巧

一、预设问题的技巧

(一) 条件

预设问题要注意符合以下四个方面的要求。

1. "问题"要为教育活动目标服务

提问是促进幼儿发展的手段，它要为达成教育活动的目标服务。因此，在预设问题之前，教师首先要明确："为什么要向幼儿提出这些问题？""预设这些问题要达到哪些教育活动目标？""预设什么样的问题更易于达成相关教育活动目标？""预设这样的'问题'能达到我的目的吗？为什么？"

教师提问的目的主要有：确定幼儿对特定知识内容的理解；使幼儿运用其批判性思维和创造性思维去应用所学过的知识技能。

幼儿的思维未进入预设的轨道，说明教师预设问题失败。其失败原因在于没有围绕教育活动目标来预设问题，提问没有起到促进教育活动目标达成的作用。

2. "问题"要符合幼儿的基础

预设问题前，教师一定要思考幼儿的相应基础：知识经验基础、兴趣基础等。比如：引起幼儿回忆的提问，幼儿一定要有相应的记忆基础；引发幼儿表达个人意见和感觉的提问，幼儿必须有过相关体验和感受；引导幼儿说出事物因果关系的提问，幼儿必须有相关的经历、体验以及与之匹配的逻辑思维能力，等等。

3．"问题"要有一定的挑战性

预设的问题对幼儿的经验和能力应具有一定的挑战性，要在一定程度上超越幼儿现有的知识、经验、智慧和能力，让幼儿将自己原有的知识、经验甚至智慧重新整合方能回答老师的提问。这样的问题有利于调动幼儿思维的积极性，有利于提升幼儿的经验，有利于幼儿智慧的生成和能力的提高，也只有这样的问题才是对幼儿有发展价值的。

4．"问题"要有利于幼儿的可持续发展

教师的提问最重要的不是让幼儿阐述其过去的经验，而要有利于幼儿可持续发展的品质，如思维能力、想象力、自信心、好奇心、良好学习习惯等的发展。比如，通常教师讲完故事后，喜欢按顺序提出六个问题："故事的名称是什么？""他这样做为什么对？为什么不对？""故事里面有谁和谁？""他们都说了些什么？""他们都做了些什么？""这个故事告诉了我们什么道理？"这样的提问只是调动了幼儿的记忆力，而对更具可持续发展意义的思维能力和想象力的发展没有任何帮助。

教师讲完故事后，可以向幼儿提出这样六个问题："你最希望你是故事中的谁？为什么？""假如你是故事中的×××，你会怎样做？为什么？""假如你是故事中×××的好朋友，你将为他做些什么？""我们班谁最像故事中的×××（正面人物）？为什么？""你想对故事情节进行怎样的改编，从而使故事更加有趣？""故事往后发展可能会怎么样？——大家想想，你希望×××今后怎样？你希望故事会有什么不同的结局？"这样的提问充分调动了幼儿的情感态度，增强其想象力和思维能力，同时使故事活动变得更加有趣，进而增强了故事活动对幼儿的吸引力。

提问不仅仅是为了让幼儿记住知识，更重要的是让幼儿获得能力的提高和智慧的生成，甚至应该有利于幼儿良好思维习惯、学习态度乃至人生态度的形成。

有时教师的不当提问会让幼儿丧失自尊，这不利于幼儿的可持续发展。比如，有的教师在组织各种教学活动的过程中，发现幼儿没有用心听讲或者思想开小差，就对这个幼儿提问，以便引起该幼儿的注意。在这种情况下，幼儿一般回答不上来老师所提出的问题，会感到难堪。虽然这种方式可能会使幼儿的注意力转移到教学活动上来，但同时往往会伤害幼儿的自尊心。有的教师喜欢不断地给幼儿提问题，直到他回答不上来为止，这种方法同样会造成负面后果。

（二）程序

预设问题一般包括以下程序：

1. 确定提问的目的

提问的目的是提问的核心，当然也是预设提问的核心，提问的其他环节都应该围绕这一核心来展开。教育活动中教师提问的目的在于：

激励幼儿参与教育活动；

发动幼儿回顾以前所学知识或所学的有关材料；

发动幼儿运用过去获得的知识与经验讨论某一话题、论题和问题；

引导幼儿进行创造性思维；

诊断幼儿的知识、能力，如有些提问是为了查明幼儿是否掌握了某些知识与技能存在哪些缺陷需进行补救；

估计幼儿对某一学习任务的准备情况；

确定教育活动目标所要达到的程度；

激发与保持幼儿的兴趣和注意力；

控制幼儿的行为；

鼓励幼儿参与教育活动过程，鼓励幼儿在教育活动中做出贡献。

教师可根据自己的目的来设计提问的方式和内容。

2．了解幼儿的问题基础

在预设问题时，教师要思考：幼儿依靠自己原有的知识、经验、能力能直接回答这个问题吗？幼儿回答这个问题还需要哪些知识、经验或能力的支持？理清这两个问题，有助于预设出更加适合幼儿基础的问题，同时，亦为提问时向幼儿提供更加有效的支持奠定基础。

二、提出问题的技巧

提出问题这一环节就是教师向幼儿提出为本次教育活动预设的问题。

（一）条件

教师向幼儿提出问题应该注意以下七个原则。

1．目标导向原则

向幼儿提问时，教师不要忘记了自己预设的提问目标是什么，提问目标决定了提问的形式和提问的对象。比如，提问是为了提高全体幼儿学习和思考的积极性，那么问题就应该是向全体幼儿提出的，而不是向某个特定的幼儿提出的；又如，提问是为了引发幼儿进一步讨论，那么就要提问那些平时就比较有创意的幼儿。

2．全体性原则

在提问过程中教师要尽量做到公平地对待每一个幼儿，考虑提出的问题是否调动了全体幼儿的积极性，应给予幼儿平等回答问题的机会，并根据幼儿能力水平的不同而提出不同难度的问题，让他们都有表现自我和获得成功的机会。如，在故事活动"小熊的一家中"，对能力相对较弱的幼儿，设计提问："熊妈妈爱小熊吗？"对能力相对稍强的幼儿，设计提问："熊妈妈是怎样做的？"而对个别能力相对较强的幼儿，则设计提问："你是从什么地方感受到熊妈妈爱小熊的？"由于教师准确地针对幼儿的个体差异特点来选择恰当的提问方式，进行有目的、有层次的提问，使每个幼儿都乐于主动地回答问题，在互动的氛围中积极参与活动。教师应允许幼儿充分发表自己的意见，使幼儿乐于思考、回答问题，从而有利于活动目标的实现。教师应适当增加提问幼儿个体的数量，关注幼儿的个体间差异；应避免只对某一特定部分的幼儿提问，使其他幼儿觉得教师的提问与自己无关，认为教师并不真心实意地希望他们回答问题，从而失去了学习的主动性，也降低了问题的有效性。

3．尊重性原则

提问要体现对幼儿的尊重。因此，教师向幼儿提问时态度要好，同时，还要尊重幼儿的沉默权。

有许多教师认为，为了促进幼儿言语能力的发展，为了使内向的幼儿活泼开朗，应该多对那些越不想回答问题越害怕回答问题的幼儿"点名"提问，让他们有更多的锻炼机会和发展机会。如果一个能力比较弱而且自卑感比较严重的幼儿，出于保护自尊心和面子的心理不愿意主动举手回答问题，那么教师绝对应该尊重他们的沉默权，否则，他们的自尊心和自信心将会再次受到冲击，他们会变得更加内向、更加自卑。

4．以幼儿为中心的原则

教师提问的目的不是把真理性知识直接告诉幼儿，而是让幼儿在思考的过程中发现自己认识中的矛盾或错误，最后在教师的引导下发现真理性知识。在日常的教学活动中，有的教师经常自问自答；有的教师在幼儿回答不出问题时，自己提供正确答案。教师既做"产婆"又做"产妇"，不利于幼儿思维的发展。教师应该通过提示、探究、转引、反问等技术引导幼儿积极思考，自己得出问题的答案。

5．兼顾各类型问题的原则

不同类型、不同层次的问题具有不同的功能，也就是说，不同类型、不同层次的问题对发展幼儿的心理具有不同的作用。为了促进幼儿心理的全面发展，在提问时，教师应该兼顾各种类型和层次的问题，不

宜偏重某类问题，应尽可能在开放性问题和封闭性问题之间保持平衡，在记忆性问题、想象性问题和思维性问题之间保持平衡。

6．因材施问原则

不同类型、不同层次的问题适合不同类型、不同水平的幼儿来回答，教师要尽可能让更多的幼儿参与到问题的思考与解答过程中来。

教师应该针对不同水平的幼儿提出不同的问题，如，容易的问题问水平差一点的幼儿，难的问题问水平较高的幼儿，使尽可能多的幼儿参与回答，实现全体幼儿在原有的基础上都得到相应发展的目标。

7．善意性原则

如果发现有些幼儿在教学活动中思想走神、做小动作、交头接耳、谈论与教学活动内容无关的事情，有的教师会采用提问的方法来使幼儿集中注意力。尽管教师这样做的初衷是好的，但幼儿往往会把它理解成一种变相的惩罚，因为被提问的幼儿由于注意力不集中根本没有听到教师的提问，肯定回答不出问题；而教师明知幼儿回答不了，还故意向他提问，幼儿会认为老师在有意刁难自己或使自己难堪，从而对老师产生敌意，导致师幼关系紧张。

（二）程序

教师向幼儿提出问题一般有两种程序：

程序一：先向全体幼儿提出问题，再点名问某个幼儿。这样，可保证每个孩子都有思考问题的机会。

程序二：先提出问题，再点名让幼儿回答。教师不可以"先点名，后提问"。这样，才能保证被提问者有适当的思考时间，进而更好地回答教师的提问。

三、候答的技巧

候答就是教师向幼儿提出问题后等候幼儿的回答。

（一）条件

教师在候答时，应该注意以下两点要求：

1. 适宜的时间

教师提出问题后，一般要停顿3—5秒钟的时间，让幼儿思考后再回答。学者厉凌华发现，国内教师给幼儿的候答时间很短，仅为1—2秒。而实际上，候答对幼儿与教师都相当重要。心理学家们经过对比实验——给提问过程增加3秒或更长的等待时间，得出的结论是：稍长的等待时间对幼儿的语言行为发展有很好的效果，幼儿会对问题给出更长、更多的回答。此外，研究表明，候答时间超过3秒，对教师的行为和态度也会产生积极的影响：教师的提问策略会更富于变化，减少了提问数量却提高了提问质量，丰富了提问类型。

另外，问题的性质不同，候答的时间也应该有所差别，如，对于比较简单的铺垫性、过渡性的问题，或为了考查幼儿对某个知识技能的熟练程度和反应速度的问题，候答的时间可以短一些；对于比较关键的问题，或为了巩固复习而提出的问题，候答的时间可稍长一些；提出较重要的问题后，要让幼儿思考较长一段时间后再叫幼儿回答。

候答的时间稍长一些，幼儿就会对问题做出更加详细、周密的回答，更有利于提高幼儿回答问题成功的概率，进而提高幼儿的自信心和回答问题的积极性。

2. 关注全体幼儿

在候答期间，教师要保持对全体幼儿状态的关注，并且对每个幼儿都给予同样的期待眼神。

（二）程序

候答一般包括如下程序。

1．环视

问题提出后，教师要环视幼儿，通过幼儿的表情等了解哪些幼儿能够回答该问题，哪些幼儿喜欢回答该问题。

2．确定被提问者

根据提问的相关原则，将潜在的被提问者确定为被提问的1号种子、2号种子、3号种子、4号种子……

教师确定被提问对象时，要考虑其回答对全班幼儿的发展价值，不同幼儿的回答，其价值是不一样的。比如，问某孩子某些问题，他很快就将正确答案展示给大家了，这样的回答虽然让孩子们很快知道了正确答案，却让孩子们失去了从错误到正确的研究探讨的过程，幼儿获得的经验和知识都不完整——幼儿只得到了正确的知识，而未获得错误的知识和经验。这样快速地让孩子们获得答案反而不利于幼儿的可持续发展。

四、幼儿回答时的应对技巧

幼儿在认真思考的基础上，对教师提出的问题按照自己的理解给予回答，这时教师应做出恰当的回应。

（一）条件

在幼儿回答提问时，教师应该注意以下两点要求。

1．认真倾听

当幼儿述说自己对相关问题的见解时，教师要一直微笑着将视线放在幼儿的鼻子与眼睛之间，并适时地点头和配以语言："嗯。""喔。""不错。""很有道理。""继续说""说得很好""慢慢说／刚才我没有听清楚，我想再听你讲一遍。"教师还可适

时地向孩子竖起大拇指……

2．耐心地听

当幼儿述说自己对相关问题的见解时，教师要耐心地听完，绝对不能中途强行打断幼儿的述说，这是对幼儿的尊重和鼓励。

（二）程序

在幼儿回答教师提问时，教师要表现出对幼儿回答内容的关注和兴趣，具体程序如下：

认真倾听幼儿的述说。

鼓励幼儿将自己的想法述说清楚。

给予幼儿适当的引导。

五、理答的技巧

理答是指教师对幼儿回答的应答和反馈，是教师紧随幼儿回答后的反应。

实验表明，有效理答直接与幼儿回答的效果成正比，即教师的理答越积极主动，教师越持肯定、欣赏的态度，幼儿越能主动、积极地参与学习活动。

（一）条件

教师在理答时应该注意以下两点要求：

1．接受并尊重幼儿

不管幼儿的回答对否，也不管幼儿的回答是如何离谱，教师都应该接受并尊重幼儿的回答，不要因为幼儿没有给出预期的答案而批评指责幼儿，同时，要教育其他幼儿不取笑别人"幼稚""愚笨"。

当幼儿回答错误时，不要引导其他幼儿："看看××回答错了没有？错在哪里？"教师要鼓励该幼儿说出其中的"道理"；对幼儿错误

的回答，教师应该采取"不批评原则"，承认每个幼儿的说法都是有道理的。

幼儿的回答，无论对与错，都是幼儿对世界的一种认识，都应该被老师和小伙伴们接受与尊重。

2．鼓励幼儿

幼儿所给的答案不一定正确，但教师始终不要忘记对幼儿敢想、会想、敢表达进行肯定与鼓励。

提问不仅仅是为了教给孩子们真理性知识，更是促进幼儿的智力和非智力因素发展的一种手段。因此，理答不能仅仅关注答案正确与否，更要关注幼儿的回答对幼儿发展的其他意义。

（二）程序

在幼儿回答问题后，教师应根据幼儿的不同表现采用不同的程序回应幼儿的回答，以便更好地促进幼儿的健康发展。

1．当幼儿回答正确时的理答程序

当幼儿回答正确时，教师的理答程序为：

对幼儿的答案及其本人给予肯定。如，"你的理解很正确。你能这样回答，说明你听课很认真，也很爱动脑筋，你真是个爱学习的好孩子。"

问幼儿："你是怎么想出这样的答案的？"这样的提问有利于幼儿整理和提升自己的经验，有利于提高其思维能力和表达能力。

对幼儿的回答进行肯定或引导。教师可以根据幼儿回答问题过程中的情况给予相应的鼓励和肯定，如可以说："其实你的声音很好听，要是胆子大一点，你一定会很棒！""请将你的发现大声告诉大家，好吗？""你的脑筋动得真快，声音又那么响亮，谢谢你为大家开了一个好头。""我听出来了，你的思路是对的，能再说一遍吗？"幼儿可从老师的表情和话语中感受到温暖和鼓励。

2．当幼儿的回答有创意时的理答程序

当幼儿的回答很有创意但不一定正确时，教师的理答程序为：

竖起大拇指对该幼儿说："你说得很有道理。"（在夸幼儿有创意的回答时，不能将"有道理"改为"很正确"，因为幼儿有创意的回答确实有一定的道理，符合一定的生活逻辑，但它不是符合真理要求的正确答案。）"你说的很有创意！""真棒！你的想法就是和其他小朋友不一样！""你的回答与众不同，真了不起！"

对该幼儿说："你能告诉大家你是怎么想的吗？"

幼儿说完很有创意的理由后，教师竖起大拇指对该幼儿说："你说的真地很有道理。""你的想法很奇特，老师欣赏你。"

3．当幼儿回答出现犹豫时的理答程序

当幼儿回答出现犹豫时，教师的理答程序为：

对于把小手举得矮矮的或战战兢兢地举起手又放下的幼儿，鼓励他："我知道你已经想好了，对吧？你来回答老师的问题吧！说错了也没关系。

重述问题。如果是幼儿没有听清楚问题，教师可以重述刚刚提出的问题，然后问："老师说清楚了没有？"（不要问："你听清楚了没有？"因为这样会给孩子带来自责和压力。）

微笑地看着幼儿说："别着急，我们都在耐心地等着你的回答呢"回答错了不要紧，重要的是把你的想法说出来。"

用鼓励的口气跟幼儿说："一下子给忘了，是吧？没关系的，等会儿想起来后你再告诉大家，好吗？"

4．当幼儿回答错误时的理答程序

当幼儿回答错误时，教师的理答程序为：

重述问题，确认幼儿已经听明白了老师的问题。

微笑着对幼儿说："你能告诉我你是怎么想的吗？"然后根据幼儿

的回答结果，再按如下两种程序进行：

幼儿在"整理思路"的过程中发现了正确答案并做出了正确的回答，这时，教师应给予幼儿肯定和鼓励，如，可以跟幼儿说："×××，你终于找到正确答案了，我为你感到高兴。"对于自信心不足的幼儿，教师可以这样说："看，通过思考你不是找到正确答案了吗？多给自己一些信心，你会更棒的！"

另外，提问虽然能在一定程度上调动幼儿参与活动的积极性，但幼儿这种参与仍然是被动的。因为问题是教师提出来的，幼儿只有回答的权力而没有发问的权力，也就是说，幼儿的参与只是应答式的参与，而且是不平等的对话式的参与，提问往往容易变成单向的"审问"式教学，幼儿被置于不利或无权的地位，无法控制"对话"的流向，无法选择话题。未被提问的幼儿被排斥在"对话"之外，而被提问的幼儿往往进入一个早已预设好的对话之中，只能按照教师的要求说出教师想要的答案，否则，他就可能感受到压力。这种情况有点类似于一个人被突然推进一出正在演出的戏剧之中，而他的任务被限定为只能沿着别人的话题随声附和。

第三节 表扬奖励和批评惩罚幼儿的技巧

批评惩罚，包括批评和惩罚。批评，就是对幼儿表现出的不符合教师预期的认识或行为进行否定性评价的过程。惩罚就是指当幼儿在一定情境或刺激下做出某一行为后，立即给予厌恶性刺激或者撤除其正在享用的正强化物，以降低该行为在相同或类似的情境或刺激下的发生概率。具体地说，批评惩罚是将幼儿的不良行为与某种不愉快的或惩罚性的刺激结合起来，多次重复配对出现，使幼儿以后在类似情境或刺激下，出现该不良行为的概率降低甚至该不良行为从此消失。

表扬奖励和批评惩罚在教育活动中被教师们广泛地接受和采用。但是，表扬奖励和批评惩罚是把双刃剑，适当的表扬奖励和批评惩罚有利于幼儿形成良好的行为、态度、情感，有利于幼儿的健康发展；不适当的表扬奖励和批评惩罚则不利于幼儿形成良好的行为、态度和情感，甚至会促使幼儿形成不良的行为、态度和情感，有碍幼儿的健康发展。因此，幼儿教师要正确掌握表扬奖励和批评惩罚的技巧，以便更好地促进幼儿的发展。

一、表扬奖励和批评惩罚的条件

表扬奖励不是万能的，它的使用是有条件的。教师应该了解正确使用表扬奖励这一手段的条件。

（一）表扬奖励和批评惩罚的原则

为了更好地促进幼儿的健康发展，教师在对幼儿实施表扬奖励或批

学前教育专业人才培养的理论与实践

评惩罚的过程中应该遵循以下七个原则。

1. 目的性原则

作为一种教育手段，表扬奖励和批评惩罚是有目的的，其目的就是促进幼儿的健康发展。表扬奖励重在促进幼儿形成良好的行为、态度和情感；批评惩罚重在防止幼儿形成不良的行为、态度和情感，或消除幼儿已形成的不良行为、态度和情感。

我们在实施表扬奖励或批评惩罚这两种手段前要明确三个问题：一是，明确我们的教育目的是什么；二是，如何表扬奖励或批评惩罚更有利于教育目的的达成；三是，凭什么判断那样表扬奖励或批评惩罚真的能达到教育目的。如果这三个问题没有弄清楚，那么表扬奖励或批评惩罚就是盲目的，就可能是无效的，甚至是负效的。

坚持目的性原则，在表扬奖励和批评惩罚实践中，教师应该注意：表扬奖励、批评惩罚的内容和形式要符合教育目的的要求，要为教育目的的达成服务。

需要特别注意的是，表扬奖励和批评惩罚所涉及的教育目的不仅指本次教育活动的目的，更指《幼儿园工作规程》和《幼儿园教育指导纲要（试行）》中所提出的幼儿园教育目的。

2. 公平公正性原则

我们在对幼儿进行表扬奖励或批评惩罚时要公平公正地对待每一个幼儿，要保证在同等条件下，每个幼儿得到表扬奖励或受到批评惩罚的机会是均等的。因为在表扬奖励或批评惩罚方面的不公平和不公正，将会导致幼儿内心不满、不平、有怨气，这对全体幼儿来讲都是不好的，有可能会对他们的心理健康成长造成障碍。比如，在笔者见习过的中班里，有一个特别调皮的小男孩，他喜欢跟别人争吵，还经常违反常规纪律，无论老师如何警告，他都熟视无睹。孩子为什么会这样呢？经过了解发现：原来该班的保育员是他的姑姑，他犯错误时有人给他"撑

腰"，所以他有恃无恐。这哪是在爱孩子？完全是在害孩子。

坚持公平公正性原则，在表扬奖励和批评惩罚实践中，教师应该努力做到以下两点：

同等条件下幼儿有良好表现，每个幼儿（不管其性别、家庭背景、可爱与否）都应该受到表扬奖励，不应该有例外。

同等条件下幼儿有不良表现，每个幼儿（不管其性别、家庭背景、可爱与否）都应该受到批评惩罚，不应该有例外。

如果幼儿园能为每个幼儿创造一个"善"有"善"报、"恶"有"恶"报的环境，那么，孩子就会不断地去"恶"趋"善"。

3．及时性原则

心理学研究表明，表扬奖励或批评惩罚越及时，其效果越好。因此，当我们觉得幼儿的某种行为应该受到表扬奖励或批评惩罚时，应该及时进行，让其行为与表扬奖励或批评惩罚紧密地结合起来，不要等到幼儿早已忘记相关事件后才去对其进行表扬奖励或批评惩罚，上午幼儿有良好表现，不要等到下午总结一天活动时才给予表扬奖励，更不要凡事都等到星期五下午才给予表扬奖励，因为到周五下午时极少有孩子还记得他这一周的表现，对幼儿进行批评惩罚也是如此。

4．因材施教原则

我们主张因材施奖，因材施罚。幼儿能力不同，经验不同，成长背景不同，年龄不同，兴趣、性格、需要、气质、自信度不同，其受到表扬奖励或批评惩罚的内容、形式、时机选择、表扬奖励或批评惩罚的比例也应该有所不同。

坚持因材施教原则，在表扬奖励和批评惩罚实践中，教师应该努力做到以下两点：

对不同性格幼儿的表扬奖励和批评惩罚不同。根据幼儿性格内向度、自信度、敏感度、自尊度的不同，表扬奖励和批评惩罚的内容与形

式应该是不一样的。比如，对胆小、敏感、内向的孩子表扬奖励要多些，且方式应含蓄一些，真诚的微笑、信赖的眼神、轻柔的抚摸都会带给他们意想不到的动力；对平时很骄傲、虚荣心强的幼儿则不宜表扬奖励过多，在恰如其分地给予表扬奖励的同时，还要有针对性地指出其不足和需要改进的地方，让他们的自信心回归到正常状态；对于自我效能感低的幼儿，教师要善于发现其闪光点，即使有细微的进步也要及时给予表扬奖励，以不断增强他们的自信心；而对于自我效能感高的幼儿，如果在完成比较容易的任务时就给予其表扬奖励，反而会让他们认为这是低估他们的能力，这时教师可以延迟表扬奖励，在他们完成具有挑战性的任务时再给予表扬奖励。同样，也应根据其不同性格、不同能力基础对幼儿进行不同的批评惩罚。

对不同年龄幼儿的表扬奖励和批评惩罚不同。因为年龄不同，幼儿的需要、兴趣、成熟度也不一样。比如，对于小班幼儿可多用小红花之类的东西来奖励他们，因为小班幼儿对小红花很在乎，他们很渴望得到小红花；但对于大班幼儿则宜少用小红花来奖励他们，因为他们对小红花已经没有多大兴趣了。

5. 尊重性原则

在使用表扬奖励和批评惩罚的过程中，教师要注意尊重幼儿的人格隐私和成长背景。

坚持尊重性原则，在表扬奖励和批评惩罚实践中，教师应该努力做到以下两点：

不在人前批评惩罚幼儿。因为这会让幼儿的自尊心受损，让他们在他人面前丢尽颜面，对他们改正错误没有丝毫的帮助。

不要因幼儿做错一件事而对其全盘否定。教师一定要清醒地认识到，幼儿做错了一件事，只能说明他做错了这件事。千万不要对幼儿偶然做错的一件事进行随意联想，进而对其全盘否定。

6．适度性原则

无论对幼儿进行表扬奖励还是批评惩罚，都要注意适度性原则，不宜过多过滥，同时，表扬奖励和批评惩罚还应该达到一定的强度，让幼儿有"感觉"。坚持适度性原则，在表扬奖励和批评惩罚实践中，教师应该努力做到以下两点：

（1）表扬奖励和批评惩罚不宜过多

过多过滥的表扬奖励要么让幼儿逐渐不再在乎老师的表扬奖励，要么让幼儿变得对表扬奖励"上瘾"——做任何事都期待得到老师的表扬奖励，没有老师的表扬奖励，就失去了参加活动的积极性。过多的批评惩罚会让幼儿觉得自己一无是处，对自己失去信心；过滥的批评惩罚会让幼儿对此逐渐形成"免疫力"，对老师的批评惩罚不在乎，因而批评惩罚对其发展也就失去应有的教育作用。

（2）表扬奖励和批评惩罚要碰触幼儿内心的"甜点"和"痛点"

表扬奖励，要碰触到幼儿内心的"甜点"，让幼儿感觉到"甜"的滋味；批评惩罚，要碰触幼儿内心的"痛点"，让幼儿感觉到"痛"的滋味。表扬奖励和批评惩罚并用才能激发幼儿弃"恶"从"善"的内在动力。教师平时要研究幼儿的"甜点"和"痛点"在哪里，适当地碰触他们内心的"甜点"和"痛点"，这样表扬奖励和批评惩罚才能真正地对幼儿的发展有意义。

7．以表扬奖励为主，批评惩罚为辅的原则

心理学研究表明，表扬奖励的教育效果优于批评惩罚。表扬奖励有助于幼儿形成积极的自我概念，使幼儿对自己和未来充满信心；批评惩罚很容易让幼儿的自信心、自尊心、心理健康受损，过多的批评惩罚则会让幼儿自暴自弃。

坚持以表扬奖励为主、批评惩罚为辅的原则，在表扬奖励和批评惩罚实践中，教师应该努力做到以下两点：

（1）批评惩罚和表扬奖励都是促进幼儿健康成长必不可少的手段

如果说，表扬奖励是幼儿健康成长的主要营养素，那么批评惩罚就是维生素。表扬奖励让幼儿知道自己的强项，知道什么是好的，它对树立幼儿的自信心和正确的价值观有独特的作用；批评惩罚能让幼儿知道哪些行为是不好的，同时，它对幼儿承受能力、抗挫折能力的培养有独特作用。如果教育只有表扬奖励而没有批评惩罚，幼儿将会变得狂妄自大，缺乏抗挫折能力；如果教育只有批评惩罚而没有表扬奖励，幼儿将会变得极度自卑，对自己失去信心。

（2）表扬奖励与批评惩罚的比例最好控制在3∶1

如果远远超过了这一比例，那么，你的表扬或许已不太真诚或者有点夸大其词的成分；如果低于这一比例，那么，你可能是个过于挑剔的教师，这将令幼儿的情绪长期不安，进而会破坏幼儿的自然成长，使其变得神经质、怯懦或者不诚实，甚至还可能学会用粗暴的态度对待他人。

（二）充分认识表扬奖励和批评惩罚的局限性

表扬奖励和批评惩罚不是万能的，它们在促进幼儿发展方面是有局限性的，因此，在使用表扬奖励和批评惩罚手段促进幼儿发展时，要充分考虑其局限性，进而更好地发挥它们的积极作用。

研究表明，表扬奖励和批评惩罚在促进幼儿成长方面的局限性主要体现在如下五个方面。

1. 表扬奖励或批评惩罚只能让幼儿形成外部动机

表扬奖励或批评惩罚只能让幼儿为了获得表扬奖励或逃避批评惩罚而去参与某种活动，并不能让幼儿发自内心地喜欢上这些活动；当没有表扬奖励或批评惩罚时，幼儿进行相应活动的动机也就消失了。

在激发幼儿的活动机时，表扬奖励和批评惩罚是很多教师经常使用的手段。尽管这两种手段能够控制幼儿的很多行为，但是不加选择地滥用可能会严重削弱幼儿参加活动的内在动机。我们可以用五角星来激励幼儿好好地吃饭、睡觉、听课、学习探索，但幼儿参与这些活动的注意力将集中在赚取五角星上，而不是集中在相关活动的价值或有益之处上，当这些活动缺少了五角星这类刺激物时，幼儿的学习积极性就会骤降，甚至消失。

只有在各项教育活动中提供条件，满足幼儿的自主性、胜任感、归属感、自我表现欲望、自尊心和享乐等心理需求，教师在激发幼儿持久的学习动机方面才能拥有强大的影响力。

2．表扬奖励或批评惩罚会让幼儿失去自主性

过多的表扬奖励或批评惩罚将会让幼儿失去自主性，他们的思想、行动和理想将会被外在的表扬奖励或批评惩罚左右。幼儿的自主性和独立性将无法形成。

思想家沃洛德考夫斯基曾说："我从来不说调动儿童的积极性，因为那将会剥夺他们自己的选择。"每个人自己的选择，自由自主地选择，才是最重要的，来自内在的动力才可能是永久性的，才可能将生命智慧发挥到最佳状态，其学习等活动才能够持久并且终身化，也只有这样的学习等活动才能够让幼儿真正体验到乐趣。一个习惯于活在他人眼中的人，会过于在乎别人对自己的表扬奖励和批评惩罚，总是为了别人的看法而学习、生活是很痛苦的，他们为了迎合别人的看法，不得不伪装自己、隐瞒自己的观点，甚至失去是非观念、失去自己的个性和自信；一个始终靠外在的刺激来调动积极性的人不可能成长为一流人才，也绝不可能取得一流成就，不可能在今后的职业生活与学习生活中获得属于自己的幸福与快乐。

3．表扬奖励可能会让幼儿沉溺于其中

如果凡事都给予表扬奖励，或者对幼儿采取提前许诺事后给予表扬奖励，很容易让幼儿对表扬奖励产生依赖心理，凡事没有表扬奖励就没有动力去做，甚至在做任何事情之前都会与老师讨价还价，好像参加一

切活动都是为了获得表扬奖励。

总体来讲，表扬奖励是一种外部激励，它给教师当前的工作带来了极大的方便，但容易让幼儿将关注点从活动本身转移到外部的表扬奖励上，这对培养幼儿持续的活动兴趣，甚至对幼儿的健康成长都是不利的。

4．批评惩罚可能不利于幼儿的健康成长

研究表明，许多批评惩罚并不能阻止幼儿的不良行为，只能使幼儿在做违规违纪的事情时更加小心、更加巧妙、更有技巧而不被察觉。许多幼儿受到批评惩罚时会暗下决心，以后要小心，而不是要诚实和负责任。

批评惩罚能控制幼儿的不良行为，但它仅仅是压抑了幼儿的违规违纪行为，而不能消除幼儿的违规违纪行为，因为它不能教给幼儿正确行为，甚至不能减少幼儿违规违纪的念头。

批评惩罚可能会对幼儿的心理造成伤害，它有可能让受到批评惩罚的幼儿和目睹批评惩罚的幼儿产生害怕、紧张、焦虑以及退缩等情绪，其所带来的挫折感会使幼儿今后更偏离群体。对幼儿进行的批评惩罚有时候会变质为诋毁幼儿的智力、人格和尊严等，这会给幼儿的自信心、自尊心带来毁灭性打击；有时候，教师会夸大幼儿的错误，将幼儿一时的行为归结于人品，这实质上是在暗示幼儿朝那个不好的方向发展。

5．批评惩罚可能会恶化师幼关系

研究表明，幼儿会将其受到的批评惩罚与教师相联系，而不是将批评惩罚与其自身行为相联系；批评惩罚还会破坏教师在幼儿心目中的美好形象。

另外，批评惩罚没有对规则的内化或自我约束起到作用。通常只有批评惩罚者在场时，批评惩罚才能抑制幼儿特定的行为；如果批评惩罚者不在场，幼儿将变本加厉地违规违纪。

二、表扬奖励和批评惩罚的程序与技巧

在对幼儿进行表扬奖励和批评惩罚时，教师应该按照如下程序及要求来进行。

（一）了解幼儿受到表扬奖励和批评惩罚的态度

在确定哪些孩子应该受到表扬奖励和批评惩罚之前，首先要了解幼儿的哪些言行和态度应该受到表扬奖励，哪些言行和态度应该受到批评惩罚。

1. 完成挑战性任务

当幼儿完成了对其而言具有挑战性的任务时，教师应该给予其表扬奖励，这样，有利于培养他们的进取心和自信心。值得注意的是，这里的挑战性是针对每个幼儿个体而言的，而不是就其他幼儿和该年龄段幼儿的平均水平而言的。

2. 完成任务具有独特性

当幼儿以独特而有效的方式完成任务时，教师应该给予其表扬奖励，这样，有利于培养幼儿的创造性，同时也是对幼儿"个性"的肯定。

3. 有进步

当幼儿出现进步时，即使其水平与别人相比还有不小的差距，教师也应该给予其表扬奖励。教育追求的目标是让每个幼儿在其原有基础上不断进步，不断超越自己，而不是超越别人。

4. 幼儿有良好的表现但没有良好的情绪

当幼儿有良好的表现却没有良好的情绪时，教师应该给予其表扬与奖励，这样既可以让幼儿看到自己的良好表现，继续这样表现，又可以让幼儿有良好的情绪。

5. 不断地努力

幼儿可能没有成功，但他努力了，不断地努力了，这种努力比成功

学前教育专业人才培养的理论与实践

更值得表扬奖励。

6. 出现亲社会行为

当幼儿表现出了我们所渴望的亲社会行为、态度和良好的习惯时，应该给予其表扬奖励，这样有利于培养幼儿相应的行为习惯。

7. 严重缺乏内在动机

如果幼儿的活动包括学习活动是必要的，而幼儿从未得到过报偿，几乎没有一个幼儿愿意参加活动，那么教师可以考虑采取表扬奖励这一外部奖赏来激发幼儿参加活动的动力，促进其发展。

在采取外部表扬奖励的前提下，教师还应该努力让幼儿从活动本身获得乐趣，进而让其动机由外部动机转向内部动机，进而促使其行为更加自觉、更加具有可持续性，如让活动具有适度的挑战性、让活动的形式更适合幼儿的需要，等等。

8. 不宜使用表扬奖励

幼儿的外貌、能力等在很大程度上受制于先天因素，不应该因此受到表扬，因为这些方面的优异并不是其后天努力的结果。对这方面的优异进行表扬会导致幼儿产生盲目的优越感，对他们的健康成长没有丝毫益处。

（二）发现幼儿的良好表现或不良表现

在明确表扬奖励和批评惩罚的使用范围后，还要善于在平时的教育活动中发现幼儿值得表扬奖励或需要批评惩罚的地方，及时地给予幼儿相应的表扬奖励或批评惩罚。教师要学会从不同的角度挖掘幼儿值得肯定的地方，如张三这方面不强，可能其他方面强；李四可能没有哪一方面是强的，但他在不断进步；王五近来可能没有什么进步，但他一直在努力……只要努力挖掘，就会找到给每个幼儿以适宜表扬奖励的理由和机会。

（三）对幼儿进行表扬奖励或批评惩罚

对幼儿进行表扬奖励或批评惩罚时，教师应该注意以下六个方面。

1．奖惩的多样性

过于单调的表扬奖励会让幼儿感到厌腻。为了避免幼儿对表扬奖励感到厌烦，教师可以根据幼儿的年龄特点和实际需要从消费类（如糖果、饼干、饮料、水果等）、活动类（如看动画片、做游戏、骑车等）、操作类（如发玩具、发碗等）、拥有类（如坐一下老师的椅子等）、社会类（如微笑、口头鼓励、关注、抚摩、点头、温情地轻拍、拥抱等）、印章小红花类（如小红旗、红五星、小红花等）中选择幼儿喜欢的表扬奖励手段。

过于单调的批评惩罚很难让幼儿内心有所触动，因此对幼儿进行批评惩罚也应该采取多种方式，以求更加有效地发挥批评惩罚对幼儿成长的积极作用。对幼儿进行批评惩罚时教师可以选择口头语言否定，也可以选择具有谴责含义的眼神、不赞同的面部表情或动作（如摇摇头）等；可以施加一种让幼儿觉得讨厌甚至痛苦的刺激，也可以撤除幼儿原有的愉快的刺激。

2．要让幼儿知道具体怎么做

表扬奖励和批评惩罚不是目的，而是手段，为了更好地促进幼儿的发展，在表扬奖励或批评惩罚的过程中，一定要让幼儿知道其被表扬奖励或批评惩罚的具体原因，以便幼儿知道今后行动的方向。

3．表扬奖励要公开，批评惩罚则要谨慎

为了更好地发挥表扬奖励的教育功能，应该追求让更多人特别是幼儿知道某个小朋友为什么受到表扬奖励，受到了什么表扬奖励。这不仅可以让受表扬奖励者的自豪感倍增，激励其不断进步，而且可以让其他幼儿对受表扬奖励的幼儿产生羡慕的心理，进而激励他们向受表扬奖励者看齐。

当幼儿犯了错误时，教师应该和相关的幼儿私下"了结"或者让幼儿自己"了结"，让幼儿在别人不知不觉中自己改正错误是最好的；过于张扬幼儿所犯的错误，既不利于幼儿改正错误，也不利于幼儿的心理健康。

在幼儿园教育活动中应该采用这种温暖孩子内心的做法："如果某个幼儿做得好，你就大声地告诉他的小伙伴和老师；如果某个幼儿做得不好，你就只小声地告诉他自己。"这种温暖的做法体现了对幼儿的尊重。

4. 慎重处理事与人的关系

在批评惩罚幼儿的过程中，应该就事论事，不能就事论人。不要因为幼儿的一件事没做好，就说他什么都做不好；更不要因为幼儿一时的错误，就全盘否定幼儿。因为对幼儿来说，一时一事就代表他的一时一事，而不能代表他这个人。经常因为一些小差错而被老师全盘否定，幼儿的自信心就会被彻底摧毁。

在表扬奖励幼儿时，既可以就事论事，也可以适当地"就事论人"，也就是在让幼儿了解他做了什么样的具体好事的前提下，适当联想来表扬他这个人："你在……条件下做了……你真是个……的孩子！"这种表扬会暗示幼儿往这个方向发展，产生心理学上的期待效应。

5. 批评惩罚孩子的细节技巧

为了更好地促进幼儿的健康发展，在批评惩罚幼儿时还应该注意以下的细节技巧。

幼儿做错了一件事，有些教师喜欢借题发挥、算旧账，再三数落幼儿数周数月甚至数年来的过失和不足，多次重复批评幼儿的大小缺点或错误，这会严重打击甚至摧毁幼儿的自尊心和自信心。如："上次你拿别人的东西吃，这次又抢别人的玩具，你到底是怎么了？""你又说话了，上次一个中午都在讲小话，你看你有什么好啊？！""上次你打小朋友，这次你又抢玩具，你看你有什么好！"……

当幼儿犯错误时，教师要只谈眼前，不翻旧账：幼儿做错的事已经批评过了就不应该再提，不要老是抓着幼儿以前犯过的错误不放，否则，那些"过失"就像滚雪球一样越滚越大，会让幼儿觉得自己一无是处，并且在老师或家长面前永无"翻身"之日，进而自暴自弃。

第四节 应对幼儿同伴冲突的技巧

幼儿同伴冲突是指两名以上的幼儿因意见、行为、需要以及利益的不同而引发争执对立的状态，是"当小孩A做某事或者说某事影响到B，B抵抗，而且A坚持"的状态，是一种反对对反对的过程。它表现为冲突双方在行为、言语或情绪等方面的对立。

冲突是幼儿生活的一部分。幼儿在谈话中有冲突，在生活中有冲突，在游戏中有冲突，在集体教学活动中还会有冲突。在幼儿的同伴交往中冲突是无法避免的，对幼儿来说，同伴冲突既是一种机遇，也是一种挑战。一方面，冲突为幼儿学习与人交往提供了机会，建设性地解决同伴冲突具有长远的发展意义，不仅有助于幼儿与同伴的交往更为深入而有意义，而且有助于幼儿在不断解决冲突的实践中掌握与人相处的恰当方法和提高社会适应能力；另一方面，如果冲突处理不当，则可能对幼儿产生多种负面结果，如影响幼儿的自尊或自信、形成社交孤立、影响在同伴间的地位甚至导致心理失调，给幼儿人际关系的和谐及身心健康带来多种不良影响。因此，幼儿教师应该利用各种方法正确应对幼儿同伴冲突，以促进幼儿更好地健康发展。

一、应对幼儿同伴冲突的条件

（一）冲突不是攻击

冲突与攻击是有很大差别的。攻击行为是有意伤害他人的行为，常常是单向发生的；虽然在冲突过程中常伴有攻击性语言和行为，但冲

突是双方在互动过程中由于外在利益或内在观念、意见的不一致而发生的，双方在冲突过程中的目标都是想继续自己先前的行为或实现对对方的影响，并不一定伴随着伤害他人的意图。

很多教师把冲突与攻击混淆了，认为冲突就是攻击。在现实中，持这种次识的教师往往采取直接介入的方式迅速地平息幼儿的同伴冲突。

（二）同伴冲突是课程资源

幼儿教师要把幼儿同伴冲突事件作为课程资源来看待和利用。当幼儿之间出现冲突时，教师首先想到的应该是这一冲突事件有何教育价值，应该如何利用这一事件促进幼儿的哪些方面发展，而不是简单地平息当前的冲突事件。

教师要以专业的眼光来看待幼儿的同伴冲突，要意识到它对幼儿发展的价值，并充分挖掘同伴冲突的教育价值。如果冲突事件有典型的代表性，那么，可以通过生成相关的教育活动来促进全班幼儿的发展，比如，可以通过相关的情景剧演示幼儿如何处理冲突，并让大家讨论如何处理这样的冲突。

教师每次面对幼儿的同伴冲突时，都应该意识到它是一种教育资源和教育机会，教师要不断地、科学地挖掘和利用它来促使幼儿更好地发展。

从教育资源的角度来看，教师不仅要挖掘和利用现有的幼儿同伴冲突来促进幼儿的发展，有可能的话，还要创造一定的条件让幼儿发生冲突，然后促进幼儿的发展。

（三）幼儿才是解决冲突的主角

以往解决同伴冲突的主角多是教师，教师扮演着"裁判"的角色，很少让幼儿用自己的方式参与解决冲突。事实上，幼儿具有解决自我与他人之间冲突的能力，不同幼儿采用的冲突解决策略可能不同，而这些不同的冲突解决策略会直接影响到冲突的结果——是完满解决还是激化矛盾。教师需要有意识地引导幼儿独立解决同伴冲突，让幼儿在不断的

学习和建构中提升解决同伴冲突的能力，进而达到"介入"是为了不介入、指导是为了不指导的目的。

（四）不要因为冲突而禁止幼儿交往

幼儿在与同伴交往过程中发生冲突是很正常的，教师绝不应该因为幼儿与同伴发生冲突而禁止幼儿之间的交往。因为禁止不能解决幼儿因交往能力欠缺而发生的冲突，也不利于幼儿的交往能力和社会性的发展，同时还会导致幼儿对教师的怨恨。

（五）正确应对幼儿同伴冲突的目的

应对幼儿同伴冲突的目的不是平息同伴冲突，不是减少甚至消灭同伴冲突，也不是对谁对谁错的简单判断，而是利用同伴冲突来促进幼儿获得最优的发展，特别是促进幼儿获得社会性方面的发展。

（六）应对幼儿同伴冲突的原则

幼儿教师在应对幼儿同伴冲突的过程中应该遵循以下两个原则。

1. 安全性原则

在应对幼儿同伴冲突时要注意对幼儿的保护，要确保他们的身心安全，既努力避免冲突过程中的一方给另一方造成身心伤害，又要避免使用可能危及幼儿身心安全的方法来应对冲突中的幼儿。不仅要动员幼儿园的教育力量，还要动员家庭的教育力量，引导幼儿以"不威胁、不伤害他人，也尽可能不被人伤害、不被人威胁"的方式来解决同伴之间的冲突。

2. 发展性原则

教师应该充分利用幼儿同伴冲突事件来促进冲突双方以及其他幼儿的发展。为此，教师介入幼儿同伴冲突的方式、时机、内容都应该充分考虑教育价值的最大化，最大限度地促进幼儿的发展。面对幼儿的同伴冲突，平息冲突事件不是最重要的，最重要的是让冲突双方及其他幼儿从本次冲突事件中获得经验和成长，学会正确地处理同类的冲突事件，并从中获得成长的快乐体验，获得同伴之间的友谊。

二、应对幼儿同伴冲突的过程与技巧

（一）发现幼儿冲突

应对幼儿同伴冲突是从教师发现幼儿同伴冲突及其表现开始的，在这一阶段，教师要明确：冲突的对象是谁，发生冲突的原因是什么，在冲突过程中他们做了什么努力。

当教师发现幼儿同伴冲突时，要走近发生冲突的地方，表示你已经察觉到这件事；必要时要走得更近并进行干预，制止伤害性攻击行为。

教师要有高度的教育敏感性，对具有教育价值的同伴冲突事件要有敏锐感知和辨别的能力，要能迅速体察幼儿的需要并提供及时到位的帮助和引导。

（二）教育价值判断与选择

教师要确定该冲突事件所具有的教育价值——教师可以利用这次冲突事件来促进幼儿哪些方面（认知、社会性、情感、态度、行为、体质等）的发展进步；决定后续介入活动时主要突出哪些教育价值，以便更好地促进幼儿的发展。

幼儿同伴冲突对幼儿发展的价值主要表现在以下四个方面。

1. 促进幼儿去自我中心化

幼儿处于皮亚杰所说的自我中心阶段，这一阶段的幼儿只能从自己的角度看问题，而不能从别人的角度看问题。在解决冲突的过程中，幼儿为了达到自己的目的，不得不去倾听、了解他人的观点、需要和感受，调整自己的行为，从而促进了社会观点采择能力的发展，进而加快了幼儿的"去自我中心化"。

2. 促进幼儿对社会交往技能的理解和掌握

幼儿之间发生同伴冲突多缘于他们社会交往技能的缺乏。冲突为幼儿提供了运用各种技巧化解矛盾的真实环境和实践机会，幼儿在运用抢、夺、哭、打、沟通、协商、求助等方法的过程中，逐步积累社会交往经验，并学会协商、相互妥协、让步、轮流分享、合作、互惠、互谅等，这既加深了他们对这些交往技能的认识，又提高了他们解决社会问题、协调人际关系的能力。

3. 促进幼儿语言表达能力和思维能力的发展

幼儿的同伴冲突有时表现为肢体动作上的对抗，有时表现为口头语言的争执。在幼儿园的教育氛围下，运用肢体动作解决冲突是得不到鼓励的，而运用口头语言解决冲突则是得到默许甚至是得到鼓励的。因此，面临同伴冲突时，幼儿要学会运用协商对话的方式尽可能地说服对方，满足自己的需求，在不断争吵、申诉、提出自己的观点、说服对方这一系列的语言活动的过程中，幼儿的逻辑思维能力和语言表达能力得到了发展。

（三）选择介入时机

教师不合时宜地介入幼儿的同伴冲突，对幼儿的发展是不利的。比如，教师介入过早会剥夺幼儿自主解决冲突的机会，进而使其自我解决冲突的能力得不到发展，他们一旦遇到冲突，就会立即向教师求助，而不会自己解决冲突；教师介入过晚则会错失利用冲突促进幼儿发展的机会，甚至可能因冲突恶化给相关方带来身体和心理的伤害。因此，教师要认真研究和把握介入幼儿同伴冲突的时机，促进幼儿更好地发展。

那么，何时才是适当的介入时机呢？下列时机也许适合教师介入幼儿和同伴的冲突。

1. 幼儿未掌握化解冲突的策略与技巧

冲突双方没有掌握化解冲突的策略与技巧，因此无法有效地化解冲突，这时就需要教师介入，重点对幼儿进行化解冲突的策略与技巧的指导和训练。

2．冲突激化有可能带给幼儿身心伤害

在同伴冲突中，适当的斗嘴有助于提高幼儿的语言表达能力；小打小闹，有助于提高幼儿身体的协调性。因此，当同伴冲突处在一个适度的水平时教师大可不必介入，可旁观幼儿是如何解决这些冲突的；而当冲突发展为较激烈的肢体冲突或者持续进行恶毒的语言攻击时，教师就应该介入冲突，将冲突引向正确的轨道。

3．冲突中的幼儿向教师求助

当幼儿在同伴冲突的过程中依靠自身的力量无法摆脱当前的困境而来向教师求助时，教师应及时介入，并视情况采取不同的策略，引导冲突双方有效地解决冲突并从中得到发展。比如，在自由活动时，王晓兰看到平小威把闫小珂推倒了，要求平小威向闫小珂道歉：平小威不但不向闫小珂道歉，还把王晓兰也推倒了。于是，王晓兰哭着向教师求助。这时，如果教师只是继续旁观或者寄希望于幼儿自己解决问题，可能会让王晓兰产生失望和无助感。因此，当王晓兰向教师求助时，教师立刻做出了积极回应，以增强王晓兰的安全感，同时，对以攻击为手段解决冲突的平小威也是一种震慑和教育。

4．冲突过程中发现有益经验值得推广

当发现冲突双方处理冲突的策略和方法值得其他幼儿学习时，教师应该介入，以推广这些有益的解决冲突的策略和方法，进而促进幼儿社会性的发展。

5．冲突中有一方采取了退缩策略

当冲突的某一方由于种种原因而采取了退缩性策略或做法（如逃跑、哭泣、无原则地忍让或忍气吞声地压抑自己等）时，教师应该介入，以纠正另一方的霸道态度和行为，同时，增强具有退缩倾向的孩子解决冲突的能力和勇气，此时教师的介入对冲突双方都是一个良好的教

育机会。

6．冲突进入了持久的僵持状态

当冲突双方持久地僵持在那里，冲突的解决没有取得任何进展，冲突双方都很不愉快，又找不到能令对方有效妥协的办法时，教师应该介入，与幼儿共同探讨双方都能接受的解决冲突的办法，以免幼儿在无谓的冲突上消耗过多的身心能量，而对其身心发展又没有任何益处。

7．冲突出现了严重的不公平倾向

当冲突的某一方依靠智力、体力、言语能力的优势，采取欺骗、威胁等手段让对方接受自己解决冲突的方案时，或者，当其他非冲突同伴介入导致冲突解决严重不公平时，教师应该介入，以保证冲突的公平解决，进而保证幼儿成长环境的公平性，这对弱势一方和强势一方的成长都是有利的。

8．一方非理性地坚持

在冲突的过程中，当某一方无论使用何种方法，都不能让另一方改变其不合社会性发展要求的做法时，教师就应该介入，以使解决同伴冲突的有效策略和办法，如"共享""轮流分享""平等交换"等得到推广，让"共赢""互助"等理念逐渐深入幼儿的内心。

（四）确定介入方式

教师介入幼儿同伴冲突有三种方式：一是让冲突双方依靠自身的力量和策略自行解决冲突；二是让非冲突小伙伴的介入促成冲突的结束；三是教师直接介入——在教师的引导下，冲突得到了解决，幼儿的相关素质得到了提高。

1．介入方式的选择

不同的介入方式具有不同的功能，不同的介入方式各有其适合的条件，我们在选择介入方式时一定要考虑是否具备了相关的条件。

（1）冲突双方自行解决冲突问题的条件

教师要相信幼儿并鼓励幼儿独立地解决同伴冲突，给幼儿足够的时间，创设让幼儿自行解决问题的机会。不过，幼儿自行解决冲突是有条件的，那就是幼儿已经掌握了化解冲突的策略。

随着幼儿处理同伴冲突经验的积累，教师要不断鼓励并给予幼儿自己解决同伴冲突的机会。前提条件是幼儿已经掌握了一定的化解冲突的策略。

（2）小伙伴介入解决冲突问题的条件

介入者掌握了调解冲突的基本策略与方法。教师平时应该对幼儿进行调解冲突的技能的训练，让他们看到同伴冲突时，能为双方提出有效解决冲突的建议。

介入者有帮助同伴解决冲突的热情。对那些热衷于对同伴冲突进行调解的幼儿，教师平时要多给予其鼓励与肯定，以期在班级中形成一种关心同伴冲突、积极化解同伴冲突的风气。

（3）教师直接介入幼儿同伴冲突的条件

前面两种介入方式都无效或者产生负面结果时，教师就应该直接介入幼儿的同伴冲突，引导同伴冲突向有利于幼儿健康发展的方向运行。教师在直接介入幼儿同伴冲突时忌用简单粗暴的方法，宜以引导和帮助为主，为幼儿提供思考和自主解决问题的机会。只有当幼儿依靠自己的力量难以解决冲突时，教师才应出面为幼儿提供解决问题的思路，引导幼儿正确地处理同伴冲突。

①直接介入

直接介入就是当幼儿发生同伴冲突时，教师可以以语言或行为直接制止有可能导致幼儿受到伤害的冲突，或者让幼儿了解处理当前冲突或同类冲突的策略和方法。在运用直接介入这种方式时，教师要重视语言的作用，向幼儿解释为什么要这样做，然后向幼儿提出行为要求，以解

决他们的冲突。如，在大型玩具区的滑滑梯活动中，毛锐走到牛勇面前插队，为此他们俩争执起来。牛勇很生气，推了毛锐一下，使原来的口头争执变成了肢体冲突，这时金老师及时介入了，她告诉毛锐："大家应该排队依次玩滑滑梯，插队是不对的。"同时她告诉牛勇："推人是不对的，你可以采取其他没有危险性的办法解决问题。"

值得注意的是，直接介入是一种典型的以教师为中心的同伴冲突解决方式，它更多地体现了教师的干预作用，很可能会导致冲突处理过程中对幼儿主动性的忽视——幼儿只是按教师的建议做，没有思维的参与，没有相应的体验，有可能导致这样的现象：冲突平息了，但幼儿没有得到任何发展。

②原因探寻

原因探寻就是帮助幼儿寻找同伴冲突产生的原因，了解自己在冲突过程中是否有过错，最后帮助幼儿找到合适的解决同伴冲突的办法。如，在上厕所时汪伟突然哭了起来，郝老师经过询问了解到，原来是罗宾推了他一下。此时郝老师没有马上批评罗宾，而是先安慰了汪伟，并让他们各自讲述冲突发生的过程，然后帮助他们找到冲突产生的原因——汪伟推了宋强，宋强是罗宾的好朋友，宋强为好朋友打抱不平于是就推了汪伟。最后教师先让罗宾向汪伟道歉，再让汪伟向宋强道歉，于是，他们又和好如初。

使用原因探寻这种介入方式，要求教师尽量避免使用命令的口吻直接指导幼儿，而应引导幼儿陈述冲突发生的过程，还原事情真相，以引导幼儿判断自己的行为是否恰当，并最终找出解决冲突的有效方法。

③间接引导

间接引导就是在介入幼儿冲突的过程中，教师向幼儿提出各种解决冲突的方案，并与冲突双方一起分析各种方案的优缺点，并引导他们根据实际情况做出合理选择。如，在自由游戏的时间里，龙晓华特别想玩

姚晓贝正在玩的秋千，而姚晓贝不想给她玩，这时教师建议她们轮流玩（一个人玩一会儿）或者一块儿玩（一个人坐在秋千上，一个人在下面推），或引导她们想想是否还有其他合适的解决办法。

间接引导的优点在于减少了教师的直接干预给幼儿带来的压力和内心的不快，给幼儿自主选择的机会，幼儿的自主需要得到了一定的满足，其自主性也得到了一定的提高。

④情感支持

情感支持就是在介入幼儿同伴冲突的过程中，教师不是直接提供解决冲突的办法，而是通过言语、表情、动作等给幼儿以情感支持，鼓励他们独立自主地解决冲突。如，在玩积木游戏时，孙冠雄的房子少个门，他就强行从朱小曼那里抢了一个。旁边的唐文涛看到了，要求孙冠雄把积木还给朱小曼，可是孙冠雄不肯，于是唐文涛去抢，但没有抢到，他很生气地跑去找教师告状了。这时，教师通过言语、眼神和微笑等方式表达了对唐文涛的信任，并鼓励他寻求更为恰当的方式解决冲突。

在使用情感支持这一方式时，教师要让幼儿真切地感受到自己是被重视和被信任的，从而产生积极的情感体验，主动地去寻求更佳的解决冲突的办法。情感支持这一方式需建立在幼儿具备一定的自主解决问题的能力和情感倾向的基础上，因此，更适用于年龄稍大的幼儿。

2. 介入方式选择的程序

从更有利于幼儿发展的角度来看，上述三种介入幼儿同伴冲突方式的选择次序应该是：首选"让冲突双方自行解决冲突问题"，次选"让小伙伴介入解决冲突问题"，在前两者都无效的前提下教师直接介入幼儿的同伴冲突。因为教师介入幼儿同伴冲突的最终目标是幼儿能够自己解决问题。

（五）介入幼儿冲突

教师在介入幼儿同伴冲突时，应该注意以下七点要求。

1. 公平公正

教师介入幼儿同伴冲突，解决他们的问题，一定要公平公正，不得偏袒任何一方，以免对幼儿的身心造成不良的影响。如，教师喜欢的丁钉把小勇弄哭了，他先去告状，说是小勇先打他的。听完丁钉的诉说后，教师不分青红皂白地把受了委屈的小勇批评了一番。而孩子们的眼睛是雪亮的，觉悟也是挺高的，其他知道真相的孩子争先恐后地帮助澄清事实，而此时的教师听不进去，对孩子们说："那你们就别惹他！"

幼儿发生冲突后，教师如此不公平地应对，对冲突双方甚至对所有的幼儿都是一种伤害。

2. 以不伤害幼儿为底线

处理幼儿冲突应以不伤害任何一方为底线，以促进幼儿的健康发展为目的。也就是说，在处理幼儿同伴冲突的过程中，即使教师不能有效地促进幼儿的发展，至少也不能以伤害冲突的任何一方为代价去处理幼儿的同伴冲突。

3. 让同伴冲突有个完整的过程

同伴冲突是幼儿成长过程中不可缺少的一项人生历练，幼儿的社会性就是在与人争吵—和好—争吵—和好……的循环过程中得到发展的。冲突的每一个环节对幼儿而言都是发展的机会，因此，要让幼儿同伴冲突有一个完整的过程，在冲突的过程中，要给幼儿足够的时间，让他们有充分的使用和发展智慧、能量的机会，不要在冲突的萌芽状态就由于教师的介入而人为地将其消灭——这种过早的介入使幼儿还没来得及自行思考就被教师剥夺了独立解决冲突的机会，久而久之，他们自我处理同伴冲突的能力没有机会成长，更加依赖教师干预冲突，而不是依靠他们自身的力量独立地解决冲突。

4．明确自己的角色

在应对幼儿同伴冲突时，教师承担着下列角色。

(1) 幼儿情绪的接纳者

同伴冲突发生后，冲突双方的情绪都不太好，甚至过于激动、冲动。在冲突过程中，可能有的幼儿做的是"对的"，有的幼儿做的是"错的"，但教师不能因其行为的对与错而表现出接纳或不接纳他们的情绪，教师要无条件地接纳冲突双方的情绪——无论他们在冲突过程中做得"对"还是"错"。

(2) 幼儿发展的促进者

在处理幼儿同伴冲突的过程中，教师不是冲突的简单平息者，也不是冲突过程中谁对谁错的裁定者，而是幼儿发展的促进者。教师在应对幼儿同伴冲突的过程中的主要任务是利用同伴冲突促进幼儿的社会性，特别是解决冲突能力的发展，以达到"指导是为了不指导""帮助是为了不帮助"，让幼儿学会独立处理冲突的目的。

(3) 幼儿同伴关系的修补者

教师在处理幼儿冲突的过程中还扮演着幼儿同伴关系修补者的角色，即修复或弥补由于冲突而造成的同伴关系紧张状态。虽然我们常说幼儿还小、不记仇，也经常看到一些幼儿确实在冲突过后关系仍很亲密，但随着年龄的增长，尤其是大班幼儿开始出现选择性的同伴交往，一些比较严重的冲突还是会在幼儿的心中留下阴影，不利于幼儿同伴关系的处理。教师要引导幼儿正确处理同伴关系，尤其是在冲突之后，使冲突双方的关系不受严重影响，恢复原有交往水平甚至加深友谊。通常可以采用让幼儿握手、拥抱、共同参与游戏或合作完成游戏活动等方式消除隔阂，缓和关系，促进交往，重建良好的同伴关系。

5．深刻领悟不同价值取向的策略

应对幼儿同伴冲突，根据其重心不同，一般有三种不同价值取向的

学前教育专业人才培养的理论与实践

策略：一是教师中心策略；二是幼儿中心策略；三是高权威策略。这三种策略各有特点，功能也不一样，我们应该深刻体会其背后的教育理念和操作要义，在实践中根据同伴冲突的性质以及我们所要达到的教育目的而慎重地进行选择。

6. 要有正确的态度

看到幼儿发生同伴冲突，教师应该难过还是高兴？看到幼儿不断地发生同伴冲突时，教师应该愤怒还是镇静？我们主张，看到幼儿同伴冲突时，不仅不应该生气，还应该高兴，应该这样想：今天是何等的幸运，他们为我的教育提供了教育机会。因此，看到小朋友们发生同伴冲突时，教师绝对不应该粗暴地对孩子们喊叫："气死我了！干吗老吵架？""你们太不懂事了，都上大班了还不懂得相互谦让。""都说你们多少遍了，你们还是……"

教师还可以在合理解决幼儿间冲突的基础上，以点带面地组织其他幼儿通过多种形式学会观察、体验、理解他人的情绪情感，并展开讨论、交流，习得正确地与人相处的方式方法。

（六）反思介入

应对幼儿同伴冲突的最后一个环节就是教师对本次应对幼儿冲突的过程与效果进行反思。教师介入幼儿同伴冲突后，可以从以下几个方面进行反思：

对幼儿发生冲突的原因确定是否正确？

如果对幼儿发生冲突的原因确定不正确，那么造成这方面的判断失误的原因是什么？这种失误导致了哪些后果？该如何补救？

对幼儿冲突的介入是否取得了预期效果？

如果介入幼儿冲突没能取得预期效果，那么原因是什么？该如何进行补救？

本次幼儿同伴冲突还可以用来促进幼儿哪些方面的发展？它们的路

径是什么，方法是什么？

本次介入幼儿同伴冲突产生了哪些意想不到的效果（好的或坏的）？原因是什么？对我们今后的工作带来了哪些启示？

不断地反思有利于教师不断地提高应对幼儿同伴冲突的能力，进而更加有效地促进幼儿的发展。

学前教育专业人才培养的理论与实践

第五节 应对幼儿不良情绪的技巧

应对幼儿的不良情绪是指教师在幼儿处于焦虑、紧张、难过、悲伤、恐惧、愤怒、郁闷等不良情绪状态时，给予幼儿安慰、爱抚等，以帮助其尽早走出不良情绪状态，消极情绪会给幼儿的生活状态、学习状态造成消极影响，甚至会影响幼儿的身心健康，因此，当幼儿出现消极情绪时，教师要主动给予安抚，而且要有效地抚慰幼儿，平息或缓解他们的不良情绪，促进他们的健康成长。

一、应对幼儿不良情绪的条件

应对幼儿的不良情绪应该遵照以下基本要求来进行。

（一）无条件接受原则

情绪没有对与错，只要发生了，就都是合理的，幼儿出现愤怒、惧怕、恐惧、悲伤、焦虑、担心、郁闷等情绪都有其合理的内外因，都是可以理解和接受的，因此，对幼儿的不良情绪不应该谴责、指责、批评、埋怨，接受的态度可让幼儿的不良情绪得到缓解，而不至因为出现不良情绪而自责。当幼儿出现愤怒、惧怕、恐惧等不良情绪时，教师不要对幼儿说"你没有理由愤怒""你不应该感到惧怕"，等等，以免增加幼儿的心理负担。

（二）宜疏不宜堵原则

当幼儿出现不良情绪时，总会自觉或不自觉地以一定的形式（如表情、语言、行为等）表现出来，哭闹、发脾气、搞破坏、骂人、打人等，就是幼儿不良情绪的外在表现形式。如果幼儿因情绪不良而出现的行为不会伤害到别人，不会严重损坏物品，那么教师不应该禁止，反而应该鼓励，因为幼儿通过适当的方式来表露其内在的不良情绪，对舒缓其因情绪不良而引发内心紧张具有积极的意义。比如，我们不应该对因心里难过而大哭不已的小男孩说："男子汉也哭，羞！羞！！羞！！！""男子汉要坚强，不许哭！"在这种外在的压力下，许多小男孩都采取了"明智"的做法——忍气吞声，但这种忍气吞声无疑会增加孩子的心理负担，给他带来双重的痛苦。当幼儿因难过而哭泣时，教师应该对幼儿说："我知道你很难过。心里难过，就哭出来吧。"教师绝对不可以跟幼儿说："不许哭。""不许发脾气。""不许大喊大叫。""不许生气。"因为这种"堵"并不能解决幼儿的不良情绪问题，反而会让其不良情绪更加严重，甚至会伤害其身心健康。因为人的心理结构中有一座"情绪水库"，专门收集不良情绪产生的负能量，负能量超过警戒线时，个体就会烦躁不安。如果这时还不做调节性的泄洪工作，负能量继续累积下去，个体就会出现更为严重的心理行为问题。因此，解决问题的方法就是将"情绪水库"内的水放掉，让水位保持在安全水位之下，这样，幼儿才不会出现焦虑、过度运动、缺乏理性思维能力、反社会行为、情感爆发、攻击性行为等心理行为问题。

不少幼儿因为害怕失去老师或父母的爱而无条件地克制自己，让怒气和不满、委屈和伤心不在老师或父母面前表现出来，这是有害的。我经常听见老师或家长赞赏孩子："他（她）没有脾气！"一个成人没有脾气似乎是求之不得的好性格，但是一个孩子"没有脾气"可能意味着，这个孩子为了迎合老师或父母而压抑着自己的焦虑、不安情绪。

（三）换位思考原则

当幼儿出现不良情绪时，教师要运用换位思考策略，想幼儿所想，理解、体谅幼儿的情绪状态，给幼儿更多心理上的支持。教师应该目光温和地看着幼儿说："××，我知道你……""××，你……我能理

解。"如："齐羽抢走了你的积木，我知道你很生气。""其他小朋友都走了，妈妈还没有来接你，你很想妈妈，我能理解。"这样，幼儿会感觉到老师是理解和体谅他的，对缓解幼儿因情绪不良而造成的内心紧张有积极的意义。

（四）示范性原则

幼儿的情绪具有不稳定性，因而比较容易转换，也比较容易受到感染。因此，在应对幼儿的不良情绪时，教师要一直以积极情绪带动幼儿的不良情绪向积极的方向发展。不要用自己的不良情绪去应对幼儿的不良情绪，否则，将会使幼儿的情绪更加糟糕。

良好的情绪榜样，既可以来自教师，也可以来自幼儿的同伴。有时候，幼儿同伴的情绪榜样力量比教师的榜样作用更大。

中国的教师总是忙着安慰、照顾那些哭闹不止的孩子，被他们缠着不放，而那些勇敢的、不哭不闹的孩子无形中却被忽视了。这样做的后果就是不哭的孩子向哭的孩子看齐，孩子哭闹的时间会更长。

（五）尊重性原则

对幼儿表现出来的不良情绪，教师都应该尊重，不可以取笑，不可以蔑视，不可以指责，更不可以贬损幼儿。因为情绪的出现是一件很自然的事情，没有对与错，没有好与坏。幼儿的情绪，特别是不良情绪应该得到特别的尊重。幼儿的不良情绪得不到尊重，将会导致幼儿在教师面前只能压抑自己的不良情绪，而不是通过适宜的方式表现出来或者宣泄出来，这会给幼儿的身心健康造成不良影响。

（六）及时性原则

教师发现幼儿的不良情绪后要及时地给予有效的回应。及时回应幼儿的不良情绪有利于将幼儿带出不良情绪状态，同时，还可以在人文关怀方面为幼儿树立一个良好的榜样。当前教师对幼儿的情绪和情感抱冷漠态度或任其自然的情况相当普遍。如，有的教师对初入园的孩子哭泣

不能给予重视，认为"孩子都会哭的，几星期之后自然就不哭了"，因而听之任之，不加抚慰，不给予安慰，只等自然结果，让幼儿觉得老师没有爱心，没有人情味，这将阻碍后续良好师幼互动关系的建立。

二、应对幼儿不良情绪的程序与技巧

教师应对幼儿的不良情绪应该遵照如下程序与要求。

（一）发现幼儿的不良情绪

幼儿的情绪往往具有外露性，因此教师可以通过幼儿的外部行为表现来观察了解幼儿的不良情绪状态。

1. 幼儿恐惧情绪的表现

当幼儿内心恐惧时，往往会表现为：脸色苍白，眼神警觉，嘴唇紧抿，身体僵硬。

2. 幼儿气愤情绪的表现

当幼儿气愤时，往往会表现为：脸色涨红，瞪大眼睛，表情紧张，紧握拳头，咬紧下唇，声音刺耳或声调高，动作幅度大。

3. 幼儿伤心情绪的表现

当幼儿感到伤心时，往往会表现为：双眉不展，哭泣，流泪，没精打采，注意力不集中，嘴角向下弯，欲哭又止。

4，幼儿不安的表现

当幼儿内心充满不安时，往往会表现为：不出声，独来独往，不想上幼儿园，喜欢模仿别人，避免参加竞技性游戏，不愿与别人目光对视，吮手指，吮被角，吮衣角，咬指甲。

5. 幼儿焦虑情绪的表现

当幼儿内心焦虑时，往往会表现为：皱眉，脸色苍白，紧闭嘴唇，动作急促，注意力难以集中。

学前教育专业人才培养的理论与实践

6．幼儿抑郁情绪的表现

当幼儿内心抑郁时，往往会表现为：烦躁不安（感觉不适）或者冷漠，长时间没有体验快乐的能力或者缺乏快感，停止与别人接触，睡眠不安特别是早醒，思想迟钝，缺乏专注力，时常莫名其妙地哭叫。

（二）了解幼儿产生不良情绪的原因

需要和认知是情绪产生的基础，幼儿的不良情绪也是以需要和认知为基础的。因此，教师应该从需要和认知两个角度去探讨幼儿不良情绪产生的原因。

1．需要未得到适当的满足

一般幼儿的不良情绪都与其需要得不到适当的满足有关。比如，幼儿的愤怒往往是其愿望得不到满足，实现愿望的行为一再受到阻挠引起的紧张积累而产生的情绪体验；幼儿的恐惧情绪往往是幼儿由于缺乏准备，不能处理、驾驭或摆脱某种危险情境而产生的情绪体验；幼儿的悲哀情绪往往是幼儿由于失去所热爱的事物或愿望破灭而产生的情绪体验；幼儿的害羞情绪是幼儿对自己外部或心里的缺点被暴露的恐惧；幼儿的焦虑情绪往往是幼儿由于不能达到目标或不能克服障碍，致使自尊心受挫或使失败感和内疚感增强，从而形成的紧张不安、恐惧的情绪。

因此，要想有效地应对幼儿的不良情绪，教师就要研究其背后的需要及其所起的作用。

2．错误认识导致不良情绪

幼儿的不良情绪与其对相关事物的认识有很大的关系。比如，幼儿对幼儿园和教师心存恐惧，原因在于幼儿入园前，其家人时常以幼儿园和教师来吓唬幼儿；幼儿不喜欢跟小伙伴玩，可能是因为他有受到小伙伴欺负的痛苦经历；有的幼儿受到老师批评后就不想上幼儿园了，或许是因为他认为老师批评他就是不喜欢他，等等。

（三）选择适宜的应对幼儿不良情绪的方法

应对幼儿的不良情绪主要有转移注意力法、情绪认同法、反射情绪法、允许申辩法、共同遭遇者法、不理睬法、情绪宣泄法等七种方法。它们各有适用范围，应该根据幼儿不良情绪的特点和幼儿的特点来选择适宜的方法。

1. 转移注意力法的使用技巧

当幼儿出现消极情绪时，教师可以采取转移注意力的策略，让幼儿将注意力从引起其伤心的对象转向其他对象，特别是转移到能给其带来快乐的对象上，这样能让幼儿很快地走出不良情绪状态。

幼儿的情绪具有不稳定性，不同性质的情绪容易互相转换；幼儿的注意力也具有易转移性；幼儿记忆力的稳定性较差。教师可以利用幼儿的这些特点，用新鲜的刺激转移幼儿的注意力，使其停止哭闹、发脾气等，开始正常的幼儿园生活，如：当幼儿（特别是小班刚入园的幼儿）因为想念亲人而哭闹时，教师就可采用转移注意力的办法（如提供新鲜的玩具、带幼儿逛幼儿园、给幼儿讲故事、给幼儿户外玩游戏的机会等）使其停止哭闹。

为了更好地发挥转移注意力法在应对幼儿消极情绪中的作用，教师应注意如下四点。

（1）明确转移注意力法的适用情况

转移注意力法对消除幼儿因偶发事件而导致伤心、愤怒等情绪的效果比较明显，而对消除幼儿的不满、委屈、焦虑等情绪的效果不明显。另外，转移注意力法只能给幼儿带来暂时的忘却，并不能从根本上消除幼儿持续的忧伤、不安等消极情绪。

（2）诱导物要有吸引力

用来转移幼儿注意力的诱导物要有吸引力。采用转移注意力法能否成功，关键在于幼儿对诱导物是否有兴趣。因此，在选择诱导物时，应

首先思考该幼儿最喜欢什么事物，然后根据幼儿园的资源，选择适当的事物来转移幼儿的注意力。诱导物，可以是物，也可以是活动；可以是幼儿亲自做的事，也可以是观望别人做的事；数量上可以是一个，也可以是多个。

(3) 灵活调整

在转移幼儿注意力的过程中，教师要注意观察幼儿的情绪变化，并根据具体情况对转移注意力的计划进行调整：一个诱导物不能解决问题，就采用多个诱导物；这个诱导物没有效果，就换那个诱导物。

研究表明，能让幼儿活动起来的诱导物比不能让幼儿活动起来的诱导物具有更强的转移注意力的作用；离开事发情境进行诱导比在事发情境中诱导的效果好；将转移注意力法与其他方法有机结合使用会使效果更加明显。

(4) 转移注意力法必须与其他方法配合使用

单纯的转移注意力法是一种忽略甚至否认幼儿内心感受的做法，同时，它为幼儿建立了一个压抑愤怒、恐惧、郁闷和忧愁的处理消极情绪的模型，这有可能会影响幼儿一生对待消极情绪的态度和行为习惯。因此转移注意力法必须跟其他方法配合使用，以免对幼儿的心理造成消极影响。

2. 情绪认同法的使用技巧

情绪认同是指让幼儿知道老师明白他的感受，让他知道老师理解他、支持他。当幼儿出现消极情绪时，教师可以利用情绪认同法来抚慰幼儿的不良情绪，即当幼儿出现消极情绪时，教师承认并接受幼儿真实的情绪反应与表达，而不是否定。如，看到幼儿伤心流泪，教师可以这样跟幼儿说："我知道你现在很伤心。""看得出来你很伤心。""……这让你很伤心。"教师不应该对幼儿说："没什么好伤心的，不就是……吗？"教师否定幼儿的伤心体验会让幼儿更伤心。

为了更好地发挥情绪认同法在应对幼儿不良情绪中的作用，教师应注意如下五点。

(1) 明确情绪认同法的适用情况

情绪认同法对缓解甚至消除幼儿因偶发事件而产生伤心、不满、委屈、愤怒等情绪的效果比较明显。情绪认同法不宜用于缓解幼儿的忧郁、焦虑等不良情绪，因为教师的"认同"可能会助长幼儿这一类具有弥漫性的不良情绪，使其更加持久。

(2) 准确判断幼儿的情绪

只有准确判断幼儿的情绪，才能对其不良情绪进行准确的认同；否则，幼儿内心委屈，我们却误认为他伤心了，就有可能在进行情绪认同时出现"牛头不对马嘴"的情况，使幼儿感到莫名其妙，这对消除其不良情绪没有一点积极的作用。

(3) 平静地面对幼儿情绪的自然流露

无论幼儿出现什么样的情绪及行为，教师都应该以平静的心态应对，而不应该跟着幼儿一起激动，否则，将进一步激化幼儿的不良情绪。

(4) 用肢体语言给幼儿以适当的安抚

在向幼儿表达"我知道你……""我能体谅你……""……真让你……"的同时，用温暖的眼神看着孩子的眼睛，给幼儿擦眼泪或者给幼儿一个拥抱，或者轻轻抚摩他的脸，这样有利于幼儿更快地"消气"或者从其他消极情绪中走出来。

(5) 表达你在同类事情上的经验和同感

在认同幼儿情绪的基础上，教师还可对幼儿说："我小时候也遇到过……那时我也……"，这也是一种对幼儿不良情绪的认同方式。这种方式可以强化幼儿产生相应情绪的"正当性"和"合理性"，可以减轻幼儿因发生不良情绪而产生的内心压力。

3．反射情绪法的使用技巧

当幼儿感到委屈或被误会而向教师表达相应的感受时，教师可用幼儿的原话表示自己对幼儿的理解。这种方法，在心理学上称作反射情绪法。反射情绪法有两种形式：一是用幼儿的原话把他的情感反射出来；二是用幼儿心里潜在的话来反射幼儿的情绪。

为了更好地发挥反射情绪法在应对幼儿不良情绪中的作用，教师应注意如下六点。

（1）明确反射情绪法的适用情况

反射情绪法只适用于消除幼儿因被冤枉或误解而产生的委屈情绪，不适用于其他负性情绪的消除。

（2）认真倾听幼儿的诉说

当幼儿来向教师诉说委屈时，教师要认真地倾听，这样才能了解幼儿委屈之所在，随后才能准确地向幼儿进行情绪反射。

（3）教师内心平静，外表平和

当幼儿向教师激动地诉说他所受的委屈或遭到某位老师的误会时，教师不要跟幼儿一起激动，要心平气和地、静静地听幼儿诉说，这是给幼儿做情绪示范，无论何时发生何事都要心平气和。

在使用反射情绪法的过程中，重复反映幼儿情绪及其原因的原话或说出潜在的能反映幼儿情绪及其原因时，教师也应该表现得心平气和。

（4）不对相关的人和事进行评价

让幼儿受委屈或对幼儿产生误会的可能是老师，也可能是幼儿的小伙伴或者其他人。在幼儿诉说时，教师不应该对相关的人和事进行评价，因为你仅仅是听了"诉说者"的一面之词；另外，如果在不明了真实的情况时贸然对相关的人和事进行评价，特别是评价相关的老师，会给幼儿做出很不好的处事示范，不利于幼儿的健康成长。

（5）配以适当的温暖的肢体语言

在幼儿诉说的过程中，教师应该专注地用温暖的眼神看着幼儿的眼睛；在幼儿诉说完后，教师要通过亲密的身体语言对幼儿进行适当的安抚。这样反射情绪的效果会更好。

（6）询问幼儿是否需要向有关人员申诉

教师要努力帮助幼儿找出消除误会的方法，如向相关人员申诉等。当然，前提条件是幼儿愿意申诉，如果幼儿不愿意申诉，就没有必要强迫他去申诉。

4．允许申辩法的使用技巧

当幼儿做了违背教师愿望的事情，而遭教师批评又不服气时，教师应该允许甚至鼓励他通过申辩说明"委屈"的理由，在幼儿申辩的过程中，不管误会是否获得化解，幼儿的不良情绪都会因为有申辩机会而减弱。这样有利于幼儿的健康成长。

为了更好地发挥反射情绪法在应对幼儿不良情绪中的作用，教师应注意如下三点。

（1）无条件地接受幼儿的主动申辩

对幼儿的申辩，不管有理或没理，教师都应该无条件地接受，甚至当发现幼儿"不服气"时，要心平气和地鼓励幼儿申诉："不服气，那你说说你的理由给老师听听。""老师有什么说得不对的，你说说。"

（2）平静地接受幼儿的申辩

在幼儿为自己申辩的过程中，教师应该一直以鼓励的眼神看着幼儿，不管他申辩得有理还是无理，都应该鼓励他把话说完，切不可中途打断幼儿的讲话。这是给幼儿做出与人交流的礼貌行为示范，也是充分发挥申辩这一手段舒缓幼儿内心压力的好方法。

（3）判断幼儿的申辩有理或无理，然后行动

确实有冤枉幼儿的地方，就要改正，并向幼儿道歉。

幼儿申辩无理，对幼儿的情绪表现仍然给予肯定："谢谢你告诉我你的感受和你的看法，不过，事实是……今后有什么不同看法，欢迎你继续跟老师说。"

教师应该以积极的眼光看待幼儿的申辩，幼儿的申辩至少说明幼儿有主见、有胆量、有勇气。同时，幼儿的申辩有利于其语言能力的发展，还可以避免幼儿受委屈，有利于他们把不良情绪通过申辩宣泄出来。

5．不理睬法的使用技巧

当幼儿表现出无理取闹、愤怒或者为引起教师关注以及为达到其他目的的不良情绪时，教师可以漠然置之，这样幼儿的不良情绪和行为就会自然地消失。教师的这种应对方法就叫不理睬法。

为了更好地发挥不理睬法在应对幼儿不良情绪中的作用，教师应注意如下三点。

（1）明确不理睬法的适用情况

不理睬法特别适用于幼儿以哭闹、发脾气、生气等为手段（如引起老师的关注或达到其他目的）的不良情绪和强烈情绪反应、言语冲动的消除，而对"非手段性"的情绪，如忧伤、郁闷、委屈、不安等，则不宜采用不理睬法。

（2）注意一致性原则

在采取不理睬法的过程中，不同教育者在态度和行动上要保持一致性，同时，还要坚持前后一致性。这样，当事幼儿才会明白他的非理性情绪在任何教育者那里、在任何时候都是没有意义的。多次失败后，他就会放弃这种不理性的情绪行为。如果教育者态度不一，幼儿就有空子可钻，其非理性情绪与行为就很难得到抑制，甚至会变本加厉，最后击败所有的教育者。

（3）注意不理睬法的程序

教师采用不理睬法矫正幼儿的非理性情绪和行为的操作程序为：面

对任性的幼儿，只说一句警告的话，然后通过以下的三个步骤矫正他。

面对幼儿的种种理由与各种胡闹行为，教师要采取不解释、不劝说、不争吵的办法，否则就会强化其争吵、胡闹行为，使其目的得逞。教师可以先保持一段时间的沉默，做自己正在做的事。

如果幼儿进一步胡闹且使人难以忍受，教师可以暂时离开现场，这时仍然要保持不批评、不与之讲道理的态度。

等幼儿的情绪稳定后，教师可以告诉他："你刚才胡闹是不对的，现在你的情绪稳定了，你可以做你自己的事去了！以后你再这样，老师仍然不会理你。"教师也可以跟他说："我知道你不开心，但你不闹了，真是一个好孩子。"教师表示高兴、满意和关心后，再跟他讲道理，分析其行为正确与否，并用"相信你以后不会再随意哭闹"的话来鼓励他。教师一致不予理睬，幼儿的不良情绪及行为就会减少或消退。

6. 情绪宣泄法的使用技巧

当幼儿有了不良情绪时，如果教师能以适当的方式（如诉说、艺术活动、体育活动、愤怒地大叫、打枕头、跺脚、画画、唱歌、哭泣、发脾气等）引导幼儿宣泄出来，将对减轻幼儿的心理负担、促进幼儿的心理健康成长有好处。

为了更好地发挥情绪宣泄法在应对幼儿不良情绪中的作用，教师应注意如下三点。

(1) 明确情绪宣泄法的适用情况

情绪宣泄法比较适合于缓解幼儿焦虑、忧郁、不安、愤怒等不良情绪所带来的压力，只是起缓解作用，而不能消除这些不良情绪，因为情绪宣泄法未触及幼儿不良情绪的根源性问题，是一种治标的方法。

(2) 正确应对幼儿自发表现出来的宣泄行为

接受并鼓励幼儿情绪的自然流露，幼儿因伤心难过而哭泣，因心中有不满情绪而生气，因委屈而申辩，等等，都是可以接受的，甚至是应

该得到鼓励的。情绪的自然流露就是一种宣泄，对缓解幼儿内心的紧张和压力是有帮助的。

教师在处理幼儿的这类心理行为问题时一定要慎重，要意识到幼儿正处于心理紧张状态，然后找出引起幼儿这种心理紧张状态的原因是什么，最后对症下药，消除造成幼儿心理紧张的原因，从而消除幼儿的紧张情绪，进而消除幼儿的心理行为问题。

(3) 有目的、有计划地设计并组织幼儿参加具有宣泄作用的活动

幼儿生活在成人主宰的社会中，平时只能听从父母和老师，很少有自由自主的时间和机会，他们生活得很被动、很压抑，也很紧张。教师可以设计一些相关的教育活动使幼儿有机会宣泄内心的紧张，对幼儿而言，诉说、游戏、艺术活动、体育活动、文学活动等都可以起到这样的作用。

（四）评估

应对幼儿不良情绪的最后环节就是对应对过程和效果进行评估：

本次应对幼儿的不良情绪是否取得了预期效果？

本次应对幼儿的不良情绪有哪些方法和有效措施，可以运用于今后相应的教育情境中？

本次应对幼儿的不良情绪有哪些经验教训？这些经验教训从另外一个角度提醒我们在今后相应的教育情境中应该怎样做。

不断反思和总结能让我们不断积累应对幼儿不良情绪的技巧，让教育更加有效。

三、应对幼儿不同种类不良情绪的技巧举要

（一）幼儿恐惧情绪的应对技巧

面对幼儿的恐惧情绪，教师可以采取如下五种措施来应对：

告诉幼儿小时候老师也怕。

给幼儿做出示范：老师（或其他幼儿）现在不怕……

不取笑幼儿的恐惧心理。

不过分关注幼儿的恐惧心理与行为。

让幼儿逐渐熟悉、接近其惧怕之物。

（二）幼儿愤怒情绪的应对技巧

面对幼儿的愤怒情绪，教师可以采取如下五种措施来应对：

给幼儿一个拥抱，使幼儿尽快平静下来。

牵起幼儿的手，跟他说："老师带你去玩。"

告诉幼儿："你的吵闹让我很头痛，你能找一种安静的方式来生气吗？"

暂时不予理睬。如果幼儿大发脾气时不是处于危险之中，也没有伤害到别人或者没有做破坏性的事情，那么教师可以暂时别理他。

让幼儿通过打枕头、跺脚、画画、大声喊出来、出去跑步等方式宣泄愤怒。

（三）幼儿焦虑情绪的应对技巧

面对幼儿的焦虑情绪，教师可以采取如下五种措施来应对：

允许幼儿带依恋物。

让快乐的孩子带动焦虑的孩子活动起来。

经常拥抱幼儿。

用幼儿能理解的方式表达对他们的爱。

多带幼儿到室外玩快乐的激励性的游戏。

（四）幼儿伤心情绪的应对技巧

面对幼儿的伤心情绪，教师可以采取如下五种措施来应对：

带幼儿离开伤心的地方。

设计有趣的活动让幼儿加入。

接受甚至鼓励幼儿的哭泣、诉说等宣泄行为。

如果幼儿正在哭泣，给他纸巾或帮他擦眼泪。

参考文献

[1] 李雪平，张利洪．学前教育专业人才核心素养研究[M]．重庆：西南大学出版社，2018．

[2] 赵洪，于桂萍主编．幼儿园教育活动设计与指导[M]．北京：北京理工大学出版社，2018．

[3] 廖萍，王海英．舞蹈与幼儿舞蹈[M]．北京：语文出版社，2018．

[4] 王彤，李秀鹏，陆晶主编．幼儿教师实用美术技能[M]．北京：北京理工大学出版社，2018．

[5] 温锡炜．学前教育专业"十三五"规划教材．学前儿童心理学[M]．长沙：中南大学出版社，2018．

[6] 李娟著．高校学前教育专业教学与人才培养模式探索与实践[M]．北京：北京工业大学出版社，2018．

[7] 周青云，何仕平主编．学前教育专业学生实习指导手册[M]．北京：首都师范大学出版社．2018．

[8] 由显斌，左彩云著．学前教育研究方法（第3版）[M]．北京：高等教育出版社，2018．

[9] 张海钟．高校心理学课程教学方法改革实践与理论探索[M]．成都：西南交通大学出版社，2018．

[10] 吕袁媛，华丽，王玉月．国家级特色专业系列教材．当代幼儿教师丛书·幼儿园环境设计的整合与创建[M]．北京：科学出版社，2018．

[11] 王娜．学前儿童语言教育[M]．长沙：中南大学出版社，2019．

[12] 杨枫．"十二五"职业教育国家规划教材·幼儿园教育环境创设与

玩教具制作（第3版）[M]．北京：高等教育出版社，2019．

[13] 本书编委会．2017中华人民共和国教育法律法规全书含相关政策
[M]．北京：中国法制出版社，2017．

[14] 陈福红，李慧霞，李德菊主编．学前儿童发展心理学[M]．长沙：湖
南师范大学出版社，2017．

[15] 徐红．学前教育本科专业人才培养模式研究[M]．武汉：华中科技大
学出版社，2016．

[16] 广东省教育研究院编．广东教育改革发展研究报告2016·理论战略
政策研究卷[M]．广州：广东高等教育出版社，2016．

[17] 本书编委会．全国教育科学规划《教育成果要报》汇编（第1辑）
[M]．北京：教育科学出版社，2016．

[18] 陈宁．谁能教育好你的孩子[M]．重庆：重庆大学出版社，2016．

[19] 顾明远，鲍东明，刘晨元选编．梦山书系·顾明远教育论述精要[M]．
福州：福建教育出版社，2016．